Cloer u. a. · Das Dritte Reich im Jugendbuch

Ernst Cloer u. a.

Das Dritte Reich im Jugendbuch

Zwanzig neue Jugendbuch-Analysen

Mit Analysen von:
Ursula Balfanz, Nora Bretfeld,
Barbara Dahmen, Mechthild Damm,
Andrea Feldhaus, Friederike Fetting,
Albrecht Hirche, Christine Kunzl,
Stefan Langhammer, Udo Meyer,
Marlies Meyerhoff, Mechthild Müller,
Barbara Nowitzki, Sebastian Nübling,
Barbara Reitz, Andreas Sappelt,
Marion Schorrlepp, Christine Siekmöller,
Silvia Stoepke, Verena Wilken

Beltz Verlag
Weinheim und Basel 1988

Über den Autor:
Ernst Cloer, Jahrgang 1939, Dr. phil.,
seit 1977 o. Professor für Allgemeine Pädagogik
an der Hochschule Hildesheim.

CIP-Titelaufnahme der Deutschen Bibliothek

Das **Dritte Reich im Jugendbuch** : 20 neue Jugendbuch-
Analysen / Ernst Cloer u. a. Mit Analysen von: Ursula Balfanz
... – Weinheim ; Basel : Beltz, 1988
(Beltz Grüne Reihe)
ISBN 3-407-25110-6
NE: Cloer, Ernst [Hrsg.]; Balfanz, Ursula [Mitverf.]

Lektorat: Peter E. Kalb

Druck nach Typoskript

Druck und buchbinderische Verarbeitung: Druckhaus Beltz, 6944 Hemsbach
Umschlaggestaltung: Dieter Vollendorf, München
Printed in Germany

ISBN 3 407 25110 6

INHALTSVERZEICHNIS

EINFÜHRUNG

Ernst Cloer

1.1 Anlässe für dieses Buch

Seit seiner berühmten Rede zum 40. Gedenktag der Befreiung Deutschlands von der NS-Herrschaft am 8. Mai 1985 hat Richard v. Weizsäcker immer erneut die Aufgabe des Erinnerns zum Thema gemacht. „Erinnern", so hat er sich in dieser Rede vor allem an die Erwachsenen gewandt, „heißt, eines Geschehens so ehrlich und rein zu gedenken, daß es zu einem Teil des eigenen Innern wird. Das stellt große Anforderungen an unsere Wahrhaftigkeit" (v. Weizsäcker o.J., S. 15). Ein Jahr später – aus Anlaß der Eröffnung der „Woche der Brüderlichkeit" – hat sich der Bundespräsident in gleicher Sache an die Jugend gewandt: „Die junge Generation ist frei, aus ihrer Zeit zu machen, was ihrer Einsicht und Verantwortung entspricht. Sie wird dieser Aufgabe gerecht werden können, wenn sie weiß was geschehen ist; wenn sie begreift, daß es ohne die lange Vorgeschichte antijüdischer Vorurteile nicht hätte geschehen können; wenn sie erkennt, daß jede Generation sich selbst von neuem gegen Vorurteile schützen muß. ... Erinnerung schafft Einsicht, Wissen und Gewissen. Sie begründet damit Selbstvertrauen. Erinnerung belastet nicht, sie befreit" (FR v. 3.3.1986, S. 4). Mit diesem immer wieder erneuerten Appell an „unsere Wahrhaftigkeit" und das ehrliche und reine Gedenken wendet sich der Bundespräsident gleicherweise gegen jene neokonservativen Sehnsüchte eines ungebrochenen Geschichtsbewußtseins, das unsere moralische Katastrophe wenn nicht leugnen, so doch wenigstens vergessen möchte wie auch gegen jenen verharmlosenden Revisionismus einzelner Vertreter der Geschichtswissenschaft, die in vielerlei Vergleichen das Besondere des deutschen Faschismus wegzuargumentieren versuchen. Auch hier hat es der Bundespräsident nicht an Deutlichkeit fehlen lassen: „Gewiß, es gibt kaum einen Staat, der in seiner Geschichte immer frei blieb von schuldhafter Verstrickung in Krieg und Gewalt. Der Völkermord an den Juden jedoch ist beispiellos in der Geschichte" (v. Weizsäcker o.J., S. 18).

Das Wachhalten der Erinnerung unter den Maßgaben der Wahrhaftigkeit und des ehrlichen und reinen Gedenkens ist wichtig für das Selbstverständnis der Bundesrepublik. Leugnung und Vergessen können weder Selbstachtung noch die Achtung durch die anderen Völker begründen. Deshalb kann Richard von Weizsäcker sagen: „Erinnerung belastet nicht, sie befreit". Aber die Erinnerung hat noch eine andere Dimension: sie ist wichtig für das Gespräch zwischen den Generationen im eigenen Land. Bertold Brecht hat sein Testament „An die Nachgeborenen" mit dem eindringlichen Appell geschlossen:

„Ihr aber, wenn es so weit sein wird
Daß der Mensch dem Menschen ein Helfer ist
Gedenket unserer
Mit Nachsicht."

Wer Brecht kennt, der weiß, daß es ihm in diesem Appell nicht um ein Alles-nachsehen, Alles-verzeihen, um ein Verdrängen oder Verharmlosen geht. Es ist ihm vielmehr darum zu tun, uns Nachgeborenen bei der prüfenden Beurteilung des Tuns unserer Vorgeborenen darauf zu verpflichten, die „finsteren Zeiten" zu berücksichtigen, in denen diese zu handeln hatten. Es geht ihm um die Einsicht in den Zusammenhang von Freiheit und Notwendigkeit, den Johann Heinrich Pestalozzi so bestimmt hat: „Das Verdienst der Sittlichkeit des Menschen bestehet . . . nicht in dem Grad ihrer Reinheit, sondern in dem Grad der Kraft, die er angewandt hat gegen die ihn umgebenden Reize der Umstände." In diesem Kontext besitzt das literarische gegenüber dem wissenschaftlichen und dem Geschichtsbuch große Vorzüge. In ihm begegnen ja die Individuen in ihren Konfliktsituationen. Literatur kann über die Identifikation der Leser mit den (häufig gleichaltrigen) Hauptpersonen die besonderen Schwierigkeiten verdeutlichen, unter denen unsere Mütter/Großmütter und Väter/Großväter in den „finsteren Zeiten" zu entscheiden und zu handeln hatten. Diese Sensibilisierung könnte auf seiten der Heranwachsenden wichtige Voraussetzungen für das Gespräch mit der mittleren und älteren Generation schaffen.

Wir waren immer wieder überrascht, wie viele Schüler-Stellungnahmen zu den gelesenen Büchern sinngemäß etwa so lauteten: „Wir wußten gar nicht, daß es so viele Bücher zu diesem Thema gibt und daß die so spannend sind. Wir haben vieles zum erstenmal gehört." – Man mag gegenüber den Einseitigkeiten einzelner Thesen des Medienwissenschaftlers Postman begründete Bedenken anmelden. Aber die viel zu wenig rezipierte Grundthese aus dem Buch „Das Verschwinden der Kindheit" dürfte inzwischen nicht nur für die USA bedenkenswert sein. Postman geht davon aus, daß die Dominanz des Fernsehens (man müßte wohl die Neuen Medien insgesamt ins Auge fassen) die erreichten Niveaus sozialer Literalität vernichten und durch eine neue Periode der Fachliteralität ersetzen könnte. Gesellschaften mit sozialer Literalität sind nach Postman solche, die in ihrer breiten Mehrheit eine ausgeprägte Lesekultur mit Konsequenzen für den politischen Diskurs und die Kontrolle der Herrschaftseliten ausgebildet haben. In Gesellschaften mit Fachliteralität ist nach Postman die Lesefähigkeit auf eine Minderheit beschränkt, die damit zugleich ihre Herrschaftsstrukturen sichert. Man könnte auch sagen: der Abbau oder gar die Vernichtung der sozialen Literalität sind für die politische Kultur demokratischer Systeme lebensbedrohend. Aber haben denn nicht die Menschen unserer gegenwärtigen „Informationsgesellschaften" über die „Neuen Medien" in ihrer großen Mehrheit einen Zugang zu Informationen wie nie zuvor? Postman bestreitet diese These in seinem Buch „Wir amüsieren uns zu Tode" vehement. Er hat dies an der unterschiedlichen Struktur des Diskurses im Buch einerseits und der Telegraphie/

Television andererseits zu verdeutlichen versucht. Zum Lesen muß ich Einsamkeit und Stille aufsuchen, mir bewußt Zeit nehmen, Fragen im Kopf behalten, bis der Text sie beantwortet, ich muß mich in der Welt der Abstraktionen zurechtfinden, muß die Welt selbst bebildern. Das Buch ist nicht nur ein Behältnis zur Anhäufung, sondern auch zur Sichtung, Ordnung und Analyse von Informationen. Das Bücherlesen verleiht dem Denken Dauer: ich kann einhalten und nachsinnen, kann eine bestimmte Stelle, ja das ganze Buch viele Male lesen. Der Diskurs des Buches ist auf Kontinuität angelegt. Das Buch fordert und fördert die Anstrengung des Begriffs. Alle diese Momente verweisen auf die Aktivität und Selbständigkeit des sich bildenden Individuums. Insofern bleibt das Buch ein entscheidendes, unersetzbares Medium des Bildungsprozesses. – Das Fernsehen hingegen, so faßt Postman seine Analysen der amerikanischen Nachrichtensendungen zusammen, vereinfache die Informationen durch seinen Schlagzeilen- und den Charakter der Bruchstückhaftigkeit; beraube die Informationen durch die Kürze und Zusammenhanglosigkeit der Präsentation ihres historischen und sonstigen Kontextes; erlaube durch das Vielerlei (ohne Prioritätensetzung), die rasche Aufeinanderfolge und die Diskontinuität keine Verarbeitung, fordere vielmehr das rasche Vergessen der Informationen. – Das auch im öffentlich-rechtlichen Rahmen zunehmend stärker an Einschaltquoten orientierte und auf Unterhaltungswert abzielende Medium Fernsehen ist weniger an der Aktivität und Selbsttätigkeit als am vergnüglichen Konsum der Individuen interessiert. Es muß uns aber nicht zuletzt wegen unseres demokratischen Systems an der Förderung der Buch- und Lesekultur gelegen sein. Deshalb dürfen wir nicht, aber wir müssen auch nicht vorschnell angesichts eines beobachteten Rückgangs der Lesekultur resignieren. Denn die Schüler-Stellungnahmen und auch die Erfahrungen von Lehrern (vgl. Hümmes Bericht in Cloer 1983) zeigen, daß die Lesekultur systematisch aufgebaut werden muß und kann. Dazu wollen diese beiden Rezensionsbände Anregungen geben. Die Ausdifferenzierungen nach unterschiedlichen Lesealtersstufen, inhaltlichen Schwerpunkten, Erzählzeiträumen und -orten (vgl. dazu auch die tabellarischen Übersichten im Anhang beider Bände) ermöglichen eine inhaltlich sehr differenzierte und immer wieder neue Begegnung mit dieser Epoche unserer Geschichte.

Die in diesem Band vorgestellte Literatur (sowie die 50 in Band 1 vorgestellten Bücher; Cloer 1983) erheben den Anspruch, diese Erinnerung wachzuhalten. Und viele dieser Bücher erfüllen diese Aufgabe in hervorragender Weise. Sie sind den traditionellen Geschichtsbüchern weit überlegen, sind gewissermaßen eine „Geschichtsschreibung mit anderen Mitteln". Die (Jugend-) Literatur über die Zeit des NS wendet sich ja nicht – wie das Geschichtsbuch – vor allem an den zergliedernden Verstand; sie wendet sich auch an das Gefühl, läßt den Leser die Freuden, Ängste und Leiden der Hauptperson miterleben, fordert von ihm Mitentscheidungen in jenen moralischen Konflikten, in denen die Hauptpersonen stehen; sie fördert beim Leser und fordert von ihm Identifikation und/oder Distanzierung. Dabei fällt im Leseprozeß etwas fort, was in fast allen anderen pädagogischen Feldern eine besondere Rolle spielt: die „unantastbare" Autorität des Vaters/Lehrers und/oder die „manipulative oder suggestive Durchsetzung der moralischen Präferenzen der Erwachsenen" (Mollenhauer 1979, S. 39). Deshalb auch ist es ein Kriterium guter Jugendliteratur, daß sich die Autoren nicht mit Belehrungen einmischen. Hier in der Kommunikation eines Lesers mit seinem Autor bzw. den von ihm „geschaffenen" Personen erhält der pädagogische Bezug seine Idealform: er wird zur „Beratungsgemeinschaft" (Fink). Der Leser muß sich eigenständig mit sehr unterschiedlichen Deutungsangeboten der Wirklichkeit, mit sehr unterschiedlichen moralischen Positionen auseinandersetzen und auf diese Weise sein Wertsystem eigenverantwortlich aufbauen.

Alle Autoren, die Kinder- und Jugendbücher über die Zeit des NS geschrieben haben, erheben den Anspruch, die Erinnerung wachzuhalten. Aber sie werden diesem Anspruch in sehr unterschiedlicher Weise gerecht. Lehrer und Eltern, Buchhändler und Bibliothekare sind angesichts des kaum noch überschaubaren Angebotes zu diesem Thema in der Regel überfordert, die unterschiedliche Qualität dieser Bücher einzuschätzen. In den nun vorliegenden zwei Rezensionsbänden haben wir insgesamt 70 Bücher analysiert und beurteilt. Das ist immer erst etwa die Hälfte des gegenwärtigen Verlagsangebotes in der Bundesrepublik Deutschland. Um einen Gesamtüberblick zu geben, ist deshalb in den Anhang dieses Bandes eine Liste derjenigen Bücher aufgenommen worden, die wir bislang noch nicht berücksichtigt haben; auch diese Liste mit weiteren 65 Titeln wird noch nicht den Anspruch auf Vollständigkeit erheben können. Gleichwohl meinen wir, daß wir mit den inzwischen besprochenen Büchern, mit dem in Band 1 entfalteten Theorierahmen und dem in dieser Einführung (vgl. unten unter 1.2) erneut begründeten Beurteilungsraster den relevanten Adressatengruppen (Lehrer, Eltern, Buchhändler, Bibliothekare u.a.) wichtige Hilfen für die Lektüre, für die Beratung von Kunden und die Anschaffungspolitik in öffentlichen Bibliotheken geben können. Wir meinen darüber hinaus, daß das an mehreren Beispielen erprobte „Einlesen" in den Beurteilungsraster dazu befähigt, Neuerscheinungen in diesem Bereich sachkundig auf ihre Eignung und Qualität hin prüfen zu können.

Bei der Auswahl der Bücher für diesen Rezensionsband sind bewußt einige Akzente gesetzt worden, die z.T. als Wünsche oder Desiderate in den Stellungnahmen zu Band 1 geäußert waren. Wir haben stärker als in Band 1 die Leiden der Menschen in den Konzentrationslagern mit exemplarischen Büchern einbezogen (vgl. Asscher-Pinkhof, Diekmann/Hilarova, Oberski, v. Staden). Bislang zu sehr vernachlässigte Erzählorte – will sagen: vom deutschen Faschismus leidvoll betroffene Nationen – haben eine besondere Berücksichtigung gefunden: so Polen (vgl. Czeszko, David, Maschmann), die UdSSR (vgl. ter Haar, Schulenburg) und die CSSR (vgl. Biewend, Diekmann/Hilarova). Und schließlich haben wir uns einerseites noch einmal ausdrücklich nach geeigneten Büchern für das Grundschulalter umgesehen (vgl.: ter Haar, Schollack, Schulenburg) und andererseits die Literatur für ältere Jugendliche stärker gewichtet (vgl.: Biewend, Böll, Brückner, König, Loewenthal, Maschmann, Zeller).

1.2 Der Beurteilungsraster

Kinder- und Jugendliteratur über die Zeit des Nationalsozialismus gibt es erst seit Beginn der 60er Jahre. Die ersten überzeugenden Repräsentanten (Berger, Brückner, Noack, del Castillo) haben sich sehr bewußt in der Mitverantwortung für die Versäumnisse des Geschichtsunterrichts in den 50er Jahren gesehen. Ob es sich nun um Autobiographien, um Erzählungen mit autobiographischem Hintergrund oder um fiktionale Bücher handelt – stets ging (und geht) es den Autoren um das Wachhalten der Erinnerung, stets hatte diese Literatur ein aufklärerisches und pädagogisches Interesse. Von diesem spezifischen Interesse her erklärt sich die ausgeprägte Problemdichte der Bücher, erklärt sich auch das Bemühen der Autoren, in die spannenden Erzählungen vielfältige Informationen über politische und soziale Gegebenheiten und Zusammenhänge einzubetten. Viele dieser Bücher haben über den literarischen Anspruch hinaus das Anliegen, einen Beitrag zur politischen Bildung zu leisten, wollen Orientierungen geben für ein demokratisch-humanes Zusammenleben – auch und gerade dadurch, daß sie die Auswirkungen des Antidemokratismus, Antiintellektualismus, Antiliberalismus und der Rassenideologie zum Gegenstand machen.

Das Selbstverständnis und der hohe Selbstanspruch dieser Autoren haben verständlicherweise spezifische Erwartungen und Forderungen an diese Art von Literatur ausgeprägt. Eine der wichtigsten hat der Deutschdidaktiker Malte Dahrendorf 1981 auf die folgende Formel gebracht: „An eine Literatur, die sich den Nationalsozialismus zum Thema setzt, ist die Frage zu stellen, welches Bild sie von ihm entwirft, wie angemessen komplex dieses ausfällt, ob es auf die Ursachen eingeht, welche implizite Faschismustheorie ihm zugrundeliegt" (Dahrendorf 1981, S. 6). Innerhalb der literaturwissenschaftlichen Rezensionspraxis (vgl. z.B. die Hilfen der „Deutschen Lesegesellschaft" oder die Lose-Blattsammlung „Lesen in der Schule" des Deutschen Taschenbuchverlages) hat dieses Desiderat keine Berücksichtigung gefunden. Im Rahmen politikwissenschaftlicher Jugendbuchanalysen ist der Aspekt der impliziten Faschismustheorie isoliert akzentuiert worden (vgl. z.B. Weber 1980). Wir haben uns um einen umfassenden Analyserahmen bemüht, der traditionelle, an jede Art von (Jugend-)Literatur heranzutragende Fragestellungen mit solchen zu verbinden versucht, die sich aus der Geschichtswissenschaft und der pädagogischen Wissenschaft ergeben. Da dieser Beurteilungsraster von der Kritik nach dem Erscheinen des ersten Bandes mit besonderem Wohlwollen bedacht worden ist, ist er – mit einer kleinen Veränderung – auch für die hier vorgelegten 20 Jugendbuchanalysen übernommen worden. Die kritischen Würdigungen des ersten Bandes dieses

Forschungsprojektes haben übereinstimmend die Anregung ausgesprochen, die eigentlichen Adressaten dieser Literatur ergänzend zu Wort kommen zu lassen. Diese Anregung ist nun für den zweiten Band aufgegriffen worden. Die hier angesprochenen Bücher sind nach grober Zuordnung zu unterschiedlichen Altersstufen in Grundschul-, Hauptschul- und Gymnasialklassen gegeben worden. Die Schüler sind unter sehr offenen Vorgaben um kurze Stellungnahmen gebeten worden. Sie sollten sich vor allem dazu äußern, was ihnen an dem jeweiligen Buch wichtig geworden ist, warum sie es empfehlen oder auch ablehnen würden. Dieser Aspekt des „Leserurteils" ist an die Stelle des ursprünglichen Punktes Medien getreten. Die 20 Bücher sind einheitlich nach folgendem Beurteilungsraster besprochen worden:

1. Inhalt
2. Historischer Hintergrund
3. Faschismusverständnis
4. Literarische Gestaltung
5. Verknüpfung von Individual- und Gesellschaftsgeschichte
6. Entwicklung der Hauptfigur
7. Adressaten
8. Kritische Würdigung
9. Das Buch im Urteil des Lesers.

Einige dieser Aspekte sind Bestandteil auch der traditionellen Rezensionspraxis. Für dieses Projekt spezifisch – und daher auch in allen Analysen mit besonderem Gewicht behandelt – sind die Punkte 2, 3, 5 und 6. Die Punkte 2 und 3 („Historischer Hintergrund" und „Faschismusverständnis") lassen sich nur aus geschichtswissenschaftlicher Kompetenz heraus beantworten. Die Aspekte 5 und 6 („Verknüpfung von Individual- und Gesellschaftsgeschichte" sowie „Entwicklung der Hauptfigur") akzentuieren die ausdrücklich pädagogische Fragestellung. Sie untersuchen die Prozesse der Nazifizierung und/oder der Distanzfindung der handelnden Hauptpersonen. Sie fragen danach, aufgrund welcher intrapersonalen, familialen, schichtspezifischen und sozial-ökologischen Bedingungen Heranwachsende eine Nähe oder Distanz zum Nationalsozialismus gefunden haben. Diese vier vorgenannten Aspekte sind in der bisherigen literaturwissenschaftlich orientierten Analysepraxis fast vollständig ausgeblendet geblieben. Das hat nach unserer Meinung in manchen Fällen zu problematischen Fehlbeurteilungen (auch bei der Verleihung des Deutschen Jugendbuchpreises) geführt.

1. Der *Inhalt* der Bücher wird jeweils so differenziert erzählt, daß die Hauptperson bereits hier im Gefüge ihrer wichtigsten Bezugspersonen anschaulich und lebendig wird. Es wird überall – insbesondere mit dem Blick auf die Adressatengruppe Lehrer – der Versuch gemacht, das komplexe Erzählgeschehen zu gliedern und zu strukturieren und größere Sinn- und Entwicklungsabschnitte herauszuarbeiten.

2. Der Abschnitt *Historischer Hintergrund* bemüht sich mit großer Sorgfalt darum, die vom Autor in die Erzählung aufgenommenen Informationen aus der politischen und sozialen Geschichte in chronologischer Abfolge nachzu-

weisen. Alle Adressaten dieses Buches erhalten damit Einblick in den vom Autor einbezogenen Erzählraum, in die Informationsdichte, in den Grad der Komplexität aufgenommener Zusammenhänge aus der politischen und sozialen Geschichte. Lehrer können sehr rasch sehen, ob ein Buch sich beispielsweise als Ergänzung zu einem anstehenden Problem im Geschichts-, Deutsch-, Religions- oder Werte- und Normen-Unterricht eignet. Eltern können Hinweise darüber entnehmen, welche Fragen sinnvollerweise in der Familie aufgegriffen werden könnten. Buchhändler und Bibliothekare können nicht zuletzt aus diesem Abschnitt ergänzende Hinweise für Altersstufeneignung und die individuelle Beratung entnehmen.

3. Im Abschnitt *Faschismusverständnis* wird durchgängig danach gefragt, ob ein Autor die NS-Herrschaft ausschließlich auf die Ausstrahlung des Führers Adolf Hitler (Hitlerismus; Führertheorie) zurückführt und damit die Errichtung der NS-Herrschaft als etwas über die „Verführten" schicksalhaft Hereinbrechendes vermittelt oder ob er auch andere Ursachen für die volle oder partielle Identifikaton bestimmter Gruppen mit der NS-Herrschaft deutlich macht (z.B.: Antiliberalismus, Antidemokratismus, Antikommunismus; Deklassierungsfurcht des Mittelstandes; autoritäre Erziehungsstrukturen in der Familie). Es wird durchgängig untersucht, ob ein Autor durch die einseitige Darstellung des NS-Regimes als eines monolytischen Terrorsystems (Totalitarismustheorie) oder durch die Ausblendung von Resistenz und Widerstand dem Leser den Eindruck des hilflosen Ausgeliefertseins vermittelt. Alle Bücher werden daraufhin untersucht, ob der Autor eine multiperspektivische Sichtweise verwirklicht, ob sowohl Funktionäre, überzeugte und gutgläubige Nazis als auch Opfer und Widerstand-Leistende in den Blick kommen (Weber 1980, S. 26).

4. Im Abschnitt *Literarische Gestaltung* konzentrieren wir uns einmal auf den Titel, die Umschlag- und Buchgestaltung mit Blick auf den möglichen Leseanreiz. Wir untersuchen die Sprache, den Stil und die Erzählweise, wobei uns insbesondere die soziologische Sprachebene, die Art und der Umfang des Dialogs, die Erzählperspektive, die anschauliche Kraft der sprachlichen Mittel und – besonders wichtig – die Frage interessiert, ob der Autor dazu neigt, sich mit Belehrungen einzumischen. Wir untersuchen die Bauformen, fragen nach dem (gelungenen oder nicht gelungenen) Wechsel von Erzählung, Beschreibung und Reflexion, von Aktion und Ruhepausen, geben Hinweise darauf, ob der Autor vorrangig chronologisch erzählt oder durch Rückblenden den Lese- und Verstehensprozeß für jüngere Leser erschwert. Schließlich auch fragen wir in diesem Abschnitt nach Bezügen zu entwicklungsbedingten oder aktuell-sozialen Lebensproblemen der Adressaten. Konkret: Gibt es für die Leser Identifikations- und Projektionsmöglichkeiten? Liefert das Buch Möglichkeiten zur Erweiterung von Lösungskompetenzen und zur Förderung der sozialen Phantasie (Dahrendorf 1980, S. 248 – 252)?

5. In dem Abschnitt *Verknüpfung von Individual- und Gesellschaftsgeschichte* stehen vor allem zwei Fragen im Mittelpunkt: einmal: Gelingt es dem Autor, die in den Handlungsrahmen aufgenommenen Informationen

aus der politischen und sozialen Geschichte nachvollziehbar mit der Lebensgeschichte der Hauptperson zu verknüpfen? Es ist anzunehmen, daß dort, wo diese Verknüpfung gelingt, die Chance groß ist, daß die Leser zugleich die politischen und gesellschaftlichen Zusammenhänge in „Besitz" nehmen, von denen ihre „Identifikationsobjekte" (die handelnden Hauptpersonen) leidend oder widerständig kämpfend betroffen werden. – Zum anderen: Welches Bild von Gesellschaft hat die Hauptperson? Wie nimmt sie sich in der Gesellschaft wahr? Nimmt sie schon mehr wahr als die „kleinen Gesellschaften" (Familie, Nachbarschaft, Wohnbezirk)?

6. Unter der Überschrift *Entwicklung der Hauptperson* wird die genuin pädagogische Fragestellung akzentuiert. Die (Jugend-)Literatur über die Zeit des Nationalsozialismus bedeutet – was zu wenig gesehen wird – insofern eine wichtige Ergänzung zur Didaktik des Geschichtsunterrichts und zu gebräuchlichen Geschichtsbüchern, als sie nicht so sehr die Führer und ihre Untaten als vielmehr die Verführten und ihre Verführbarkeit und/oder aber die Resistenten/Widerständigen und ihre Nicht-Verführbarkeit zum Thema haben. In diesem Zusammenhang sind die Autobiographien und die Bücher mit autobiographischem Hintergrund besonders wichtig; auch in diesem Band kann man mehr als die Hälfte der 20 analysierten Bücher dieser Gattung zurechnen. Sie zeigen, wie sich Verführbarkeit, Nazifizierung und für Kindheit, Jugend und Erwachsenenalter spezifische Momente von Attraktivität der NS-Ideologie und –Praxis (z.B. die „Ästhetik des Faschismus") in der lebensgeschichtlichen Selbstreflexion spiegeln. Sie machen auch deutlich, durch welche Personen, Erfahrungen und Ereignisse die Prozesse der Distanzierung in Gang gekommen sind. Daß Individuen auch im geschlossenen System des Nationalsozialismus Entscheidungsspielräume für Resistenz erfahren haben, ist von großer Bedeutung für die politische Bildung. Beim Leser kann im Mitvollzug solcher Distanzierungsprozesse (vgl. dazu die Bücher von Böll, Brückner, Biewend, Fuchs) jene notwendige Skepsis gegenüber den problematischen Verkürzungen der totalitarismustheoretischen und führertheoretischen Deutungsansätze des Faschismus geweckt werden. Diese Deutungsansätze vermitteln ja den Eindruck des schicksalhaft über das deutsche Volk hereingebrochenen, lehnen (implizit) eine Mitverantwortung für das ab, was durch Deutschland unter dem NS an Leid über die Welt gebracht worden ist, definieren automatisch alle zu Verführten, indem sie die Gesamtverantwortung entweder dem „dämonischen Führer" oder dem gewaltsam durchgesetzten „totalen Erziehungswillen" zuweisen; sie versperren gleichermaßen den Zugang zur Frage nach den geistesgeschichtlichen Zubringerquellen, interpretieren die empirisch vielfältig nachgewiesene Attraktivität wichtiger Momente der Ideologie bei bestimmten Teilen der Bevölkerung auf die Mobilisierung durch den „dämonischen Führer" um und haben damit die Mentalität ganzer Gruppen der bundesrepublikanischen Bevölkerung auf Unbelangbarkeit hin programmiert (Cloer 1986, S. 31).

7. Der kurze Abschnitt über die *Adressaten* spricht bewußt nur sehr vorsichtige Empfehlungen aus. Die individuellen Voraussetzungen für den Zu-

gang zu den in den Büchern angesprochenen politisch-gesellschaftlichen Zusammenhängen und den moralischen Konflikten der Hauptpersonen sind sehr unterschiedlich. Sie sind weniger vom Lebensalter als von Vorkenntnissen über diesen Zeitraum, von dem Stellenwert dieses Problems im familialen und schulischen Kontext und von den Leseerfahrungen eines Heranwachsenden abhängig. Insofern kann die Frage der Eignung eines Buches für ein bestimmtes Kind stets nur unter ausdrücklicher Berücksichtigung der Aspekte 2, 3, 4 und 6 beantwortet werden.

8. In der *Kritischen Würdigung* wird der Versuch gemacht, die in den Punkten 2 – 7 geleistete Analyse in einer begründeten uneingeschränkten oder eingeschränkten Empfehlung oder aber auch Ablehnung auf den Begriff zu bringen.

9. Der neu aufgenommene Abschnitt *Leserurteil* ist an die Stelle des früheren Abschnittes Medien getreten. Diese Stellungnahmen der Leser und die Analysen der Autorengruppe sind zeitlich parallel und – bewußt – ohne gegenseitige Kenntnisnahme entstanden. Es war im Nachhinein überraschend festzustellen, wie nahe die Einschätzungen in der Regel beieinanderliegen (vgl. etwa das Buch von Melitta Maschmann). Wir haben bei der Dokumentation der Leserurteile verschiedentlich bewußt Altersangehörige berücksichtigt, die in den vom Verlag oder von uns ausgesprochenen Lesealterempfehlungen nicht vorgesehen sind – nicht zuletzt deshalb, um einerseits die unter Punkt 7 vorgetragenen Argumente zu stützen und andererseits den Grundsatz zu verdeutlichen, daß eine jede gute Kinder- und Jugendliteratur jede Altersstufe ansprechen wird.

Zu danken habe ich den Mitgliedern der Autorengruppe – Studierende der Diplomstudiengänge Kulturpädagogik und Sozialpädagogik an der Hochschule Hildesheim – für ihr Stehvermögen über mehrere Semester, für das Ertragen von Kritik und für die investierte Anstrengung bei der immer erneuten Überarbeitung der Buchanalysen. Die dazu erforderlichen Schreibarbeiten sind in gewohnter Zuverlässigkeit und einem besonderen Interesse an der Sache von Frau Elvira Pinkepank geleistet worden.

Ich widme dieses Buch in großer Dankbarkeit meinem Lehrer Dr. Werner Schulte (Neheim-Hüsten) zum 75. Geburtstag. Er war mein Lehrer in den Fächern Deutsch und Geschichte und er hat jene Interessen bei mir grundgelegt, die sich in diesem Projekt spiegeln.

Literatur

Cloer, Ernst (Hrsg.): Das Dritte Reich im Jugendbuch. Fünfzig Jugendbuchanalysen und ein theoretischer Bezugsrahmen. Braunschweig 1983 (2. Aufl. 1985)

Cloer, Ernst: Die Auseinandersetzung der Pädagogik mit einer un-pädagogischen Epoche. In: Sozialwissenschaftliche Literatur Rundschau 9 (1986), Heft 13, S. 29 – 46

Dahrendorf, Malte: Kinder- und Jugendliteratur im bürgerlichen Zeitalter. Königstein 1980

ders.: Der Nationalsozialismus in der Kinder- und Jugendliteratur. In: Die Deutsche Schule 1981, Beilage Die Jugendliteratur, S. 5 – 11

Mollenhauer, Klaus: Terrorismus, Jugend und Erziehung. In: I. Fetscher u. a.: Jugend und Terrorismus. München 1979, S. 27 – 40

Weber, Bernd: Aufklärung im Jugendbuch? Zur Darstellung des deutschen Faschismus in neuerer Jugendliteratur. In: Neue Sammlung 20 (1980), S. 22 – 44

Weizsäcker, Richard von: Von Deutschland aus. Reden des Bundespräsidenten. Berlin o.J.

JUGENDBUCH-ANALYSEN

Clara Asscher-Pinkhof: Sternkinder

Aus dem Niederländischen übersetzt von Wilhelm Niemeyer. Mit einem Vorwort von Erich Kästner. Hamburg (Dressler) 1983 (57. – 62. Tsd.). (Deutsch zuerst 1961 bei Dressler Berlin.) Die holländische Originalausgabe erschien unter dem Titel „Sterrekinderen" im Verlag H. P. Leopolds, 's Gravenhage 1946.
Ausgezeichnet mit dem Deutschen Jugendbuchpreis 1962.

Nora Bretfeld

1 Inhalt

Clara Asscher-Pinkhof, 1896 in Amsterdam geborene Lehrerin, unterrichtete ab 1941 jüdische Kinder, denen unter der deutschen Besatzung verboten wurde, öffentliche Schulen zu besuchen. 1943 geht sie freiwillig mit ihren Schülern in das Vernichtungslager Bergen-Belsen, wo sie 1944 mit 250 Lagerinsassen in einer einmaligen Aktion gegen Gefangene in Palästina ausgetauscht wird und nach Israel gelangt. Die Autorin ist 1984 in Israel gestorben.

Ihr Buch „Sternkinder" (der Titel verweist auf den Judenstern) spielt – wie auch die Bücher von Anne Frank und Johanna Reiss (vgl. die Rezensionen in Bd. 1) – in den seit 1940 von der deutschen Wehrmacht besetzten Niederlanden. Es erzählt die Leidensgeschichte jüdischer Familien, insbesondere der Kinder und Jugendlichen. Aber anders als bei Anne Frank und Johanna Reiss stehen nicht die Gefahren, Ängste und die Alltagswirklichkeit von Untergetauchten im Mittelpunkt, sondern der Leidensweg der Mehrheit der holländischen Juden in die Konzentrationslager Westerbork und Bergen-Belsen – und (beginnend mit dem Kapitel „Auserwählt") die Rettung einer kleinen Gruppe, die Ende 1944 nach Palästina ausreisen darf. Anders als bei Anne Frank und Johanna Reiss fehlen alle Orts- und Zeitangaben. Das macht es dem Leser schwer. Oder anders – und hier schon dem Abschnitt „Adressaten" bewußt vorgreifend: Um das Buch zu verstehen, benötigt der Leser ein umfangreiches Vorwissen; deshalb wohl hat es Erich Kästner in seinem Vorwort für Erwachsene und „Halbwüchsige" empfohlen.

Das Buch ist in vier große Abschnitte (Sternstadt, Sternhaus, Sternwüste, Sternhölle) gegliedert, die die vier Stationen dieser Entwicklung beleuchten. Jeder dieser Abschnitte ist wiederum in mehrere, zwei- bis sechsseitige Kapitel unterteilt, in denen einzelne Episoden berichtet werden. Es gibt keine Hauptperson(en); Asscher-Pinkhof berichtet einerseits von namenlos bleibenden Kindern aller Altersstufen und andererseits aus der Perspektive der Helferin.

Zunächst erzählt sie von der menschenverachtenden Unterdrückung der Juden – *„Sternstadt"* ist der Name für das jüdische Ghetto. Der Judenstern, anfangs noch mit Stolz getragen, wird auch für Kinder erkennbar zum Kainsmal, trennt „Sternkinder" und „Kinder ohne Stern". Die jüdischen Kinder müssen lernen, daß sie nicht nur anders als ihre nichtjüdischen Freunde, sondern minderwertig sind: sie dürfen nicht mit der Straßenbahn fahren; in bestimmten Geschäften sind sie „nicht erwünscht"; sie dürfen keinen Fisch, kein frisches Obst und Gemüse kaufen. Einkaufen dürfen sie nur noch zwischen drei und fünf Uhr nachmittags. Auf die Einhaltung dieser Verbote und Gebote achten die „schwarzen oder grünen Polizeiagenten".

Die weiteren Kapitel greifen in exemplarischer Weise Grenzsituationen der Menschen im Ghetto auf. Da ist jener Junge, der die Evakuierung des Altersheimes beobachtet, in dem seine Großmutter lebt. Da ist ein anderer, der voller Trauer beobachtet, wie im harten Winter Alte und Gebrechliche tagsüber in den Straßen umherirren. Die Angst vor Verhaftung und Euthanasie läßt sie ihre Wohnungen meiden (vgl. S. 23 f., 35). – Da ist jene Mutter, die ihr Kind in der Angst vor der Deportation nach Polen einer holländischen Pflegemutter übergibt. Da wird den jüdischen Kindern der Besuch öffentlicher Schulen verboten; Freundschaften werden gewaltsam zerstört. Da ist zwar für einzelne immer noch die Möglichkeit, der Festnahme und Verschleppung zu entrinnen: dann, wenn ihnen der Betrieb ihre Unabkömmlichkeit bescheinigt oder wenn sie das 15. Lebensjahr erreicht und das 45. noch nicht überschritten haben. Aber es ist eine stets nur aufgeschobene Deportation; ob der Aufschub bei der nächsten Razzia erneut gewährt wird, das wird zu einer unerträglichen Ungewißheit, die viele in den Selbstmord treibt (vgl. S. 44 ff.).

Das *„Sternhaus"* – ein ehemaliges Theater in der Stadt – ist ein Sammelpunkt, zu dem alle Verhafteten gebracht werden, der Ort, an dem über das Schicksal einzelner entschieden wird. Noch gibt es Möglichkeiten zu entweichen: Die junge Frau, die auf der Straße verhaftet wurde und ihr Baby zu Hause zurückgelassen hat, die Mutter mit ihrem kranken Baby, ein junges Ehepaar mit „Palästina-Papieren" – sie dürfen nach Hause zurückkehren. Bei vielen herrschen diffuse Vorstellungen über ihre Zukunft: da ist von einer Weltreise oder der Fahrt nach Palästina die Rede; viele wissen aber auch, daß sie nach Polen in Lager verschleppt werden sollen und ahnen die Ausweglosigkeit ihrer Situation. Die Lage verschärft sich erneut: alle noch in der Stadt lebenden Juden werden über Lautsprecherwagen aufgefordert, sich zum Abtransport bereitzumachen. Es gibt keine Zwischenstation „Sternhaus" und damit auch keine Möglichkeit des Entrinnens mehr. Die Juden werden direkt in ein Konzentrationslager in den Niederlanden gebracht: *„Sternwüste"*.

Das Leben im Lager ist wieder ein Leben auf Abruf und in Bedrohung: jeden Montag geht ein Menschentransport nach Bergen-Belsen. Männer und Frauen leben getrennt, die Kinder erleben erniedrigende, für sie unbegreifbare Situationen: Enge zwischen Menschen aller Altersstufen, Hunger, Krankheiten und Seuchen, Tod und Selbstmord. Im Lager wird ein Haus nur für Babys und Kleinkinder eingerichtet, wo sie von jungen Mädchen betreut werden. Aber auch aus diesem scheinbaren „Schutzraum" (wegen Seuchengefahr steht die Baracke unter Quarantäne) werden die Kinder abtransportiert – in das Vernichtungslager Bergen-Belsen.

Die *„Sternhölle"* – das bedeutet für die Kinder ständige Lebensbedrohung, Hunger, Furcht vor Schikanen, Konfrontation mit dem Tod. Aber hier wie in der „Sternwüste" gibt es Momente der Hoffnung oder zumindest der Unabhängigkeit: Kinderspiele, ein Rest von Familienleben, das Feiern der jüdischen Feste. Diese bekommen in der extremen Situation ihre alte Bedeutung zurück: Purim und Passah, die beiden Frühlingsfeste der Juden, sind zugleich Dankfeiern für Gottes Befreiung seines Volkes aus der Gewalt der Perser und Ägypter. Für eine kleine Gruppe von 250 Menschen soll sie auch kommen. Sie dürfen im Austausch gegen Gefangene nach Palästina ausreisen. Angesichts des großen Leides der Zurückbleibenden kann sich hier eine theologische Deutung nicht einstellen. Genausowenig, wie die Juden die Gründe für ihre Deportation begriffen, verstehen sie jetzt die Beweggründe für ihre Befreiung: „Eine Handvoll Sternkinder, zufällig ausgewählt aus den endlosen Scharen der anderen, die nicht lange und nicht glücklich leben durften . . ." (S. 206).

2 Historischer Hintergrund

Asscher-Pinkhof beschreibt die Auswirkungen des nationalsozialistischen Herrschaftssystems auf die Schwächsten in diesem System, jüdische Kinder in einem besetzten Land. Ihre Erzählperspektive (einzelne Kapitel erzählen aus der Sicht 5 – 6jähriger Kinder) und ihr Erzählstil (der Verzicht auf Orts- und Zeitangaben) erschweren die Vermittlung historischer Fakten und Zusammenhänge. Die Eingrenzung des Ortes der Handlung auf ein jüdisches Ghetto in einer holländischen Großstadt sowie zwei Konzentrationslager (vage Andeutungen verweisen auf Westerbork und Bergen-Belsen) bringt es mit sich, daß jene Ereignisse und Bedingungen im Mittelpunkt stehen, die in einem Zusammenhang mit der deutschen Besetzung, den Rassengesetzen und dem Genozid in den Konzentrationslagern stehen:

- Einführung des Judensterns (S. 11 f.);
- willkürliche Verhaftungen, Razzien (S. 9, 14);
- Straßenbahnverbot für Juden (S. 15);
- abendliche Ausgangssperren (S. 30 f.), Kennzeichnung von jüdischen Ausweisen (S. 41);
- Schulverbot für jüdische Kinder (S. 25);
- die Existenz eines jüdischen Marktes, Einkaufsbeschränkungen für Juden, die Diskriminierung in nicht-jüdischen Geschäften, Enteignung von jüdischen Geschäftsinhabern (S. 28, 29, 38, 39, 49);
- Andeutungen über Euthanasie (S. 23 f., 35);
- die Deportation von Juden in Konzentrationslager (S. 54);
- aber auch die Hilfsbereitschaft holländischer Mütter bei der Übernahme jüdischer Kleinkinder – ein Hinweis auf die breite niederländische Widerstandsbewegung (S. 46 ff.).

In den beiden Abschnitten über die Konzentrationslager beschreibt Asscher-Pinkhof vor allem die Formen von Schikane und Unterdrückung, Entwürdigung und Verletzung des Intimbereiches, den Hunger, die radikale Veränderung der Lebenssituation, mit der die Kinder fertig werden müssen und die Angst vor der Deportation nach Polen, die als unbestimmt lebensbedrohlich empfunden wird.

Manchmal ist es schwierig, aus den aus kindlicher Bewußtseinsperspektive heraus geschriebenen Andeutungen Informationen herauszulesen. So wird z.B. erst auf S. 79 das Wort „Besatzung" erwähnt, das erklärt, wieso auch die nichtjüdischen Bürger der Stadt sich nicht gegen die Unmenschlichkeiten des Regimes wehren können. Ein Hinweis darauf, daß die Zugfahrt zum KZ durch die Lüneburger Heide geht, ermöglicht die Schlußfolgerung, daß die Juden nach Bergen-Belsen verschleppt werden (S. 153). Die vagen, verschlüsselten Informationen sind offensichtlich ein Stilmittel, um die Unverständlichkeit der Situation gerade für Kinder deutlich zu machen („Wie seltsam, daß man bestraft wird, obwohl man nichts getan hat!" (S. 172).

3 Faschismusverständnis

Das Buch hat nicht das Ziel, Ursachen und Erscheinungen des Faschismus zu erklären. Die Leiden der Schwächsten und Wehrlosesten werden beschrieben. Für die Kinder, die Diskriminierung, Verschleppung und die Schrecken des KZ erleben müssen, sind die Schuldigen nicht benennbar. Diejenigen, die ihnen das Leid zufügen, sind „die Grünen" oder, später im Lager, „die Schwarzen"; erst auf S. 152 werden sie für denjenigen, der gute Kenntnisse über die Uniformen der nationalsozialistischen Wehrmacht hat, eindeutig identifizierbar als „schwerbewaffnete Männer in Uniform mit einem Totenkopf als Abzeichen". Es gilt allerdings sich zu vergegenwärtigen: diese knappen Andeutungen waren für alle Leser zur Entstehungszeit des Buches (1946!) leicht zu entschlüsseln. Andererseits sind Ausdrücke wie die „Schwarzen", die „Grünen", „eine mit Macht ausgestattete Uniform" (S. 82, 153) ein geeignetes Sprachmittel, um die Undurchsichtigkeit und Unberechenbarkeit eines bürokratisch-faschistischen Herrschaftsapparates zu veranschaulichen. Diese Ausdrücke verweisen zugleich auf das Faschismusbild der Autorin. Es sind keine Menschen, die den „Sternenmenschen" Leid zufügen, es sind mit „Macht ausgestattete Uniformen". Wer so redet, sieht einen (oder eine Gruppe), der oder die mit Macht ausstattet und in „eine Form" (Uni-Form) bringt. Wer so redet, entlastet alle „mit Macht ausgestatteten Uniformen" von der Mitverantwortung. Das ist das eine. Dadurch, daß die Ursachen des deutschen Faschismus überhaupt nicht thematisiert werden und die Herrschaft der Nationalsozialisten von der ersten Zeile an („Heute ist Razzia gewesen") als etwas schicksalhaft Hereingebrochenes und Unabänderliches erscheint, wird dem Leser automatisch der Eindruck vermittelt, als sei Widerstand im Ansatz unmöglich. Dieses der Totalitarismustheorie nahestehende

Faschismusbild ist durch die in ihm vermittelten Konsequenzen für politisches Handeln äußerst problematisch. Ein wenig ausgeglichen werden diese Einseitigkeiten durch Hinweise auf den Widerstand in der holländischen Bevölkerung. Zeichen der Hilflosigkeit und Ehrerbietung werden berichtet. Beim Abtransport der Juden „nehmen die meisten die Hüte ab und weinen" (S. 94). Aber auch von Hilfe in Form des passiven Widerstands wird erzählt. Eine Nachbarin schickt Pakete ins Lager (S. 105 ff.), Frauen verbergen jüdische Kinder und kommen dafür ins Gefängnis (S. 128), Mütter nehmen jüdische Kinder auf (S. 52).

Alle diese Hinweise geben Aufschluß über die breite holländische Widerstandsbewegung. Sie hat einerseits ihre Gründe in der langen liberalen Tradition der Oranier, andererseits in dem entschiedenen Widerstand der beiden großen Volksparteien (der katholischen und der sozialdemokratischen) sowie des niederländischen Episkopats, der im Unterschied zum deutschen, österreichischen und italienischen sehr eindeutig gegen den Faschismus Stellung genommen hat.

Bis zum Schlußkapitel scheint alles auf die Erkenntnis hinauszulaufen: Befreiung kann es nur individuell und zufällig geben. Eine Form der Befreiung ist das Bewußtsein von der Macht des Machtlosen: „Sie muß sich umdrehen, den Mann ansehen und das Wort sagen, vor dem er sie gewarnt hat . . . Das Wort eines aufgestörten Kindes, das heute aufgehört hat, ein Kind zu sein: ‚Ich dachte, Sie wären ein Mensch!' . . . In dem Gewühl auf der dunklen Straße kommt ihr zu Bewußtsein, daß ihr Schrei, ihr nutzloser Schrei, den zwar gewiß nicht erreichte, dem er galt, daß er ihr aber Befreiung verschaffte" (S. 87).

Erst das Schlußkapitel eröffnet eine erweiterte Dimension politischen Handelns. Die Hauptperson dieses Kapitels, ein fünfzehnjähriges Mädchen, erblickt aus dem rettenden Zug eine Gruppe von Fremdarbeitern. Einer, in dessen Augen „noch ein helles, gefährliches Licht" war, machte zwei sehr eindeutige Gesten: er fuhr sich mit der Hand über die Kehle und zerbrach mit beiden Händen etwas Unsichtbares. Daran an schließt sich der folgende innere Monolog: „Sie hat verstanden und erschrickt, weil sie verstanden hat. Was diesen Mann und alle anderen unglücklich gemacht hat, muß zerbrochen werden und verbluten. . . . Der Gefangene nickt zurück, weil er erkennt, daß sie die Bedeutung seiner Gebärden erfaßt hat. Ihr Herz schlägt wild. Sie ist auf einmal keine fünfzehn Jahre mehr, sie ist unendlich alt und unendlich müde" (S. 200). Wie flach dagegen wird nach dem hier erreichten Komplexitätsniveau dann wieder der Schluß, wenn es dort im Rückgriff auf den märchenhaften Erzählstil heißt: „Und damit ist eigentlich die Geschichte von den Sternkindern zu Ende. Sie sind keine Sternkinder mehr, . . . Und sie lebten lange und glücklich, . . ." (S. 206) Dutzende anderer Bücher dieses Genres und hunderte von Zeugenaussagen im Auschwitz-Prozeß belegen, daß die ehemaligen KZ-Häftlinge immer wieder von der Vergangenheit eingeholt worden sind (vgl. z.B. die Rezension über das Buch von Iona Oberski).

4 Literarische Gestaltung

Mit dem Wissen, das autobiographische Zeugnis einer nur durch Zufall dem Tod entronnenen Frau, die unermeßliches Leid mitangesehen und selbst erlebt hat, vor sich zu haben, erscheint es eher unangemessen, stilistische Mängel anzumerken. Vielleicht erlaubt aber der zeitliche Abstand zum Erscheinen und die grundsätzlich empfundene Achtung vor der Autorin diese Kritik.

Erzählt wir in sehr einfacher Sprache und im Präsens. Oft steht ein Kind im Mittelpunkt eines Kapitels, aus dessen Perspektive berichtet wird. Dadurch wird die Erzählung lebendig, und es ist leicht, sich in die Figuren hineinzuversetzen: „Zu Hause ist davon geredet worden, daß eine neue Schule eingerichtet wird, nur für Juden. Aber sie will nicht mehr zur Schule. Niemals mehr! Man kann sie doch nicht einfach von ihren Freundinnen trennen, von ihrem Platz in der Klasse, von ihren Lehrern, von ihren Büchern. Sie kann sich nicht einfach in einem fremden Gebäude auf einen fremden Platz setzen und sagen: ‚So, jetzt fange ich von vorne an' " (S. 27). Asscher-Pinkhof greift alltägliche Situationen auf, die den Zugang zu den Figuren erleichtern und Vergleichs- und Identifikationsmöglichkeiten ermöglichen. Im Verlauf des Buches wird die Erzählerposition immer häufiger gewechselt. Dann berichtet eine offensichtlich erwachsene Helferin/Lehrerin (vermutlich die Autorin) über das, was sie im „Sternhaus" und im KZ beobachtet und was außerhalb des kindlichen Erlebens steht.

Oft werden kindliches Erleben und kindliche Handlungsweisen mit dem Vorwissen der Erwachsenen kontrastiert – ein Stilmittel, das besonders deutlich macht, wie brutal und unmenschlich das Nazi-System herrscht. So singen z.B. die Kinder in der Kinder-Baracke des Lagers ihrer Betreuerin freudestrahlend ein Geburtstagslied. Die aber hat gerade vorher erfahren, daß „ihre" Kinder, die sie in der Seuchenbaracke sicher glaubte, am nächsten Tag nach Bergen-Belsen abtransportiert werden sollen (S. 126 ff.).

Als störend empfinde ich, daß keines der Kinder mit Namen genannt wird und von keinem ausführlicher und länger berichtet wird. Manchmal läßt sich vermuten, daß man einer früheren Figur wiederbegegnet, aber das läßt sich nicht sicher bestimmen. Im Zusammenhang mit dem märchenhaften Erzählduktus ergibt sich dadurch eine merkwürdige Mischung aus grausamer Realität und weitentrückter Unwirklichkeit, die eher an „Sterntaler" als an wirkliche Kinder denken läßt. So wird z.B. der Tod eines Mädchens im Lager zur Prophezeiung: „Dein gebrochenes Herz wird mit all den anderen gebrochenen Kinderherzen drüben bewahrt werden bis zum Ende der Tage" (S. 124). Bei einigen Sätzen muß man wohl von Kitsch sprechen, der vielleicht auch zeitbedingt ist. Sätze wie „Sie ist von einem tiefen Gefaßtsein erfüllt" (S. 114) und „ ‚Nicht weinen', sagt die andere ungehalten. ‚Ihr Kind darf keine Tränen trinken' " (S. 83) würden wohl heute in keinem Jugendbuch mehr stehen. Gerade diese Emotionalität hat aber vielleicht eine besondere Kraft. Sie kann jugendliche Leser empfänglich machen für das

Schicksal der jüdischen Kinder – es erscheint mir nur wichtig, der schicksalhaften Unabwendbarkeit, die durch den märchenhaften Stil impliziert wird, die Information über Ursachen und Fakten entgegenzusetzen. Sonst besteht die Gefahr, daß die Ratlosigkeit der Kinder im Buch auch beim Leser zurückbleibt.

5 Verknüpfung von Individual- und Gesellschaftsgeschichte

Die jüdischen Kinder erleben direkt und am eigenen Leib, was Faschismus bedeutet. Stück für Stück und immer radikaler verändert sich ihr Alltag bis zur völligen Zerstörung menschlicher Lebensgrundlagen im KZ. Es liegt wohl vor allem im Handlungsort (Ghetto, KZ) begründet, daß in diesem Buch stets nur die „kleinen Gesellschaften" im Blick sind. Vielleicht ist das eine der größten Unmenschlichkeiten totalitärer Systeme, daß sie das Individuum in seiner Sorge für das bare Überleben ausschließlich auf die „kleine Gesellschaft" fixieren.

Asscher-Pinkhof betont allerdings immer wieder die Kraft des scheinbar machtlosen Individuums, die gerade Kinder für sie repräsentieren. So kann in ihrer Erzählung der Terror des KZ den unbekümmerten Spielen der Kinder oder auch der Kraft der religiösen Feiern nichts entgegensetzen. Der moralische Sieger über die Machthaber sind die scheinbar schwachen Juden.

6 Entwicklung der Hauptfiguren

Obwohl es in den „Sternkindern" keine Hauptfiguren gibt, deren Entwicklung man verfolgen könnte, läßt sich aus den kurzen Episoden viel über die psychische Entwicklung der Kinder und Jugendlichen herauslesen.

Im Ghetto machen sie Erfahrungen, die für ihre Altersstufe völlig ungewöhlich sind und die jede normale kindliche Entwicklung unmöglich machen. Ein wichtiger Grund dafür ist die fehlende Möglichkeit, sich mit Gleichaltrigen und Älteren offen auszutauschen. Jener bereits erwähnte Junge, der die Evakuierung des Altenheims seiner Großmutter durch die deutschen Besatzer mitansehen mußte (der Kontext verweist auf ein Wissen um Euthanasie), kommt zu spät zur Schule und kann als Entschuldigung nur sagen: „Ich konnte nicht vorbei" (S. 25). Ein Mädchen, das mit seinen Eltern über Nacht verhaftet wurde und nach seiner Freilassung seine Schulfreundin trifft, sagt verlegen zu ihr: „Ach, du hast eine neue Brille!" (S. 20).

Das, was die Judenkinder erleben müssen, die Radikalität, mit der die Repression ihr Leben verändert, läßt sich ihren nichtjüdischen Altergenossen nicht mitteilen, geschweige denn verständlich machen; es ist sprachlich nicht auszudrücken und darf nicht ausgesprochen werden.

Die äußere Bedrohung führt zu einer immer enger werdenden Bindung an die Eltern. Sind sie zunächst noch Garant dafür, daß einem „die Grünen" nichts anhaben können, begreifen die Kinder schnell, daß auch die Eltern machtlos sind. Auch mit ihnen können sie nicht wirklich über das Erlebte reden. Im „Sternhaus" beobachtet ein Mädchen den Selbstmord eines alten Mannes: „Ihr wurde furchtbar übel. Aber sie durfte es nicht zeigen, weder hier noch bei Vater und Mutter, weil sie es ihnen nicht erzählen konnte. Sie kann nicht davon reden, niemals. Vielleicht werden die Eltern hören, was geschehen ist, aber sie werden ganz gewiß nicht vor ihr und ihrem Bruder davon reden, weil es für Kinder zu grausig ist" (S. 74). Diese ständige Furcht vor Verhaftung und Deportation im Ghetto führte vielfach zu einer Veränderung des „normalen" Eltern-Kind-Verhältnisses. Einerseits waren da Heranwachsende, die – durch die Grenzsituation überfordert – in eine ihrem Entwicklungsalter gar nicht entsprechende Abhängigkeit flüchteten. Die Eltern ihrerseits antworteten in dieser Situation mit verstärkter Fürsorge und Beaufsichtigung, so daß es keinerlei, für Heranwachsende so wichtige Kontrollöcher mehr gab. Da nimmt es dann nicht wunder, daß es andererseits Heranwachsende gab, die eine Deportation als Chance zur Befreiung aus der elterlichen „Umklammerung" und einer (in der Sorge begründeten) Dauerbeaufsichtigung enpfanden: „Schlimmer als alle Razzien und alle Überfallwagen und alles, was sonst droht, sind Vaters und Mutters Besorgnis um ihre Sicherheit und die Anstrengungen, sie und sich selbst und ihren gesamten Besitz zu schützen und zu erhalten" (S. 40). In diesen sensiblen Beobachtungen liefert das Buch auch für den heutigen Leser wichtige Möglichkeiten, eigene entwicklungsbedingte Erfahrungen und Konflikte mit den Eltern in Teilmomenten wiederzuerkennen.

Mit der Einlieferung ins Konzentrationslager bekommen die Erlebnisse der Kinder eine völlig neue Dimension. Sie erleben Egoismus statt Solidarität unter den von Not Betroffenen (S. 153 – 158). Sie erleben die Willkür (nächtliches Zusperren der Toilette), den Sadismus (gegenüber Alten und Kranken; S. 158 – 163), die Entwürdigung durch Beraubung jeglichen Intimraumes (Kapitel „Im Badehaus"; S. 166 – 169). Sie werden immer wieder mit dem Tod von Menschen, mit Selbstmord konfrontiert (S. 109 f., 113, 163, 172 ff., 177 ff.) und müssen sich mit Gedanken an den eigenen Tod auseinandersetzen.

Eigentlich sind die Geschichten der „Sternkinder" Geschichten über die planmäßige Verhinderung von persönlichen Entwicklungsmöglichkeiten. Der ungeheuren Gewalt der Erlebnisse, die *allein* verarbeitet werden müssen, steht die Unmöglichkeit jeglicher Lebensäußerung gegenüber, die eine Befreiung von der Last sein könnte.

7 Adressaten

Das Buch ist vom Verlag für Jugendliche ab 14 Jahren empfohlen. Einschränkend würde ich mich diesem Hinweis anschließen: Die „Sternkinder" müßten meiner Meinung nach in der Familie oder Jugendgruppe eingehend besprochen werden. Trotz des etwas kindtümelnden Stils sind die Tatsachen, über die berichtet wird, so ungeheuerlich, daß ich keinem Jugendlichen wünsche, daß er mit seiner Ratlosigkeit angesichts des grauenvollen Geschehens allein bleiben muß. Ich denke, daß sich die Hilflosigkeit und Sprachlosigkeit der Figuren im Buch ohne ergänzende Gespräche leicht auf den Leser übertragen könnten.

8 Kritische Würdigung

Durch die Lektüre der „Sternkinder" stellte sich mir die Frage, ob es überhaupt sinnvoll sei, Kinder und Jugendliche, die sich mit dem NS auseinandersetzen, so direkt mit dem Leiden zu konfrontieren – nicht nur, weil das bei Dahrendorf erwähnte „traditionelle Erwartungsschema" für ein Jugendbuch (u.a. positive Leitbildfigur; ein optimistischer Ausblick; die Möglichkeit einer Identifikation, die pädagogisch befürwortbar ist) nicht erfüllt werden. Angesichts der Thematik erscheint mir insbesondere die Erwartung des „optimistischen Ausblicks" als höchst problematisch. Das rassenpolitische Ziel des Genozids ist mit „Effektivität" durchgesetzt worden; es sind – das ist die bittere historische Wahrheit – nur wenige „noch einmal davongekommen". Für mich knüpfen sich gerade an die Bücher, deren ausschließliche Handlungsorte Ghetto und KZ sind, einige grundlegende Fragen: Wie verarbeiten jugendliche Leser die Ungeheuerlichkeiten, mit denen sie konfrontiert werden. Gibt es überhaupt etwas, was man dieser Vernichtung von Menschlichkeit entgegensetzen kann? Erich Kästner schreibt in seinem 1961 verfaßten Vorwort: „Die Erwachsenen und die Halbwüchsigen müssen es lesen. Da hilft keine Ausrede . . . Sie werden Fragen stellen und von den Eltern und Lehrern Auskunft erwarten." Nur: Müssen Kinder und Jugendliche etwas „bewältigen", das nicht einmal Erwachsene wirklich begreifen oder erklärbar machen können? Andererseits wird man sagen können: Asscher-Pinkhofs Buch zwingt zur Parteilichkeit für die Opfer, ruft auch Zorn und Wut hervor. Daß es bei dem sich selbst überlassenen Leser ohnmächtige Wut werden könnte, liegt daran, daß das Buch nur Phänomene beschreibt, aber nichts zur Erklärung des Faschismus und des Antisemitismus beiträgt. Das ist der große Mangel des Buches (vgl. dazu noch einmal die Kritik in den Abschnitten 2, 3 und 6). Deshalb auch möchte ich das Buch trotz des euphorischen Vorwortes von Erich Kästner nur mit Einschränkungen empfehlen.

9 Das Buch im Urteil des Lesers

Das Buch hat mir gut gefallen, weil die Sternkinder trotz der bedrohlichen Situation, in der sie lebten, heiter und lustig waren. Sie wußten ja gar nicht, was auf sie zukam. Ich hätte in einer solchen Situation nicht frei und fröhlich sein können. Die Familien der

Juden hatten viel Leid zu tragen, haben aber trotzdem gut zusammengehalten und sich beschützt.

Ich wußte schon aus dem Geschichtsunterricht, daß viele Millionen Menschen in den KZ ihr Leben ließen. Aber durch dieses Buch wurde mir deutlich, wie die einzelnen Menschen darunter gelitten haben.

Ich finde, daß viele Jugendliche dieses Buch lesen sollten, weil das Schicksal der Menschen im nationalsozialistischen Deutschland so viel besser nachempfunden werden kann.

Schülerin, 15 Jahre

Edith Biewend: Letta. Eine Kindheit in Deutschland

Bergisch-Gladbach (Bastei-Lübbe) 1982 (Bastei-Lübbe Tb. 17066; 7,80 DM) (Zuerst bei Ehrenwirth-Verlag, München 1980; seit 1983 liegt bei Ehrenwirth eine einbändige Ausgabe mit den beiden zusammengehörenden Romanen „Letta" und „Muß selbst den Weg mir weisen" vor).
Die Seitenangaben der Rezension folgen der Taschenbuchausgabe.

Friederike Fetting

1 Inhalt

Das Buch „Letta – Eine Kindheit in Deutschland" ist der erste von zwei zusammenhängenden Romanen Edith Biewends, die sich – wie dem Umschlagtext zu entnehmen ist – mit der z.T. wohl auch persönlichen Vergangenheit während des Nationalsozialismus auseinandersetzen.

Der Roman schildert die Entwicklung Letta Reichmanns und umfaßt den Zeitraum von Lettas Geburt 1922 bis zu ihrem 16. Lebensjahr 1938.

Letta ist das erste Kind von Lisa und Rudi Reichmann. Lisa Hüsken, gelernte Verkäuferin, aus einem christlichen Elternhaus stammend, heiratet, weil sie Letta erwartet, den Friseur Rudi Reichmann. Seine Familie besteht weitgehend aus Facharbeitern der umliegenden Berg- und Hüttenwerke Ruhrorts.

Die Kapitel 1 bis 4 (S. 7 – 96) schildern die Kinderjahre Lettas, in denen die junge Familie bestrebt ist, einen bescheidenen Wohlstand zu erlangen. Trotz der beginnenden Wirtschaftskrise gelingt es Rudi Reichmann, mit Hilfe einer Erbschaft ein eigenes Friseurgeschäft zu eröffnen. Lisa Reichmann, in der Schule selbst nie von besonderem Ehrgeiz getrieben, entwickelt schon in den ersten Kinderjahren Lettas große Pläne für ihre Tochter und verlangt von ihr eine außerordentliche Disziplin. Die Mutter fordert Letta mit dreieinhalb Jahren zum Rezitieren von Gedichten auf, in der Hoffnung, ein noch schlummerndes Talent bei ihrer Tochter zu entdecken (S. 48 ff.). Und schon früh lernt Letta, ihrer Mutter im Haushalt zur Hand zu gehen. Mit einer für ein Kind bemerkenswerten Sensibilität durchschaut sie die Probleme und Sorgen ihrer Eltern (S. 70 ff.).

In den Jahren 1930 bis 1932 spielen die Kapitel 5 bis 8 (S. 97 – 169). Es sind Lettas Grundschuljahre, die sie ohne Schwierigkeiten durchläuft. Allerdings verschlechtert sich die familiäre Situation nach dem Konkurs des Friseurgeschäftes rapide. Der Vater teilt das Schicksal von Millionen: Er wird arbeitslos. Am Rande, durch Gespräche der Eltern und im Verwandtenkreis, nimmt Letta oberflächlich die politischen Ereignisse wahr. Die Familie Reichmann steht der SPD nahe, der Bruder Peter Reichmann ist SPD-Mitglied. Im November 1932, als die NSDAP bei den Wahlen Verluste hinnehmen muß, hofft der Vater noch auf eine demokratische Koalition. Im Dezember liefern sich Kommunisten und Nationalsozialisten Straßenkämpfe vor der Haustür der Reichmanns.

In den Jahren 1933/34 (Kap. 9 – 11, S. 170 – 214) wird Letta persönlich und intensiver mit den politischen Entwicklungen konfrontiert. Durch die Fürsprache und Hilfe der nationalsozialistisch gesinnten, aus einem Pfarrhaus stammenden Lehrerin Fräulein Meier erhält Letta die Chance, das Gymnasium zu besuchen. Die Machtergreifung Hitlers verfolgt Letta mit naiver Begeisterung (S. 182); als Belohnung für ihren schulischen Erfolg wünscht sie sich die Erlaubnis der Eltern zum Eintritt in den Jungmädchenbund, deren Leiterin Fräulein Meier ist.

Der arbeitslose Rudi Reichmann, von den politischen Zuständen enttäuscht, zieht sich resigniert hinter sein Schachspiel zurück und sucht in der Beschäftigung mit Literatur ein „Abseits als sicheren Ort". Seine Frau trägt in diesen schweren Zeiten wirtschaftlicher Not die Hauptlast der Familie. Doch auch Letta empfindet Verantwortung, besonders ihrer Schwester Hanni gegenüber. Ihr widmet sich Letta eingehend und versucht, sie vor dem Ehrgeiz der Mutter zu schützen.

Zum Wendepunkt in Lettas Leben wird der erste Kinobesuch 1934 (S. 218 ff.). Die Filme vermischen sich mit ihrem Traum von einem zukünftigen Leben als Künstlerin in Wien. Durch diese neuen Zielvorstellungen ändert sich auch Lettas bisheriges Leben. Musik und Literatur nehmen immer mehr Raum ein, der Dienst im Jungmädelbund tritt in den Hintergrund, wird schließlich zur lästigen Pflichtübung (S. 297). Gleichzeitig bekommt Letta erstmals Lernschwierigkeiten in der Schule. Eine namenlose Angst überfällt sie zeitweilig: „Schlimm ist die Angst, die keinen Namen hat und kein Gesicht. Die einen morgens früh im Bett überfällt und dazu verführt, sich die Decke über den Kopf zu ziehen, um die Welt zu vergessen" (S. 223 f.). Das Buch endet mit dem Selbstmordversuch der Mutter, die die wirtschaftliche Not nicht mehr ertragen und bewältigen kann. Kurz darauf gibt es für die Familie einen Hoffnungsschimmer. Der Vater erhält Arbeit bei Krupp, was Letta auf ihren Brief an Hitler zurückführt. Dieser neue Hoffnungsschimmer – der Vater war seit acht Jahren arbeitslos – wird überschattet durch die große Politik: „Die Sudetenkrise spitzt sich zu, die Kriegsgefahr rückt näher . . ." (S. 324). Es bleibt die Frage, wie Letta sich entwickeln wird, ob sich ihr sehnlicher Wunsch Lehrerin zu werden erfüllen wird. Darauf gibt Edith Biewend in ihrem zweiten Roman „Muß selbst den Weg mir weisen" die Antwort (vgl. die Rezension in diesem Buch).

2 Historischer Hintergrund

Das Schicksal der Arbeiterfamilie Reichmann wird vor dem politischen und gesellschaftlichen Hintergrund entfaltet, der durch den Zusammenbruch der Weimarer Republik, die Machtübernahme Hitlers und die drohende Kriegsgefahr markiert wird. Das politische Geschehen wirkt sich teilweise direkt auf das familiäre Leben aus, z.B. in der Arbeitslosigkeit des Vaters und der Inhaftierung Peter Reichmanns aufgrund seiner Mitgliedschaft in der SPD. Andere politische Ereignisse werden meist durch Kommentare seitens der Eltern oder Verwandter in die Erzählung eingeflochten oder als Fakten am Beginn eines Kapitels genannt. Folgende finden Erwähnung:

- Inflation ab 1922;
- 1927 Gesetz zur Arbeitslosenversicherung und kurzzeitige wirtschaftliche Erholung (S. 57);
- ab 1928 steigende Arbeitslosigkeit;
- Tod Gustav Stresemanns am 3. 10. 1929 (S. 96);
- Kurssturz an der New Yorker Börse, Weltwirtschaftskrise (S. 96);
- Bildung der „Harzburger Front" am 11. 10. 1931 durch die Nattionalsozialisten und die darauf entstehende oppositionelle Formierung der „Eisernen Front" am 16. 12. 1931 (S. 128);
- Wahl Hindenburgs zum Reichspräsidenten am 10. 4. 1932 (S. 129);
- Rücktritt Brünings am 30. 5. 1932;
- Reichstagswahlen am 6. 11. 1932, Rückgang der NSDAP-Stimmen (S. 177);
- Machtübernahme Hitlers am 30. 1. 1933 (S. 182);
- Reichstagsbrand am 27.2.1933 und die „Verordnung des Reichspräsidenten zum Schutz von Volk und Staat" und das „Ermächtigungsgesetz" am 24.3.1933 (S. 182);
- Verlassen der Abrüstungskonferenz am 14. 10. 1933 (S. 190);
- Arbeitsbeschaffungsmaßnahmen ab Sommer 1933 (S. 191);
- Ermordung Röhms am 30. 6. 1934 (S. 199);
- Geheime Staatspolizei, Verhaftung politischer Gegner (S. 239);
- Kündigung des Locarno-Vertrages, Besetzung der entmilitarisierten Zone des Rheinlandes am 7. 3. 1936 (S. 261);
- Olympische Spiele (S. 261);
- Annexion Österreichs am 13. 3. 1938 (S. 304);
- Eingliederung der Sudetengebiete (S. 323).

Nur andeutungsweise werden die Konzentrationslager (S. 182) und die Diskriminierung der Juden (Verbot jüdischer Schriftsteller, S. 243) erwähnt.

3 Faschismusverständnis

Anhand einzelner Familienmitglieder zeigt die Autorin unterschiedliche Einstellungen und Reaktionen gegenüber dem politischen Geschehen seit 1922 auf. Daraus lassen sich verschiedene Faschismusdeutungen ablesen.

Die Arbeitslosigkeit Rudi Reichmanns und der Konkurs seines Friseurgeschäftes stehen beispielhaft für das Schicksal vieler Kleinbürger, deren Existensgrundlage durch die Weltwirtschaftskrise 1929 erschüttert wurde. Mit dieser wirtschaftlichen Unsicherheit ging die Angst vor der wachsenden Emanzipation des Proletariats einher. Ein Sprachrohr für seinen Protest fand der Mittelstand in der NSDAP, von der sich Rudi Reichmann allerdings ausdrücklich distanziert. Der unbedingte Wille, den sozialen Status –trotz der Arbeitslosigkeit des Ehemanns – nicht zu verlieren, charakterisiert aber besonders Lisa Reichmann, die aus einem mittelständischen Handwerksbetrieb stammt. Sie handelt, wie viele, eher pragmatisch als politisch orientiert, verhindert daher auch nicht den Eintritt Lettas in den Jungmädelbund: „Das Kind hat es schwer genug mit seinem Fortkommen, fehlt gerade noch, daß wir als Eltern ihm Knüppel zwischen die Beine werfen. Das ist nun einmal die neue Zeit, der Aufbruch der Nation." (S. 189)

Mit äußerster Kraftanstrengung versucht die Mutter in Zeiten wirtschaftlicher Not, ihre Situation zu überspielen, sich keine gesellschaftliche Blöße zu geben. Die Furcht vor sozialer Deklassierung beherrschte den Mittelstand seit der Expansion der Großindustrie im Wilhelminischen Reich. Sie wurde in der ökonomischen Krise der Weimarer Republik durch den Verlust der Massenkaufkraft entschieden verschärft. In der sog. Mittelstandsthese wird die Nähe des Mittelstandes zur NS-Ideologie einerseits in der gemeinsamen Abwehr einer Emanzipation der Arbeiterschaft und andererseits in jener Mentalität des Kleinbürgertums gesehen, die eine Bewältigung fundamentaler Krisen stets eher in autoritären Ordnungsvorstellungen gedacht hat.

Ein zweites Deutungsmuster wird in Rudi Reichmanns Kritik gegenüber den linken Parteien sichtbar; Lettas Vater ist der Auffassung, Sozialisten und Kommunisten hätten die Chance gehabt, den Aufstieg des NS zu verhindern. In diesem Zusammenhang werden zwei historische Ereignisse besonders hervorgehoben, welche die Voraussetzung für den Aufstieg des Nationalsozialismus bildeten:

- das Mißtrauensvotum der SPD im November 1923, welches das Kabinett Stresemanns zum Scheitern verurteilte: „Warum hattet ihr Stresemann weggeschickt im Herbst dreiundzwanzig? Einen besseren Kanzler gab's doch nicht. Statt dessen habt ihr eure Parteiquerelen über alles gestellt, und die Deutschnationalen lachten sich ins Fäustchen" (S. 128);
- die fehlende Bereitschaft der Kommunisten, bei den Reichspräsidentenwahlen am 26. 4. 1925 den Kandidaten der „Weimarer Koalition", Wilhelm Marx, zu unterstützen und so die Ernennung Hindenburgs zu verhindern: „Hättet ihr für Wilhelm Marx gestimmt, statt für euren Thälmann, wäre Hindenburg nicht Reichspräsident geworden. Den Rechtsruck habt ihr verschuldet, vielleicht habt ihr ihn sogar gewollt" (S. 128).

Ein drittes, in diesem Buch sichtbar werdendes Deutungsmuster ist das von Letta selbst bevorzugte. In der geschichtswissenschaftlichen Diskussion hat es den Namen „Führertheorie" bzw. „Hitlerrismus" erhalten. Dieses Deutungsmuster dürfte der kindlichen Erfahrung im NS besonders adäquat sein. Viele schulische Rituale, Liedgut und Rituale des BDM beim Fahnenappell u.a. waren auf den Führer ausgerichtet: „Letta läßt sich von der Lehrerin für Adolf Hitler begeistern und macht aus freien Stücken ein Gedicht auf ihn. In der Klasse, vor dem Pult, darf sie es vortragen.

‚Drum schwören wir immer aufs neue
Dir, Führer, die ewige Treue.
Wir wollen fest zusammenstehn,
Das Deutsche Reich darf nicht untergehn' " (S. 182).

Bis in ihr 16. Lebensjahr hinein erhält sich diese kindlich-naive, quasi religiöse Begeisterung für den Führer: „Letta ist froh (in einem Streit des Vaters mit seinem Bruder Peter über die „Sudetenkrise"; F. F.), daß Vati nicht auch gegen Hitler aufmuckt wie Onkel Peter. Der Führer hat ihrer Meinung nach in letzter Zeit viel Gutes getan, . . . Und dann hat Hitler ihre Bitte erhört und Vati Arbeit gegeben, das muß man auch bedenken" (S. 329).

Problematisch ist jedes Buch über den Faschismus, in dem die Führertheorie das einzige Deutungsmuster bleibt. Denn in ihr werden ja die Entstehung, die Stabilisierung und die ungeheuren Vergehen des NS-Regimes allein auf den alles beherrschenden Einfluß Hitlers zurückgeführt. „Führertheorie" ist immer zugleich „Verführungstheorie". Wer verführt worden ist, braucht über seine Mitschuld nicht mehr nachzudenken! Dieser Gefahr erliegt Biewend in diesem Buch nicht. Der jugendliche Leser kann im Nachvollzug der Argumentation anderer Hauptpersonen dieses Buches differenzierte Erklärungsansätze für die Entstehung des Faschismus kennenlernen: etwa die Mittelstandsthese und wichtige Elemente einer sozialistischen Faschismustheorie (vgl. dazu genauer Mainzer 1983, S. 323 – 326, 340 – 342).

4 Literarische Gestaltung

In einem Nachsatz des Buches heißt es: „Viele Personen des Romans sind frei erfunden, die Ereignisse hingegen sind der Wirklichkeit nacherzählt." Man kann wohl davon ausgehen, daß in der Figur Letta Reichmann autobiographische Züge und Erlebnisse verarbeitet sind. Die Erzählung – in der dritten Person geschrieben – wird vorwiegend aus Lettas Perspektive, aber auch aus der Sichtweise der Eltern vorgetragen. In die Erzählung fließen Kommentare der Autorin ein, die sich weniger auf das politische Geschehen als auf Lettas individuelle Entwicklung beziehen.

Der Roman ist in siebzehn numerierte Kapitel gegliedert, die größere Zeitsprünge von einigen Monaten markieren. Oft werden die Abschnitte eingeleitet durch Hinweise auf die gesellschaftliche, politische und ökonomische Realität, die sich auch in der Lebenswelt der Familie niederschlägt. Durch Verwendung des Präsens als Erzählzeit erreicht die Autorin eine starke Vergegenwärtigung des Handlungsablaufes, die eine Identifikationsmöglichkeit noch erhöht. Der Erzählstil ist durchgängig von einer einfachen Alltagssprache geprägt. Aber sie ist – von wenigen Ausnahmen abgesehen – ohne Dialekt-Einfärbung. Von Lettas Vater wird gesagt – und nicht zuletzt darin spiegelt sich seine Mittelstandsorientierung –, daß er das niederrheinische Platt nicht kenne und den „Ruhrkumpeljargon" scheußlich finde (S. 56). Für die Sprache von Lettas Mutter ist typisch die Sättigung mit Sprüchen und Lebensweisheiten: „Träume sind Schäume", „Gibt Gott ein Häslein, so gibt er auch ein Gräslein", „Wo keine Bibel ist im Haus, da sieht es öd' und traurig aus" usw. Diese für das Milieu Lisas sehr authentische Redeweise spiegelt die Verdichtung von Lebenserfahrung. In der produktiven Rezeption ermöglicht diese Redeweise Erfahrung und das Lernen aus Erfahrung. Innere Monologe oder direkte Rede der Figuren werden nicht durch Satzzeichen abgehoben, sondern nahtlos an Kommentare und erlebte Rede gereiht. Der häufige Gebrauch von erlebter Rede führt zu einem ständigen Perspektivwechsel, der die Identifikation nicht nur mit der Hauptperson Letta möglich macht. Die teilweise kommentarlose Aneinanderreihung der unterschiedlichen Gedanken verschiedener Personen birgt – wenn auch nur an wenigen Stellen – die Gefahr der Mißverständlichkeit und setzt eine genaue Kenntnis der historischen Vorgänge voraus. So lautet z.B. die Textpassage zur Röhm-Affaire folgendermaßen: „Der muß über die Klinge springen, und viele andere mit ihm, die längst auf Hitlers Todesliste standen. Daß nun auch SA-Leute zu zittern anfangen, versetzt Letta in Erstaunen, bisher haben immer nur Kommunisten vor der SA gezittert. Dieser Röhm soll überhaupt ein sehr unanständiger Mann gewesen sein, sagt Fräulein Meier. Aber den Führer kann man auf die Dauer nicht täuschen" (S. 198 f.).

Das, was zuvor als „Gefahr der Mißverständlichkeit" bezeichnet worden ist, macht aber auch einen besonderen Reiz des Buches aus. Es hält den Leser in angespannter Aufmerksamkeit; er muß sein vorhandenes Wissen ständig aktivieren. Im übrigen bleiben die Gedanken der verschiedenen Personen nur in seltenen Fällen unkommentiert. Diese Kommentare werden auf der Autorenebene mit dem Mittel der Ironie geliefert. Dem Satz: „Letta läßt sich von ihrer Lehrerin für Adolf Hitler begeistern und macht aus freien Stücken ein Gedicht auf ihn" geht der folgende voraus: „Das deutsche Volk legt (am 30. Januar 1933; F. F.) vertrauensvoll sein Geschick in die Hände des Schickelgruber, der gar nicht so heißt" (S. 182). Und dem in Abschnitt 3 bereits zitierten Gedicht folgt der Satz: „In dieser Art."

5 Verknüpfung von Individual- und Gesellschaftsgeschichte

Die vorrangige und einflußreichste Sozialisationsinstanz für Letta bildet die Familie. In ihr fühlt Letta sich aufgehoben. Während der gesellschaftspolitischen Veränderungen bleibt der engste Familienkreis die Konstante. Zwar wirken sich politisch-ökonomische Veränderungen auch auf die Lage der Kleinfamilie aus, führen bis zu existentiellen Bedrohung (Selbstmordversuch der Mutter), sie vermögen aber nicht die Substanz der Familie zu erschüttern. Die politische Ebene wird in die Handlung eingeblendet, indem einzelne Familienmitglieder unterschiedliche Einstellungen repräsentieren und auch untereinander diskutieren: die politisch ungebildete, durch ein christliches Elternhaus geprägte Mutter, der liberale Vater, das SPD-Mitglied Peter Reichmann, der die Folter der Gestapo am eigenen Leibe erfährt, und der Überläufer Willi Reichmann, der zunächst als KPD-Anhänger nach Rußland auswandert, enttäuscht zurückkehrt und der NSDAP beitritt. Diese Gespräche werden von Letta wahrgenommen, aber nicht reflektiert. Gesellschaft bleibt jedoch weitgehend eine Instanz außerhalb ihrer Lebenswelt. Es ist von Interesse, wie Letta sich zurechtfinden wird, wenn sie aus dem Schutzkreis der Familie hinaustritt.

6 Entwicklung der Hauptfigur

In der Darstellung der Entwicklung Lettas tritt das politische Geschehen in den Hintergrund. Edith Biewend legt den Akzent auf den Bildungsgang der Protagonistin. Durch die ehrgeizige Mutter – die den ihr versagten Wunsch nach sozialem Aufstieg auf die Tochter projiziert – schon im Vorschulalter zur Rezitation von Gedichten angetrieben, kommt Letta früh mit Literatur und Kunst, etwas später mit klassischer Musik in Berührung. Die frühe Disziplinierung des Kindes durch die Mutter wertet die Autorin differenziert: „Es kostet viel Disziplin, im Alter von zwölf Jahren derart realitätsgerecht zu handeln und doch seine Träume in Sicherheit zu bringen . . . Es kostet genau jene Disziplin, in der man eine frühe Übung erlangen muß . . . Die einem schon als Sechsjährige auferlegt wird . . . Daß auch Disziplin ihren Preis fordert, früher oder später, steht auf einem anderen Blatt" (S. 235).

Vor allen Dingen die Welt der Bücher bildet für sie einen ruhigen, verheißungsvollen Gegenpol zu der teilweise niederdrückenden Alltagsrealität. In der Auseinandersetzung mit Literatur entwickelt sich unbewußt ein Bewertungsmaßstab, der ideologische Momente des NS an ihr abprallen läßt. (z.B. die einseitige Aufführung von Hebbels „Kriemhilds Rache", (S. 245). Jedoch schöpft sie in dieser eigenen Welt nicht die Kraft zum aktiven Widerstand, sondern sichert sich in ihr einen Fluchtraum, in den sie sich zurückziehen kann. In diesem Punkt ähnelt Letta ihrem Vater, der sich – als er die politische Entwicklung nicht mehr billigen kann – zum Schachspielen in eine Bahnhofsgaststätte zurückzieht, die innere Emigration antritt. (Das Problem, inwieweit die Beschäftigung mit Literatur etc. letztendlich zur Auflehnung gegen politische Verhältnisse führen kann oder nur einen schützenden Ort passiver Innerlichkeit bietet, wird auch in Peter Brückners Autobiographie „Abseits als sicherer Ort" angeschnitten).

Ihrem Vater ist Letta zärtlich zugetan. Er ist die ausgleichende Kraft zwischen Mutter und Tochter, wenn diese sich von Lisa überfordert fühlt. Es ist wohl auch die gemeinsame Liebe zur Literatur, die die Nähe von Vater und Tochter begründet. Während die Mutter nur die Bibel und Courths-Mahler liest und alle Bildungsanstrengungen der Tochter mit dem sozialen Aufstieg begründet, ist für den Vater das Lesen der großen Literatur (Tolstoi, Balzac, Zola, Mark Twain) zweckfrei: „Er liest, weil es ihm ein Bedürfnis ist, mit beruflichem Aufstieg hat es nichts zu tun" (S. 56). Und es kommt wohl noch ein weiteres Moment hinzu: Sie, die durch den Verzicht der Eltern und die Bemühungen der Lehrerin planmäßig für den sozialen Aufstieg „aufgebaut" wird, entwickelt eine besondere Sensibilität für die Situation des sozial abgestiegenen arbeitslosen Vaters. Da ist jene Schlüsselszene, in der durch den Klassenlehrer am Gymnasium dem einzigen Arbeiterkind (eben Letta) eine Erziehungsbeihilfe angeboten wird: „Er habe da etwas für sie . . . Ihr Vater sei doch Arbeiter, oder? Mein Vater ist erwerbslos, sagt Letta leise. Der Lehrer hebt ruckartig den Kopf. Was denn, der ist immer noch Stempelbruder? entfährt es ihm . . . . Sie nimmt das Papier und verläßt die Klasse. Wenn sie wütend ist, . . . , dann bekommt sie immer diesen staksigen Gang wie jemand, der steife Kniegelenke hat. Stempelbruder" (S. 322). Diese Erfahrung der marginalen Position des sozialen Auf- und Absteigers zieht sich wie ein roter Faden durch das Buch. Letta macht diese Erfahrungen spätestens seit ihrem Eintritt in das Gymnasium: „Frau Direktor ist nervös, zerstreut und in Eile. Machen wir es kurz, sagt sie . . . Deine Freistelle wird dir erst zugesichert, wenn du dich ein halbes Jahr in unserer Schule bewährt hast" (S. 184).

Der Einfluß des BDM tritt bei Letta hinter der Bedeutung der Familie sehr weit zurück. Das anfängliche Interesse für den Jungmädelbund wird durch die persönliche Ansprache von Fräulein Meier, ihrer Lehrerin, geweckt, für die sie viel Sympathie hat und deren Unterstützung sie den Platz im Gymnasium verdankt. Zunächst ist Letta „ehrlich ergriffen von der nationalen Wende . . ." (S. 182), später wird ihr der Dienst im BDM nur lästig, aber nicht aus politischen Gründen. In ihren Blickwinkel rückt Politik vor allem dann, wenn sie sich unmittelbar auf das Familienleben auswirkt, z.B. in Form von Arbeitsbeschaffungsmaßnahmen, die auch den Vater betreffen. Die offenen Gespräche über Politik innerhalb der Familie hinterlassen bei Letta eher Ratlosigkeit und Verwirrung. Und dennoch bleiben sie nicht ganz ohne Wirkung, wie man etwa an der Auseinandersetzung mit dem Buchhändler über die verbotenen Bücher ablesen kann (S. 243; vgl. auch S. 323 f.). Um so mehr muß jener Brief staunen machen, in dem sie Hitler um einen Arbeitsplatz für ihren Vater bittet. Er belegt ein sehr unterenwickeltes politisches Bewußtsein für eine Sechzehnjährige. Sie hat den Faschismus in seinen Ausmaßen noch nicht begriffen, wenn es heißt: „Der Führer hat ihrer Meinung nach in letzter Zeit viel Gutes getan, und vielleicht besinnt er sich noch und wird davon ablassen, immer gegen die Juden und die christlichen Kirchen zu hetzen" (S. 329).

Am Ende des Buches stellt sich die Frage, ob Letta in Zukunft aufgrund ihrer Naivität zum Nationalsozialismus hingezogen oder ob sie ein kritisches Bewußtsein entwickeln und artikulieren wird.

7 Adressaten

Das Buch ist nicht als ein ausgesprochenes Jugendbuch zu bezeichnen und wird auch nicht als ein solches vom Verlag ausgewiesen. Es sind genaue historische Kenntnisse erforderlich, um die vielen Fakten und Daten einordnen und bewerten zu können, da sich die Autorin meistens eines ausdrücklichen Kommentars zu den Ereignissen enthält (vgl. dazu auch die Stellungnahme eines jugendlichen Lesers, der genau diesen Eindruck bestätigt). Das Lesen des Buches setzt ein entwickeltes psychologisches Einfühlungsvermögen des Rezipienten voraus, weil nicht nur die Entwicklung und Problematik eines Kindes bzw. Jugendlichen angesprochen, sondern auch sehr differenziert Sorgen, Nöte und Gedanken aus der Perspektive Erwachsener dargestellt werden.

Der Erzählzeitraum gibt die Möglichkeit, das Problem der Entstehung des Faschismus schon in der Zeit vor 1933 zu verfolgen. Das gelingt der Autorin in anschaulicher und differenzierter Weise. Vielfältige Identifikationsmöglichkeiten liefert das Buch insbesondere für solche Jugendliche, die im Unterschied zu ihren Eltern weiterführende Bildungswege durchlaufen können. Alle diese Momente lassen das Buch frühestens für Leser ab dem 16. Lebensjahr als geeignet erscheinen.

8 Kritische Würdigung

Positiv zu vermerken ist, daß es Edith Biewend gelungen ist, den Alltag einer Arbeiterfamilie in der Zeit der Weimarer Republik bis zum Dritten Reich anschaulich, ohne den Tenor des Mitleids, zu schildern und die Personen plastisch werden zu lassen.

Die Autorin versteht es, sich in die kindliche und jugendliche Sichtweise überzeugend hineinzuversetzen. Durch die unterschiedlichen politischen Einstellungen der weiblichen Hauptpersonen (die Lehrerin und Lettas Mutter) und der männlichen Hauptpersonen (Lettas Vater und ihre Onkel Peter und Willi) sichert die Autorin die notwendige Mehrperspektivität und ermöglicht dem Leser (und fordert von ihm) Identifikation oder Distanzierung. Auch in bezug auf die Faschismusdeutung erreicht Biewend eine durchaus differenzierte Sichtweise. – Manchen Leser wird die naive, kritiklose, unpolitische Haltung der 16jährigen Letta irritieren. Und es könnte eine besondere Gefahr darin gesehen werden, daß Letta ja zugleich die Sympathieträgerin des Romans ist. Aber könnte man nicht auch umgekehrt argumentieren, daß einer Autorin, die bei sich selbst nichts zu beschönigen sucht, eine besondere Glaubwürdigkeit zukommt?

9 Das Buch im Urteil des Lesers

In dem ersten Roman finde ich es sehr schlimm, daß die Autorin politische und geschichtliche Ereignisse dazwischenschiebt, mit denen man, ohne die Einzelheiten der beiden Kriege und der Zeit dazwischen zu kennen, nichts anfangen kann. Es gab aber auch Dinge, die mich sehr beeindruckten: z.B. pendelt das Mädchen Letta, das romantisch veranlagt ist, immer zwischen dem Ort, an dem sie geboren ist und der ihr nicht gefällt, und der Gegend, in der sie studiert und die ihren Vorstellungen entspricht. Sie ist sich nicht klar darüber, welchen Platz sie „Heimat" nennen soll. Dieses Wechselbad zwischen Romantik-Gegend und starker Wirtschaftsstadt durchzieht den ganzen zweiten Roman und hat mich sehr beschäftigt.

Mir hat aber vor allem gefallen, daß sowohl im ersten als auch im zweiten Roman (vgl. Edith Biewend: Muß selbst den Weg mir weisen) eine sehr große Selbstlosigkeit und gegenseitige Unterstützung zunächst innerhalb der Familie und später auch zwischen Kolleginnen, die sich noch nicht lange kennen, vorhanden sind. In unserer heutigen Welt könnte ich mir das kaum noch vorstellen, und obwohl ich glaube, daß es einmal so war, bleibt es für mich doch ein wenig irreal.

Edith Biewend: Muß selbst den Weg mir weisen. Jugendjahre – Kriegsjahre

Roman. Bergisch-Gladbach (Bastei-Lübbe) 1983 (Bastei-Lübbe Tb. 10281; 9,80 DM). Zuerst bei Ehrenwirth-Verlag, München 1981; seit 1983 liegt bei Ehrenwirth eine einbändige Ausgabe mit den beiden zusammengehörenden Romanen „Letta" und „Muß selbst den Weg mir weisen" zum Preis von 29,80 DM vor. Die Seitenangaben der Rezension folgen der Taschenbuchausgabe.

Andreas Sappelt/Ernst Cloer

0 Vorbemerkung

Biewends Roman „Letta – Eine Kindheit in Deutschland" schildert die Entwicklung Letta Reichmanns im Zeitraum 1922 – 1938 (vgl. dazu die Rezension von Friederike Fetting in diesem Band). Der hier vorzustellende Folgeroman „Muß selbst den Weg mir weisen", der ebenfalls autobiographische Züge trägt, verfolgt die Entwicklung der 19- bis 23jährigen jungen Frau im Zeitraum 1941 bis in den Sommer des Jahres 1945.

1 Inhalt

1941: Die fast 19jährige Letta, soeben vom Arbeitsdienst in Berlin in ihre Familie nach Duisburg-Ruhrort zurückgekehrt, erhält eine gute und eine schlechte Nachricht. Die gute: Der Verlag, dem sie ein Kinderbuch-Manuskript eingereicht hat, gibt die Zusage zur Drucklegung. Die schlechte: Die Hochschulen Dortmund und Koblenz, wo sie sich für das Lehrerstudium beworben hatte, erteilen eine Absage; der sehnliche Wunsch Lehrerin zu werden, scheint gefährdet. Da erfährt sie durch eine Freundin von der Möglichkeit, im „Protektorat Böhmen und Mähren" als Schulhelferin an der Volksschule der Deutschstämmigen zu arbeiten und begleitend zu studieren. Ihre Bewerbung in Brünn ist erfolgreich.

Bei ihrem Versuch, sich von ihrer Freundin Felicitas (Fee), der Tochter des Bergwerksdirektors zu verabschieden, trifft sie allein deren Bruder Gaston an. Gaston, dem als Leutnant in Uniform „nichts Zackiges" anhaftet („Arno Breeker, . . . , hätte sich einen Gaston nicht zum Modell gewählt"; S. 28), hat durch seine Liebe zu Kunst, Musik und Literatur eine innere Nähe zu Letta (S. 5 – 39). Aus dieser Begegnung mit Gaston wird Letta in den nächsten Jahren einen Teil ihrer Überlebenskraft schöpfen.

Letta fährt in das Land ihrer Kinoträume, die alte Donaumonarchie. Unbefangen, an der politischen Gegenwart dieser Region nicht interessiert, beginnt sie ihren Dienst in Brünn, findet schnell Kontakt und Freude an der Arbeit mit der Klasse, schließt Freundschaften zur deutschen und tschechischen Bevölkerung. Erst durch das Attentat auf den Reichsprotektor Heydrich (S. 117 ff.) und die folgenden Vergeltungsmaßnahmen (S. 121, 131, 138) wird Letta auf die politische Situation des Landes, in dem sie arbeitet, aufmerksam. Private Kontakte erweitern ihr Wissen um das Schicksal der Juden (S. 170, 174, 175).

Ihre Freundinnnen, die Tschechin Mila und die Sudetendeutsche Nora, vermitteln ihr ein Bewußtsein von der kulturellen Vielfalt und wechselvollen Geschichte der Menschen in dieser Region. Im Gegensatz dazu stehen Lettas Erfahrungen, die sie an der Universität und auf Lehrgängen macht, wo sie Menschen begegnet, die das Leben nur durch ihre ideologische Brille wahrnehmen. Da ist z.B. der Kommilitone Phillipp, der ihr seine Zuneigung gesteht und diese vor allem an „rassischen Merkmalen" festmacht (der hohen Gestalt, den langen Beinen, dem blonden Haar, der westfälischen bäuerlichen Nase), der aber gleichzeitig einen wichtigen Makel bei ihr ausmacht: die angewachsenen Ohrläppchen, die auf eine jüdische Herkunft hinweisen. Der heutige Leser mag darüber schmunzeln, wie sich hier die Rassenideologie in ihrer Absurdität selbst entblößt; aber daß eine uns präsentierte Ideologie unsere Wahrnehmung derart vorstrukturieren kann, ist eine durchaus ernste „Botschaft" dieser Sequenz. Letta erteilt ihrem „Verehrer" eine Abfuhr (S. 203), sicherlich auch, weil sie sich an Gaston gebunden fühlt. Zwar ist diese „Verlobung" eher ein Wunschtraum als Realität, aber die Kraft und Hoffnung, die sie aus dieser Illusion schöpft, ist unermeßlich.

Ihre anfängliche Begeisterung für den Nationalsozialismus ist ihr angesichts des Terrors der Gestapo vergangen. Letta findet sich zwischen den Fronten des „Volkstumkampfes" wieder; am liebsten möchte sie sich aus dem politischen Geschehen heraushalten. Doch die Ereignisse zwingen sie, Stellung zu beziehen und fordern sie zu eigenständigem Handeln heraus (S. 172, 174). Nicht immer gelingt es ihr so erfolgreich, wie bei dem Zwischenfall während eines Ferienlagers, wo sie die Vertretung einer beurlaubten Lehrerin übernommen hat. Der Sohn der tschechischen Vermieter verwechselt im betrunkenen Zustand sein Zimmer und legt sich zu einem Letta anvertrauten Mädchen. Dieser an sich harmlose Vorfall kann dem jungen Mann im Falle einer Anzeige Gefängnis oder Schlimmeres einbringen, da er als Tscheche vor einem nationalsozialistischen Gericht von vornherein schuldig wäre. Darum nimmt Letta die Situation selbst in die Hand, beruhigt die Mädchen und verabredet Stillschweigen, riskiert damit ihren eigenen Kopf (S. 240 ff.).

Im Vertrauen auf ihre Freundinnen sucht sie einen Weg zwischen Anpassung und Verweigerung. Als sie von der Verhaftung Milas durch die Gestapo erfährt – Mila unterrichtete, ohne Wissen Lettas, illegal Kinder tschechischer Intellektueller – hat sie eine wichtige Vertraute verloren (S. 304 – 307); Mila stirbt an Typhus in einem Arbeitslager (S. 358).

Der Grundtenor des Buches ist die Beschwörung des Zwischenmenschlichen als rettende Kraft, wie sie sich am Beispiel des tschechischen Apothekers zeigt, der Letta das für ihre Mutter lebenswichtige Medikament illegal verschafft, obwohl die Deutschen seinen Jungen als Partisanen hingerichtet haben (S. 338 – 341).

Auch sind es Tschechen, die Letta kurz vor dem Einmarsch der sowjetischen Armee bei der Flucht helfen (S. 372 ff.) und sie auf diese Weise vor den Ausschreitungen der tschechischen Bevölkerung an den verbliebenen Deutschen bewahren.

Nach einem kurzen Zwischenaufenthalt bei einer Verwandten in der Nähe von Ingolstadt kehrt Letta nach Duisburg-Ruhrort zurück. Die Not der Nachkriegszeit, der tägliche Kampf um die materielle Existenz verstärken die Enge der kleinbürgerlichen Verhältnisse, denen Letta entfliehen zu können gehofft hatte. Die alten Konflikte mit der Mutter brechen sofort wieder auf, und deren besitzergreifende Fürsorge muß von der nun erwachsenen Tochter als noch belastender erfahren werden. Und mitten in dieser ohnehin belasteten Situation erreicht sie die Nachricht vom Tod ihrer langjährigen Freundin Nora (S. 380). Und wenige Tage später muß sie erfahren, daß Gaston in den letzten Kriegstagen gefallen ist, daß er vor einem Jahre geheiratet hat und daß seine junge Frau gerade von einem Kind entbunden hat (S. 383 – 387). Lettas Pläne von einem erfüllten Leben haben sich zerschlagen, Gedanken an Selbstmord stellen sich ein: „Vor sich sieht sie gar nichts" (S. 391). Wäre da nicht – wie schon so oft zuvor – der Vater: „Seine Sorge hält einen Rest von Verantwortung in ihr wach" (S. 392).

2 Historischer Hintergrund

Die Schilderung der Geschichte Letta Reichmanns umfaßt die Kriegsjahre 1941 – 1945. Letta ist in diesem Zeitraum als Schulhelferin im „Protektorat Böhmen und Mähren" tätig, einem aufgrund des „Münchener Abkommens von 1938" an das Großdeutsche Reich angegliederten tschechoslowakischen Gebiet.

Auf die allgemeinpolitische und militärische Lage wird, soweit sie keinen unmittelbaren Einfluß auf das erzählte Geschehen hat, nur kurz verwiesen. Die Autorin setzt die Kenntnis des geschichtlichen Verlaufs voraus; ohne sie sind viele genannte Namen und Daten in ihrer Bedeutung nicht zu erfassen. Der Leser erfährt auf diese Weise von der Kriegserklärung Hitlers an die Vereinigten Staaten von Amerika (S. 14), der Niederlage der deutschen 6. Armee vor Stalingrad (S. 183), dem „Attentat des 20. Juli" auf Adolf Hitler (S. 287).

Daneben wird berichtet, wie der Wehrkundeunterricht immer mehr Bestandteil des Unterrichtsgeschehens wird (S. 292).

Bezüglich der Auswirkungen der Rassenideologie werden wichtige Einzelheiten vermittelt über die Existenz von Arbeits- und Konzentrationslagern (S. 177), die Enteignung der jüdischen Bevölkerung (S. 173 – 177), die Aberkennung akademischer Titel bei jüdischen Intellektuellen, das Verbot des Studiums und der akademischen Lehre von Nicht-Deutschen, das Wesen nationalsozialistischer Geschichtsbetrachtung in der damaligen akademischen Lehre (S. 207 – 210).

Den wichtigsten Raum nimmt das politische Geschehen im Protektorat ein: Das erfolgreiche Attentat auf den „Stellvertretenden Reichsprotektor", SS-Gruppenführer Heydrich (S. 117), und die folgenden Vergeltungsmaßnahmen der SS, die Hinrichtung von vermeintlichen Sympathisanten (S. 121), die Ermordung der Bevölkerung der Dörfer Lidice und Lezaky (S. 131 – 138) sind von großer Bedeutung. Sie sind in den Augen der Autorin Ursache dafür, daß der Haß der tschechischen Bevölkerung auf die Nationalsozialisten nach dem Sieg der Allierten auf die deutschstämmige Bevölkerung in Böhmen und Mähren übergriff (S. 138). Damit berührt Edith Biewend eine weitere geschichtliche Ebene: die Geschichte zweier Völker, das Nebeneinander von Deutschen und Slawen in einer Nation. Lettas sudetendeutsche Freundin beschreibt diesen Umstand gleich zu Beginn des Buches: „Zu welcher Volksgruppe einer zählt, das ist bei uns eine Entscheidung für die eine oder andere Muttersprache, . . . Wer auch nur ein bißl historisches Bewußtsein hat, bekennt sich zur Zweisprachigkeit dieses Landes . . ." (S.46).

Daß dieses an Toleranz und Verständigung orientierte Bewußtsein leider nicht so verbreitet ist, zeigen die vielen Verweise im Roman auf den „Volkstumkampf" zwischen „Pangermanismus" und „Panslawismus" (S. 186, 248, 299). Dieser Konflikt wurde durch die nationalsozialistische Ideologie noch gesteigert. Edith Biewind beschreibt die Geschichte der Deutschen und Tschechen als eine mißlungene Nachbarschaft; und sie sieht dieses Mißlingen gerade in der Politik des Nationalsozialismus begründet.

Der Roman schließt mit der Beschreibung der Alltagssorgen und -nöte in der unmittelbaren Nachkriegszeit und greift zwei für die Vorgeschichte der Bundesrepublik wichtige Phänomene besonders heraus. Das eine, die Entnazifizierung, läßt sie durch einen der zentralen Sympathieträger des Romans, durch Lettas Vater, so kommentieren: „Die Kleinen schnappt man und die Großen läßt man laufen. Von denen haben viele sich rechtzeitig Pässe besorgt und Geld in verschiedenen Währungen, konnten ja an alles herankommen, die Herrenmenschen" (S. 383). Das andere verweist bereits auf den folgenden Abschnitt zum Faschismusverständnis. Letta muß erfahren, daß jener Arzt, dem sie in ihrer psychischen Krise über die beobachteten Vergehen der deutschen Besatzer im Protketorat berichtet, ihre Erzählungen als Phantasien und Träume, als Verordnungen der „Besatzungsmacht zu unserer Umerziehung" abtut – Verdrängung, Verweigerung von Aufklärung, Geburtsstunde der Auschwitz-Lüge als fortwirkende Hypotheken in der Geschichte unserer Republik.

3 Faschismusverständnis

Der Erzählzeitraum in Biewends Buch „Letta" (1922 – 1938) gab der Autorin die Möglichkeit, auch zur Vorgeschichte und zu den Ursachen des NS-Stellung zu beziehen. Friederike Fetting hat in ihrer Rezension der Autorin ein durchaus differenziertes Faschismusverständnis attestiert; Mittelstandsthese, Zerstrittenheit der deutschen Linken und Führertheorie waren die Deutungsansätze, die sich dort als die dominanten herausarbeiten ließen.

Der Handlungsort des Romans „Muß selbst den Weg mir weisen" (das „Protektorat Böhmen und Mähren" und der Erzählzeitraum 1941 – 1945) akzentuieren naturgemäß andere Aspekte. Dies sei an drei Sequenzen beispielhaft belegt; sie thematisieren alle miteinander auf unterschiedlichen Ebenen die Mitträger- und Mittäterschaft, allgemeiner: die Akzeptanzproblematik.

Im Zusammenhang mit der Denunziations- und Hinrichtungswelle in der Folge des Attentats auf Heydrich reflektiert Letta über die „Henkersknechte", die das „Geschäft" des Mordens „bürokratisch-korrekt", „unauffällig und geordnet", „in den weltabgeschiedenen" Felskammern im Auftrag der Gestapo und des Reichssicherheitshauptamtes ausführen: das sind „Leute, die nicht einmal hoch bezahlt werden müssen wie Scharfrichter im allgemeinen, da sie es ja nicht für Geld, sondern aus Vaterlandsliebe tun. Aus Nationalismus. Aus Idealismus. Aus Treue zum Führer. Aus lauter edlen Motiven" (S. 125).

Offensichtlich geht die Autorin davon aus, daß es dem System erfolgreich gelungen ist, an sich edle Motive wie Vaterlandsliebe und Treue für zutiefst inhumane und verbrecherische Ziele in Dienst zu nehmen; so gesehen erscheinen hier die „Henkersknechte" als die Verführten. Aber die sozialpsychologische Deutung des Faschismus hat uns durch ihre Untersuchungen zur autoritären Persönlichkeit vorsichtiger werden lassen bezüglich der unterstellten „edlen Motive". Die Bereitschaft zum absoluten Gehorsam, die Sucht zur Unterwerfung sind nur allzu häufig Ausdruck der Begierde nach Macht, sie ermöglichen in einem hierarchisch gegliederten Apparat die Teilhabe an der Macht (der Kapo im KZ ist nach Eugen Kogon der typische Vertreter dieses sadistisch-masochistischen Charakters). Nun haben Adorno und Fromm in ihren Untersuchungen zur autoritären Persönlichkeit herausgefunden, daß dieses das Ergebnis folgenreicher Umwelteinwirkungen in Kindheit und Jugend ist; die Schuldfähigkeit der „Henkersknechte" ist von daher schwer zu beantworten.

Graduell anders schon stellt sich das Problem in einer anderen Gruppe von „Verführten" – im Buch verdeutlicht an der sudetendeutschen Lehrerin Antonia Redl. Nach der Angliederung der Gebiete Böhmen und Mähren tritt sie aus Begeisterung für die neuen Machthaber in die NSDAP ein, weil diese sie von der als ungerecht empfundenen Herrschaft der Tschechen befreit hatten. Als sich später der menschenverachtende Charakter des Regimes zeigt, bedauert sie diese Entscheidung, wagt aber den Austritt nicht aus Angst vor möglichen Konsequenzen (S. 67 f., 135 f.).

Ein drittes Beispiel: Im Studium muß Letta das Thema „Deutschland als Bollwerk gegen den Osten. Ein geschichtlicher Rückblick" bearbeiten. Die mit sehr großem Aufwand geschriebene wissenschaftliche Hausarbeit erhält eine schlechte Note, und diese wird durch den betreuenden Geschichtsprofessor so begründet: „Wie konnten Sie nur versäumen, auf den gegenwärtigen Schicksalskampf des deutschen Volkes gegen die östlichen Untermenschen hinzuweisen?" (S. 209). Letta verteidigt sich, sie verweist auf die in der Schule erlernten Maßstäbe objektiver Geschichtsbetrachtung, auf die Themenstellung, die ja den „Rückblick" akzentuiert habe und schließlich darauf, daß es sich doch erst noch erweisen müsse, „ob wir auch heutzutage ein Bollwerk – " (S. 209). Weiter kommt sie nicht; sie merkt erst an der Reaktion des Professors, daß sie in ihrem zornigen Widerstand den „Endsieg" in Zweifel gezogen hat. Die Rettung ist das „Korsett der Konvention": „Ich sehe ein, daß ich in weltanschaulicher Hinsicht noch sehr an mir arbeiten muß" (S. 210).

Humanistische Bildung – dies ist schon fast ein Gemeinplatz – hat den Aufstieg des NS nicht verhindert. Die erst jüngst in Gang gekommene Forschung über die Geschichte der Wissenschaften im Dritten Reich hat für die Geschichtswissenschaft resümiert: „Zurückhaltung, Mißtrauen und Ablehnung bestimmten weitgehend Einstellung und Urteil der Universitätshistoriker gegenüber der Weimarer Republik ... In ihrer Mehrzahl vertraten sie Geschichtsbilder, welche die Aufnahmebereitschaft für das Ideengut der Nationalsozialisten förderten . . .(so K. Schreiner in dem von Lundgreen 1985 herausgegebenen Band mit dem Titel „Wissenschaft im Dritten Reich", S. 232 f.). Aber Edith Biewend zeigt nicht nur in differenzierter Weise die Gründe für die Mittäterschaft, sie zeigt auch die mutigen Versuche der kleinen und großen Verweigerung und Widerständigkeit. Im Nach-Denken der Konflikte von Antonia Redl (S. 135 f.) und Lettas in der zuvor beschriebenen Sequenz (S. 207 – 210) können heutige Leser dafür sensibilisiert werden, welche moralische Anstrengung und welcher Mut für die „kleine Verweigerung" in den „finsteren Zeiten" (Brecht) notwendig waren.

4 Literarische Gestaltung

Edith Biewends autobiographischer Roman (vgl. die Anmerkungen S. 395) umfaßt 14 Kapitel, die jeweils mit einem zweizeiligen Vers überschrieben sind. Diese sind, ebenso wie der Titel des Romans, dem Text des Liederzyklus „Winterreise" von Franz Schubert entnommen. Die Überschriften stehen in einem nicht immer eindeutigen Bezug zum Geschehen im Kapitel.

In der „Winterreise" sieht die Autorin Parallelen zu Lettas „Reise", deutlich wird dies auch im Gespräch zwischen Nora und Letta über Franz

Schubert und die Romantik (S. 168, 193, 363). Nicht zufällig endet der Roman mit der folgenden Strophe aus diesem schwermütigen Lied:

„Ach, daß die Luft so ruhig,
Ach, daß die Welt so licht!
Als noch die Stürme tobten,
war ich so elend nicht" (S. 392).

Für die innere Verfassung Lettas, die in diesen schönen Sommertagen des Jahres 1945 durch den Tod Gastons und der Freundin Nora, auch durch die Erfahrung mit dem unbelehrbaren Arzt überfordert wird, hätte die Autorin kaum eine treffendere sprachliche Gestalt finden können.

Erzählt wird in kurzen, oft unvollständigen Sätzen im Präsens und in der dritten Person, unterbrochen von der direkten Wiedergabe von Dialogen und umgangssprachlichen Wendungen, die bezeichnend für eine geschilderte Person sind. Diese Einschübe erscheinen unvermittelt im Text, besonders, weil die Autorin keine Anführungszeichen benutzt, um die direkte Rede zu kennzeichnen; wahrscheinlich tut sie es, um den Charakter einer Erinnerung zu wahren. Den Handlungsverlauf unterbrechen Reflexionen über die Person Lettas sowie kurze Kommentare oder Zusatzinformationen, die eine bestimmte Person/Situation in einen weiteren sozialen, historischen und kulturgeschichtlichen Kontext stellen. Ein typisches Beispiel: „Sie holt ein Reclamheft aus der Rocktasche und beginnt zu lesen. Eichendorf. Aus dem Leben eines Taugenichts. In der Schule sind sie bis zum Eichendorff nicht mehr gekommen, eine andere Pflichtlektüre wurde vorgezogen. Will Vesper: ‚Das harte Geschlecht'. Zu hart für Lettas Geschmack, lieblos, kalt und grausam" (S. 65). Damit endet die literarische Anspielung auf die beiden Autoren, um gleich auf der folgenden Seite durch eine nur um weniges umfangreichere Kurzkommentierung der für die nationale Identität der Tschechen so wichtigen Gestalt des Jan Hus abgelöst zu werden. Für den geübten Leser und denjenigen, der bereits einen langen Prozeß der Allgemeinbildung durchlaufen hat, werden sich diese Anspielungen auf Figuren der Literatur und aus der Kulturgeschichte schnell beleben. Für den jugendlichen Leser ergeben sich gerade hier ausgesprochene Schwierigkeiten (vgl. dazu die Stellungnahme der 15 jährigen Schülerin unter Punkt 9). Ebenfalls dürften die Liebe der Autorin zu Wortspielen und ihr hintergründiger Humor den jugendlichen Leser häufig überfordern.

5 Verknüpfung von Individual- und Gesellschaftsgeschichte

Zu Beginn ihres Romans stellt Biewend folgende Überlegungen an: „Wo anfangen, da jede Geschichte ja immer ihre Vorgeschichte hat und eins aus dem anderen sich entwickelt? Oder, um es mit Lettas Geschichtslehrer zu sagen, . . . Post hoc ergo propter hoc. Stimmt aber nicht immer, hat er hinzugefügt. Es gibt Ereignisse, die fallen sozusagen senkrecht ein und haben enorme Wirkungen, Naturkatastrophen zum Beispiel.

Ist der Krieg eine Naturkatastrophe? Es gibt Leute, die scheinen Kriege für unvermeidbar zu halten. Rudi Reichmann gehört zu ihnen" (S. 7).

Anfangs stehen die individuelle Geschichte Lettas, ihre Sehnsüchte und Hoffnungen, ihre Freundschaften, kurz die „kleinen Gesellschaften", ganz im Mittelpunkt – das Weltgeschehen, die große Politik, eher an der Peripherie. In dieser Voreinstellung erscheint ihr das Attentat auf Heydrich erst einmal wie ein Ereignis, das „sozusagen senkrecht" wie eine „Naturkatastrophe" einfällt. Erst die Auseinandersetzung mit der politischen und geschichtlichen Entwicklung in Böhmen und Mähren machen ihr deutlich, daß das Attentat auf Heydrich und auch die pogromartige Vertreibung der deutschstämmigen Bevölkerung am Ende des Krieges ihre „Vorgeschichte" haben. Mit dem wachsenden politischen Bewußtsein der Protagonistin geht die zunehmende Verknüpfung von Individual- und Gesellschaftsgeschichte parallel. Biewends Roman ist sicherlich in erster Linie der Versuch der Autorin, in der Person Lettas ihre eigene Geschichte zu finden. Aber ihre langjährige Tätigkeit im „Protektorat Böhmen und Mähren", ihre intensiven Beziehungen zu Mitträgern und vom System leidvoll Betroffenen, ihre anschauliche Schilderung der Freuden, Konflikte und Extremsituationen liefern zugleich exemplarische Einsichten in den Alltag des Faschismus in einem von Nazi-Deutschland besetzten Land.

6 Entwicklung der Hauptfigur

Letta wird zu Beginn des Romans als ein intelligentes Mädchen mit naivem Selbstbewußtsein geschildert, das tägliche Niederlagen mit Wachträumen kompensiert. Ihr Verhältnis zum Nationalsozialismus ist geprägt durch ein kindliches Vertrauen in den Führer: Wenn der Krieg erst gewonnen ist, wird sie als Lehrerin genug Geld verdienen, um ihrem Vater ein Friseurgeschäft einzurichten (vgl. S. 7). Dann wird er nicht mehr auf den Nationalsozialisten herumhacken, hofft sie. Ihren Vater liebt Letta, versteht aber seine Ironie nicht. Lettas Mutter nimmt ihre Tochter gegen den Vater in Schutz: „Die wird nicht fanatisch, da paß ich schon auf, . . . Aber gegen den Strom schwimmen darf sie auch nicht, . . . sie soll ja weiterkommen" (S. 14).

Eigentlich ist Letta an der politischen Gegenwart nicht interessiert und nimmt ihre Umwelt, den Krieg, den Arbeitsdienst als notwendiges und zu ertragendes Übel hin.

Die Tätigkeit im Protektorat eröffnet ihr neben der Ausbildung die Möglichkeit, sich aus den kleinbürgerlichen Verhältnissen des Elternhauses zu lösen. Durch ihre offene, ehrliche Art gewinnt sie überall Freunde, die ihr über manche Schwierigkeit hinweghelfen.

Das Attentat auf den Reichsprotektor und der folgende Ausnahmezustand schaffen im so idyllischen Sudetenland eine vergiftete Atmosphäre im Zusammenleben von Tschechen und Deutschen, der auch Letta nicht entgehen kann (S. 127 ff.). Zwar fühlt sie sich anfangs durch den Haß der tschechischen Bevölkerung persönlich angegeriffen, der wahl- und gnadenlose Terror der SS weckt aber ihren Gerechtigkeitssinn und ihre Sensibilität gegenüber der politischen Wirklichkeit. Der Nationalsozialismus hat den Nimbus für sie verloren, die Geistfeindlichkeit und die dumme Arroganz der faschistischen Ideologieträger, ihre „zackige" Männlichkeit, stoßen sie ab.

Ihre Freundinnen Nora und Mila sorgen durch beispielhaftes Bewußtsein dafür, daß Letta nicht zu einer bedingungslosen Mitläuferin wird. Es ist nicht zuletzt Lettas pietistische Erziehung, die es ihr verbietet, sich zu „prostituieren", d.h. auf Kosten anderer und unter Preisgabe anständiger Grundsätze Karriere zu machen.

Sie lernt aber auch, daß anständige Grundsätze, trotz guter Absichten, zu falschem Handeln anleiten können, wie das traurige Erlebnis mit dem jüdischen Doktor Bär zeigt (S. 174 ff.). Es wird Letta bewußt, daß sie sich selbst den Weg weisen muß, wenn sie zu eigenen Werten kommen will. So ist sie gegen die Fallen des Alltags gefeit, weiß in gefährlichen Situationen verantwortungsvoll und klug zu handeln, wie ihre Reaktion auf den Zwischenfall im Ferienlager beweist (S. 241); aber ihr Leben wirklich in die Hand zu nehmen, gelingt ihr nicht. Letta bleibt auf das Planen und Mitdenken ihrer älteren Freundin Nora angewiesen. So muß Nora Letta die Möglichkeit zur Flucht aufzwingen, da Letta die Zuspitzung der Situation und ihre besondere Gefährdung als Reichsdeutsche nicht begreift – nicht begreifen will. Denn die Rückkehr nach Duisburg, ins Ruhrgebiet, bedeutet auch die Rückkehr aus ihrer relativen Selbständigkeit ins kleinbürgerliche Leben ihrer Familie, der sie durch ihre Erfahrungen während des Aufenthalts im Sudetenland entwachsen ist.

Die materielle Not verschlimmert die Enge; Letta versteht jetzt ihren Vater, dessen Schicksal in manchem demjenigen Lettas ähnelt (vgl. die Rezension von F. Fetting) und kann seine Verschlossenheit als Versuch deuten, seine Identität zu wahren.

Nach dem Tod von Mila, Nora und Gaston weiß Letta sich allein in der Welt. Sie muß jetzt selbst für sich Sorge tragen.

7 Adressaten

Das Buch „Muß selbst den Weg mir weisen" ist noch weniger als Biewends Buch „Letta" ein ausgesprochenes Jugendbuch. Der Verlag weist es auch nicht als solches aus. Die vorausgesetzten Kenntnisse und Zusammenhänge aus der politischen Geschichte, der Literatur und der speziellen Kulturgeschichte der Tschechoslowakei, der hintergründige Humor der Autorin, nicht zuletzt auch das Lebensalter der Protagonistin (19 – 23 Jahre) und ihre alterspezifischen Probleme empfehlen das Buch eher für das höhere Jugendalter. Andererseits zeigt die unter Punkt 9 abgedruckte Stellungnahme, daß bereits eine Fünfzehnjährige das Buch mit Gewinn lesen kann.

8 Kritische Würdigung

Positiv ist anzumerken, daß es der Autorin gelungen ist, Einblicke in den Alltag des Faschismus für einen Handlungsort (das „Protektorat Böhmen und Mähren") zu geben, der in der (Jugend-)Literatur über die Zeit des Dritten Reiches bislang eher vernachlässigt gewesen ist. Auch die Stellung und die Tätigkeitsfelder der Protagonistin – sie ist Lehrerin und parallel Studentin – akzentuieren besondere Problem- und Konfliktfelder. Die sehr anschaulich geschilderten Konfliktsituationen der Hauptperson (vgl. z.B. die Auseinandersetzung mit dem Geschichtsprofessor S. 207 – 210 und die Rettung des tschechischen Jungen im Ferienlager S. 240 ff.) können den heutigen Leser in hohem Maße sensibilisieren für die Schwierigkeiten und Möglichkeiten widerständigen Handelns. Die unterschiedlichen Mitläufer, deren Handeln von der Autorin nicht ausdrücklich moralisch bewertet wird, können im Leser die Fragen nach der Schuldfähigkeit und Mitverantwortung auslösen. Hier hat das Buch – mit dem Blick auf die moralische und politisch-historische Bildung – seine großen Möglichkeiten.

9 Das Buch im Urteil des Lesers

Dieses Buch versucht anhand eines Einzelbeispiels Zeitgeschichte zu illustrieren und lebendig zu machen. Die Handlung erstreckt sich von Ende 1941 bis 1945 und befaßt sich mit dem Konflikt zwischen „eingedeutschten" Tschechen in Böhmen und Mähren und Deutschen. Zur Anschaulichmachung wird ein Abschnitt des Lebens einer jungen deutschen Hilfslehrerin, die dort arbeitet, beschrieben. . .

Sehr gut ist meiner Meinung nach, daß nicht nur aus einseitiger Sicht erzählt wird, sondern daß man zu vielen Problemen und Handlungen die Einstellungen der verschiedenen indirekt Beteiligten erfährt. So bleibt das Buch objektiv. Der Leser kann sich eine eigene Meinung bilden. Eine Schwachstelle des Buches ist, daß wichtige geschichtliche Ereignisse zu kurz angesprochen werden, als daß sie richtig auf den Leser wirken können.

Im großen und ganzen spielt das aber eine weniger wichtige Rolle, denn die Autorin beschreibt die Entwicklung von der hoffnungsvollen Freude bis zum nahen Zusammenbruch und der Hoffnungslosigkeit parallel zum Kriegsgeschehen. Die Gefühle und Einstellungen der Menschen zur Zeit des Krieges spielen die Hauptrolle in diesem Buch.
Schülerin, 15 Jahre

Heinrich Böll: Was soll aus dem Jungen bloß werden? Oder: Irgendwas mit Büchern.

München (Deutscher Taschenbuchverlag) 1983 (2. Aufl. 21. – 30. Tausend 1984) (4,80 DM) Zuerst erschienen im Lamuv-Verlag, Bornheim-Merten 1981 (19,80 DM). Die Seitenangaben beziehen sich auf die Taschenbuchausgabe.

Mechthild Müller / Silvia Stoepke / Ernst Cloer

0 Vorbemerkung

In der Wochenzeitung „Die Zeit" (Nr. 12 v. 15.3.1985, S. 13 – 16) hat Heinrich Böll unter dem Titel „Brief an meine Söhne oder: Vier Fahrräder" in einer Verbindung von Erzählung und Essay seine Erinnerungen über die Zeit zwischen dem 3. November 1944 (dem Todestag seiner Mutter, zu der Böll eine besonders einge Beziehung hatte) und dem April 1945 veröffentlicht.

Dieser autobiographische Text ist eine wichtige Ergänzung zu dem hier rezensierten Buch, in dem Böll seine letzten Schuljahre zwischen 1933 und 1937 beschreibt. Bölls „Brief an meine Söhne" ist jetzt leichter zugänglich in dem Buch „Das Ende. Autoren aus zehn Ländern erinnern sich an die letzten Tage des Zweiten Weltkrieges" (Köln, Kiepenheuer & Witsch, 1985).

1 Inhalt

Böll läßt seine autobiographische Erzählung beginnen mit dem Tag der sog. Machtergreifung, den die Mutter so kommentiert: „Hitler, das bedeutet Krieg" (S. 16). Böll ist zu diesem Zeitpunkt 15 Jahre alt. Die Erzählung endet im Februar 1937, als er – 19jährig – das Reifezeugnis erhält. Die 18 unterschielich langen Kapitel des Buches tragen keine Überschriften. Die „großen" Themen der autobiographischen Erzählung sind: die Beziehung Heinrichs zu seinen Eltern und Geschwistern und – immer wieder – die wirtschaftliche Situation der Familie (bes. die Kapitel 6, 10, 11, 12); das Kaiser-Wilhelm-Gymnasium, seine Lehrer und Schüler (bes. die Kapitel 1, 2, 4, 6, 7, 8, 17); die Straßen- und Flußschule, in denen Böll als „tippelnder" und fahrradfahrender „Stadt-" und „Landstreicher" seine Selbstbildungsprozesse durchlaufen und sein „Abseits als sicheren Ort" (vgl. Brückner) gefunden hat (bes. die Kapitel 2, 7, 9, 14); der Katholizismus als prägende familiale und außerschulische Sozialisationsinstanz (bes. die Kapitel 4, 16); und schließlich die politische und soziale Geschichte des NS in der Zeit zwischen 1933 und 1937, vor allem in ihren Auswirkungen auf die Stadt Köln und das Rheinland (bes. die Kapitel 3, 5, 9, 13). Alle diese Themen sind in den Kapiteln fast durchgängig ineinander verwoben.

Heinrich Böll wird in einem Elternhaus groß, das ihm die Distanzierung vom NS leicht macht. „Meine Mutter haßte Hitler von Anfang an (. . .), sie nannte ihn ‚Rövekopp', was ‚Rübenkopf' bedeutet, . . ." (S. 16 f.). Die anderen Mitglieder der Familie unterscheiden sich von der Mutter anfangs nur darin, daß sie deren Kriegsthese in Frage stellen. Sie halten die Nazis – nicht zuletzt durch die Erfahrungen mit Hitlers „Statthalter" in Köln (Dr. Robert Ley) für so „undiskutabel", daß sie nicht an eine lange Herrschaftsdauer glauben. Das ändert sich zunehmend seit dem sog. Röhm-Putsch 1934 und dem Kölner Willkürprozeß gegen 17 Mitglieder des Rotfrontkämpferbundes. Die Rheinlandbesetzung 1936 schließlich bedeutet auch für Bölls Vater die Gewißheit des kommenden Krieges (S. 35, 42 f., 85). Der väterliche Schreinereibetrieb – schon in der Weimarer Zeit in die Krise geraten – erholt sich auch nicht in der Zeit zwischen 1933 und 1937. Die Familie lebt von heute auf morgen (oft wird ihr der Strom abgeschaltet); alle Kinder sind zum Nebenerwerb gezwungen (Heinrich gibt Nachhilfeunterricht, trägt Zeitschriften aus, verdingt sich als Sekretär eines Kaplans). Aber wenn Geld da ist, wird es auch ausgegeben: nicht pietistisch-asketisch ist die Familie, sondern genußfähig: „die finanziellen Schwierigkeiten machten uns nicht de-, sondern hochmütig, sie machten uns nicht anspruchslos, sondern anspruchsvoll, sie machten uns auf eine unvernünftige Weise vernünftig" (S. 83). Die Mutter – eine besonders interessante Frau: nicht unpolitisch; augenzwinkernd solidarisch mit Heinrichs Schuleschwänzen; katholisch – aber ohne diese „ ‚verfluchte' Gelassenheit des ‚sub specie aeternitatis' "; vom Leben etwas erwartend: über Jahre hin nimmt sie mit ihren Kindern Mechthild und Heinrich das frohstimmende Rauschmittel Pervitin (S. 98).

Die Schule, jenes von katholischem Geist getragene Kaiser-Wilhelm-Gymnasium, ist für Heinrich keine Neben-, aber auch keine Hauptsache. Sie ist für ihn kein Ort des Leidens, ist auch nicht „naziverseucht", ist sogar so etwas wie ein „Versteck vor den Nazis" (S. 8, 26, 36). Diese Schule kann ihm durchaus ein Stück Geborgenheit vermitteln. Da sind die Mitschüler, die ihn trotz seiner Weigerung, in die HJ einzutreten, und trotz seiner frivolen Äußerungen über die Nazigrößen nicht denunzieren. Da sind der Deutschlehrer Schmitz und der Lateinlehrer Bauer, die ihn in seiner im Elternhaus aufgebauten Einstellung weiter argumentativ unterstützen: der eine durch die Analyse der Sprache in Hitlers „Mein Kampf", der andere durch die Lektüre des Juvenal. Anderes an dieser Schule stößt ihn ab: so der „neue" Sportunterricht, von dem er sich mit Hilfe eines Attestes auf Dauer befreien läßt, er wird dadurch immer mehr zum Außenseiter (S. 65); so die drei Schulungslager für höhere Schüler (S. 90 – 94); so der Direktor, den er einerseits liebevoll würdigt (streng, aber gerecht; guter Geschichtslehrer), der ihm andererseits wegen seiner „verhängnisvollen Rolle" in den inszenierten Helden-Gedenkfeiern, durch seine Frontkämpfer-Mentalität und seine „Hindenburg-Blindheit" Angst macht (S. 48 ff.).

Nein, es ist nicht die Schule, es sind die häusliche Stube, die Straßen- und Flußschule (stundenlang kann er beobachtend und lesend am Rhein sitzen), die ihm ein „Abseits als sicheren Ort" verschaffen. Stundenlang kann er sich in Stille und Einsamkeit mit der Übersetzung lateinischer und griechischer Klassiker befassen (S. 65, 70). Tagelang treibt er sich in der Stadt herum, nimmt nicht einmal als Alibi die Schultasche mit: „Hände in der Tasche, Augen auf, Straßenhändler, Trödler, Märkte, Kirchen, auch Museen (ja ich liebte die Museen, ich war bildungshungrig, . . .), Huren (an denen in Köln kaum ein Weg vorbeiführte) – Hunde und Katzen, Nonnen und Priester, Mönche – und der Rhein, . . ." (S. 13). Das wichtigste aber: das Fahrrad: „Ich erkundete unbekannte Vororte, fuhr rheinab- oder aufwärts an stille Stellen des Ufers, las (. . .). Mit Flickzeug, Luftpumpe, einer Karbidlampe war ich unabhängig, . . . noch war nicht alles total" (S. 56).

Schließlich ist da die katholische Kirche und der katholische Glaube, ohne die Heinrich Bölls Entwicklung in der Zeit zwischen 1933 und 1937 nicht zu verstehen ist. Diese Beziehung schwankt stets zwischen Nähe und kritischer Distanz. Da ist der Abscheu gegenüber jenem katholischen „Mief, der sich inbrünstig gebärdete" (S. 28). Da ist der Abschluß des Reichskonkordats, das in der Böllschen Familie zu ernsthaften Erwägungen des Kirchenaustritts führt (S. 29). Da ist der Austritt aus der Marianischen Kongregation, nachdem an die Stelle der früheren Aktivitäten (Theaterspielen, Fahrten ins Bergische Land usw.) Exerzierübungen treten (S. 30). Aber gleichzeitig trägt er weiterhin demonstrativ das PX-Abzeichen, besucht den Alltagsgottesdienst seines „hilf- und ahnungslos(en)" Religionslehrers, übernimmt die Verteilungsstelle der „Jungen Front", „der letzten, tapfer untergegangenen Wochenzeitung der katholischen Jugend" (S. 30) und besucht als Oberprimaner die Seminare, die Pfarrer Grosche (der klassisch gebildete Claudel-Übersetzer) in seiner Studierstube für Studenten und Schüler durchführt: Mir wurde ein „wenig bange vor so viel gebildeter Gelassenheit, vor diesem Hauch von Nationalismus, und dem unverkennbaren, wenn auch leichten Hautgout der Bourgeoisie. Es war großartig bei ihm, mit ihm, und doch war es nicht das, was ich suchte" (S. 97). Der lange Zeit gehegte Wunsch, Theologie zu studieren, wird durch die Ängste vor diesem „bourgeoisen Element" der katholischen gebildeten Geistlichkeit, mehr aber noch durch den Zölibat („Das war ein Schreckenswort"; S. 66) aufgegeben. So bleibt ihm als Berufsperspektive zum Zeitpunkt der Abiturs nur: „Irgendwas mit Büchern". Er bewirbt sich um eine Lehrstelle im Buchhandel.

2 Historischer Hintergrund

Der Leser muß die wichtigsten Zusammenhänge der Geschichte der Weimarer Demokratie und der Frühphase des Dritten Reiches gut kennen, wenn er einerseits die häufig nur kurzen Hinweise und Anspielungen verstehen und andererseits die pointierten Deutungen (vgl. schon gleich S. 16 die Kommentare zur Rolle Hindenburgs bei der sog. Machtergreifung) beurteilen will. Folgende Ereignisse und Zusammenhänge aus der politischen Machtgeschichte und der sozialen Geschichte werden (zumeist in ihrer lokalen und regionalen Auswirkung) aufgegriffen:

- die „Deklassierung" des Mittelstandes in Weimar (S. 26 f.);
- die sog. Machtergreifung (S. 16);
- die Bücherverbrennung – in Köln ein „klägliches Unternehmen" S. 18);
- die Verfolgung politischer Gegner (S. 19 f.);
- der Reichstagsbrand (S. 20);
- der hohe Anteil der KPD und SPD sowohl in den November-Wahlen 1932 als auch noch in den März-Wahlen 1933 im Vergleich zur NSDAP in Köln (S. 20 f.);
- das Reichskonkordat (S. 29);
- der Prozeß gegen 17 Mitglieder des Rotfrontkämpferbundes (S. 35);
- die Bedeutung Görings (S. 35, 37);
- die innerparteilichen Säuberungen („Röhm-Putsch"; S. 42 f.);
- Einrichtungen von KZ und das Schweigen der aus ihnen Entlassenen (S. 41);
- die Einführung des Staatsjugendtages (S. 44);
- das Ausbleiben des verheißenen Wirtschaftswunders für den Mittelstand (S. 68 f., 79 f.);
- die Einführung der allgemeinen Wehrpflicht (S. 85);
- die Besetzung des entmilitarisierten Rheinlandes (S. 85).

3 Faschismusverständnis

Böll fragt in seiner autobiographischen Erzählung nach den Gründen für Verführbarkeit, nach jenen Mentalitäten und ideengeschichtlichen Zubringerquellen, auf die die Nazis sich stützen konnten, er fragt aber auch nach den Möglichkeiten und Grenzen für Resistenz und Widerstand. Auf diese Weise ergeben sich sehr differenzierte Deutungsversuche des deutschen Faschismus.

Der geschäftliche Niedergang der Böllschen Schreinerwerkstatt hatte in der Endphase von Weimar begonnen. Der Verlust an Massenkaufkraft aufgrund der hohen Arbeitslosigkeit hatte ja gerade den Mittelstand hart getroffen. Böll kommentiert dies als eine Identitätskrise der Familie: „Wirtschaftliche Schwierigkeiten der krassesten Art, hatten sie uns nun deklassiert oder klassenlos gemacht? Ich weiß es bis heute nicht; wir waren weder rechte Kleinbürger noch bewußte Proleten, . . ." (S. 26 f.). Die NSDAP hat in ihrer Propaganda vor 1933 die zunehmende Deklassierungsfurcht des Mittelstandes aufgegriffen, um ihn durch Versprechungen an sich zu binden. Die Bölls gehören nicht zu denjenigen, die durch diese Versprechungen verführt werden. Die Abneigung und Resistenz speist sich aus unterschiedlichen Quellen. Bei Heinrich war es „Abneigung": die Nazis „waren mir widerwärtig auf allen Ebenen meiner Existenz: bewußt *und* instinktiv, ästhetisch *und* politisch, bis heute habe ich keine unterhaltende, erst recht keine ästhetische Dimension an den Nazis und ihrer Zeit entdecken können" (S. 9). Das ist glaubwürdig, denn Heinrich tritt (es sind nur drei von 200 Schülern, die so handeln) nicht in die HJ ein, entfernt sich aus einem der drei verpflichtenden Schüler-Schulungslager (S. 93). Diese Distanz eint die ganze Familie. Das ist zwar kein Widerstand, den die Familie lebt, aber es ist Resistenz. Und die besteht in der „inneren Bewahrung dem NS widerstrebender Grundsätze und der dadurch bedingten Immunität gegenüber nationalsozialistischer Ideologie", wie Martin Broszat gesagt hat. Und die ist folgenreich gewesen für die Eingrenzung der NS-Herrschaft und ihres Anspruches. Bei den Bölls leiten sich diese Grundsätze her aus ihrer Katholizität, aus ihrer eindeutigen Option für den Katholiken Brüning und gegen den preußischen Junker Hindenburg. Diese Distanz ist aber keineswegs so radikal, daß nicht – um des Überlebens willen – Anpassungs-Kompromisse geschlossen werden. Als der Familie empfohlen wird, daß einer der Söhne zur Verbesserung der Auftragslage in die SA eintreten möge, wird unter den Söhnen das Los gezogen. Und die Familie verarbeitet diesen Schritt so: „. . . wir nahmen in unsere verschiedenen frivolen Rosenkranzvariationen den Vers auf: ‚Der du für uns in die SA eingetreten bist' " (S. 52, 68). Auf diese Weise kann die *innere* Bewahrung aufrechterhalten werden.

Böll bezeichnet seine Familie auf der auktorialen Ebene als eine „klassenlose", weder seien sie echte Kleinbürger noch echte Proletarier gewesen. Auch das Bürgertum, genauer das Bildungsbürgertum wird für ihn in diesen letzten Schuljahren nicht erstrebenswert. Ständig begegnet es ihm in zwei Varianten: dem deutschen Studienrat und dem gebildeten katholischen Geistlichen (vgl. bes. S. 94 – 100). In beiden Varianten entdeckt er einen ausgeprägten Nationalismus und Rechtskonservativismus, bei dem katholischen Pfarrer Grosche darüber hinaus noch eine „gebildete Gelassenheit". Alle diese „bourgeoisen Elemente" bereiten ihm Angst. Noch mehr ängstigt ihn jene Frontkämpfer-Mentalität und „Hindenburg-Blindheit" der Mehrheit seiner Gymnasiallehrer: „die verhängnisvolle Rolle dieser hochgebildeten, ohne jede Einschränkung anständigen deutschen Studienräte machten letzten Endes Stalingrad und Auschwitz möglich", denn: „Jahrgang um Jahrgang deutscher Abiturienten lernte für den Tod" (S. 49 f.).

Viele der zuvor gegebenen Hinweise zeigen, daß Böll der Totalitarismustheorie – zumindest als Erklärungsansatz für den Zeitraum 1933 bis 1937 – durchaus skeptisch gegenübersteht. Die geistesgeschichtlichen Zubringerquellen mit ihren rechtskonservativen, antidemokratischen und überdeutlich nationalistischen Grundtendenzen bekommen bei ihm eine größere Bedeutung als der „totale Erziehungswille" oder der Anspruch des Systems auf totale Verfügung und Kontrolle. Für Böll ist der Faschismus nicht etwas schicksalhaft über das deutsche Volk Hereingebrochenes. Da gibt es Mentalitäten, die nicht nur verführbar waren, sondern für die gewisse Momente der NS-Ideologie eine große Attraktivität besaßen.

4 Literarische Gestaltung

Die Titelseite der Taschenbuchausgabe zeigt ein paßbildgroßes Schwarz-Weiß-Foto Bölls aus der Mitte der 30er Jahre. Er dürfte damals 17 oder 18 Jahre als gewesen sein, wird von heutigen Jugendlichen entschieden älter geschätzt. Der darüberstehende Titel „Was soll aus dem Jungen bloß werden?" (jener Stoßseufzer der Eltern) steht in einer gewissen Spannung zu dem selbstbewußten, ausgeglichenen, ein wenig introvertierten Gesichtsausdruck auf dem Foto. Der Leser wird neugierig auf diesen jungen Mann.

Bölls autobiographische Erzählung (durch die vielen Deutungen und Reflexionen ist sie eher eine Verbindung von Erzählung und Essay) hat einen Umfang von 110 Seiten, ist in 18 ungleich lange Kapitel gegliedert, die ohne Überschriften durchnumeriert sind. Die Erzählung ist in der Ich-Form aus der Perspektive Bölls geschrieben. Sie ist im Ansatz chronologisch angelegt; aber diese Chronologie ist ständig durch Blenden (nach hinten und nach vorn über den Erzählzeitraum hinaus) aufgebrochen.

Die Erfahrungen der vier Jahre von 1933 bis 1937 werden gedeutet und eingeordnet auf der Folie all jener Erfahrungen, die der Autor zum Zeitpunkt der Niederschrift (Ende der 70er Jahre) mit sich selbst und mit der Geschichte gemacht hat. Die autobiographische Erzählung ist immer auch eine lebensgeschichtliche Selbstreflexion. In ihr sind alle Akte des reflexiven Bewußtseins wirksam: die Erinnerung, die Selbstbeobachtung, Selbstdeutung, Selbstkritik, auch die Betonung des Risiko-Momentes menschlicher Selbstverwirklichung. Die Menschenwissenschaften fassen dies heute als das Problem mit der Identität. Böll macht diese schwierige humanwissenschaftliche Frage auf eine faszinierende Weise auf der ersten Seite seines Buches deutlich. Ausgehend von der Tatsache, daß sein Abiturzeugnis zwei Fehler enthält (falsches Geburtsdatum und falsch angegebener Berufswunsch), sagt Böll: „Dieser Fehler erlaubt mir einen gewissen Zweifel, ob ich's denn wirklich sei, der da für reif erklärt wird. Oder ob da ein anderer gemeint ist? Und wer?" (S. 7 f.).

Böll ist skeptisch gegenüber der Autobiographie als geschichtswissenschaftlicher Quelle. Er hegt Zweifel an seinem Gedächtnis, vor allem „was die Synchronisierung persönlicher Erlebnisse mit geschichtlichen Ereignissen betrifft" (S. 9). Aber es ist auch nicht dieser „chronologisch verwirrte Pfad" (S. 11), der im Mittelpunkt seines Interesses steht; es sind vielmehr die Stimmungen, die er für bestimmte Situationen erinnert – und immer wieder der Versuch, sich und seine Familie zu verstehen. An der Autobiographie Bölls lassen sich alle „Materialschichten" sichtbar machen, die Theodor Schulze in dem mit Dieter Baacke herausgegebenen Buch „Aus Geschichten lernen" herausgearbeitet hat:

1. die „Schicht der objektiven Gegebenheiten und Tatsachen";
2. die „Schicht der subjektiven Erfahrungen";
3. die „Schicht der späteren Erinnerungen und der nachträglichen sprachlichen Gestaltung" (jeder kann erfahren, daß Erinnerungen schwanken, durch spätere Erzählungen, auch durch erworbenes Bildungswissen anders eingefärbt werden);
4. die „Schicht der kommentierenden Reflexionen und übergreifenden Deutungsversuche".

Und es läßt sich wohl leicht belegen, daß Böll die drei letzten wichtiger als die erste Schicht sind. Für den Leser heißt das: Es ist eine ganze Menge Allgemeinbildung erforderlich, wenn man die durch Anspielungen, Blenden, kommentierende Reflexionen und übergreifende Deutungsversuche angereicherten Erinnerungen Bölls verstehen will. Insofern ist diese Autobiographie kein Jugendbuch; nicht von ungefähr ist sie nicht in der dtv-junior-Reihe vorgelegt worden.

An vielen Stellen gibt Böll dem jüngeren Leser allerdings gute Verstehenshilfen. Zur Kennzeichnung der subversiven Resistenz seines Lateinlehrers Bauer sagt Böll beispielsweise nicht einfach: Er las mit uns den Juvenal, sondern: „Ich weiß nicht, ob Juvenal auf dem Lehrplan stand oder ob Bauer dessen Aktualität erkannt und ihn deshalb ausgewählt hatte: bei Juvenal wurden Willkür, Despotismus, Korruption, Verderbnis der politischen Sitten, der Untergang des republikanischnen Gedankens eingehend genug geschildert, . . ." (S. 101; vgl. dagegen S. 90, 96 f.).

Böll verwendet in dieser Autobiographie besonders häufig das Mittel der Ironie. Auch dieses setzt einige Leseerfahrungen voraus, macht aber andererseits die Erzählung besonders reizvoll. Im Unterschied zum Humor hat ja die Ironie eine kritische und angreifende Intention. Sie durchläuft bei Böll alle Grade vom *Heiteren* („Der für uns in die SA eingetreten ist"; „Der für uns umsonst in die SA eingetreten ist", „Und nach jedem Umzug wußten . . . ebenso rasch der Gerichtsvollzieher und die Bettler unsere neue Adresse"; S. 52, 68, 73) bis zum *Bitteren* (z.B.: „soeben von der KPD zu den Nazis konvertiert"; „Bei dieser Feier konnte einer den Eindruck gewinnen, der Direktor sei traurig darüber, *nicht* bei Langemarck gefallen zu sein"; S. 35, 49).

5 Verknüpfung von Individual- und Gesellschaftsgeschichte

Die lebensgeschichtliche Selbstreflexion, die Rekonstruktion der Selbstbildungsprozesse (*allein* in der Studierstube, auf der Straße, mit dem Fahrrad unterwegs, am Rhein sitzend . . .) und das Leben in der Familie Böll haben einen zentralen Stellenwert in dieser Autobiographie. Von daher ist viel vom Ich und von den „kleinen Gesellschaften" die Rede. Wenn Böll über die Mentalität des Bildungsbürgertums nachdenkt, wenn er von der Brutalität und Einschüchterung durch die Nazihorden, von der deformierten Gerichtsbarkeit des NS-Regimes erzählt, tut er es stets an Kölner Personen, Ereignissen und Szenerien. Wenn er die Deklassierung des Mittelstandes verdeutlichen will, tut er das an der eigenen Familie. Aber durch seine übergreifenden Deutungsversuche (vgl. die Belege in den Abschnitten 3 und 4) ist es stets mehr als die kleine (Familien-) Gesellschaft oder die städtische (Kölner) Gesellschaft, die bei Böll in den Blick kommt. Die politische und soziale Geschichte des NS-Regimes ist in sehr gelungener Weise mit der Lebensgeschichte der Hauptperson und der Familie Böll verknüpft.

6 Entwicklung der Hauptperson

Die autobiographische Erzählung Bölls ist nicht eine Geschichte über Nazifizierung oder Distanzfindung vom Nationalsozialismus, sie ist die Geschichte einer „inneren Bewahrung", ist eine Geschichte über das Ausmessen von Erfahrungs-, Entscheidungs- und Freiheitsspielräumen unter den Bedingungen eines geschlossenen Systems. Bölls Autobiographie liefert faszinierende Bebilderungen für die klassisch-humanistische Bildungstheorie – auch für das, was die pädagogische Wissenschaft unter ihrem Grundbegriff der Selbsttätigkeit zu fassen versucht hat und damit zugleich für die pädagogisch so wichtige Frage, ob der Zögling (nur) das „berechenbare" Produkt von sog. Sozialisationsagenten oder (auch) das „unberechenbare" Subjekt seiner eigenen Bildungsanstrengungen ist. In den Abschnitten 1 und 3 ist schon immer wieder darauf hingewiesen worden, daß sich Böll – ähnlich wie Peter Brückner – auch unter den Bedingungen des NS eine große Autonomie in der Bewahrung eigener Erfahrungs- und Freiheitsspielräume hat sichern können. Dabei kommt der Autor gar nicht auftrumpfend und überheblich daher – etwa mit der Attitüde: Seht doch, Resistenz war gar nicht so schwierig und risikoreich. Böll ist sich sehr bewußt, daß er besonders günstige Bedingungen für die Möglichkeiten der inneren Bewahrung vorgefunden hat.

Die Entwicklungsbedingungen im Elternhaus waren für seine Zeit sehr ungewöhnlich: Eltern, die ihren Katholozismus nicht unter der Perspektive der Ewigkeit („sub specie aeternitatis"), sondern unter der Perspektive des Lebens („sub specie aetatis") lebten, die nicht primär auf Ordnung und Sicherheit hin orientiert waren, sondern auch Genußfähigkeit vorlebten (dazu gehörten Essen, Trinken, Rauchen, Spielen und Bücher kaufen und lesen), die ihre fünf Kinder freizulassen in der Lage waren, ihnen damit große Kontrollöcher gewährten (und gerade dadurch das Zuhause zu einem für alle fünf Kinder beliebten Aufenthaltsort machten). Eltern, die politisch Farbe bekannten, und bei denen – auch in ökonomisch schwierigen Zeiten – die Bettler eine gute Adresse hatten. Eine Mutter, die immer wieder, nachdem der Familie der Strom gesperrt worden war, „Plombenfrevel" beging, die gemeinsam mit ihren Kindern Mechthild und Heinrich über Jahre hin das euphorisierende Rauschmittel Pervitin nahm („und ein bißchen Euphorie hatten wir nötig"; S. 99). Ein Geschwistersystem (drei Jungen und zwei Mädchen; vgl. die Fotos in der rororo-Bildmonographie), in dem man sich mochte, politisch nah beieinander war und sich gegenseitig stützte. Obwohl alle Geschwister bereits eine klare Berufsperspektive hatten (Mittelschullehrerin, Buchhalterin, Schreiner, Student der Theologie) und sich in die Sorge der Eltern über das „Was soll aus dem Jungen bloß werden?" teilten, machten ihn weder die Geschwister noch die Eltern zum „schwarzen Schaf".

All dies waren offensichtlich gute Dispositionen dafür, daß Heinrich Böll offen, neugierig und aktiv in die Wirklichkeit hineinschauen, -gehen und -fahren konnte. Er erzählt von seinen genauen Beobachtungen des pulsierenden städtischen Lebens, von den Besuchen in Kirchen und Museen („ich liebte die Museen, ich war bildungshungrig"; S. 13, 89 f.). Als diese Straßenschule durch die Aufmärsche der „Nazi-Horden" für Heinrich immer gefährlicher und abstoßender wird, bekommt das „fast heilige Fahrrad, . . ., vieler Hymnen würdig", eine immer größere Bedeutung. War es ihm schon zuvor ein Mittel zum Erkunden der Flußlandschaft, ein Mittel zur Erlangung von Unabhängigkeit, so wird es ihm nun zusätzlich „Fluchtgefährt leichter Bauart" (S. 55 f., 60). Und in der Oberprima schließlich wird es ihm das Mittel für eine große Bildungsfahrt über Mainz, Würzburg, durch den Spessart und Steigerwald nach Bamberg (S. 88 f.). Bei all diesen Aktivitäten war Böll allein auf sich gestellt. Genauso liebt er die Einsamkeit der Studierstube: „Ich konzentrierte mich auf die Fächer, die ich mochte: Latein, Mathematik, Geschichte (später kommt noch Wirtschaftsgeographie hinzu; E.C.; vgl. S. 70), lernte auch für sie, wenn ich nicht zur Schule ging. Es machte mir Spaß, für mich alleine, ohne jeden direkten Nutzen, einen Text zu übersetzen – in späteren Jahren blieb ich manchmal zu Hause, um an Sophokles' ‚Antigone', deren langsame Behandlung in der Schule mich ungeduldig machte, allein weiterzuarbeiten" (S. 53). Was zeigt dieser Text über den Bildungsprozeß der Hauptperson?

1. Heinrich Böll stellt sich Aufgaben und Probleme und sucht sie zu lösen.
2. Er setzt selbstbestimmt Schwerpunkte – und zwar solche, die einerseits seine formale Denkfähigkeit schulen (Mathematik, Grammatik des Griechischen und Lateinischen), die ihm (wie die lateinische und griechische Literatur und Philosophie) Distanz zur Unmittelbarkeit des Vorgefundenen ermöglichen und gerade damit Voraussetzungen für die distanzierte Analyse der vorgefundenen (sprich nationalsozialistischen) Wirklichkeit liefern.
3. Das heißt aber zugleich: Für Heinrich ist es nicht – wie bei seinen Eltern – nur der Katholizismus, der ihm die Möglichkeit zur „inneren Bewahrung" sichert; gleichgewichtig tritt das hinzu, was er sich in harter geistiger Arbeit, mit Anstrengung und Verzicht aus dem humanistischen Erbe der Gattung als Substanz erwirbt.
4. Wichtig schließlich – mit einem besonderen Grad von Aktualität – ist jener Hinweis Bölls, daß ihm das Übersetzen klassischer Texte „ohne jeden direkten Nutzen" Spaß gemacht habe. Dieses Moment der Zweckfreiheit als das Konstitutive für ein wirkliches Inter-esse ist ja im Zuge des zunehmend beobachtbaren Prozesses der Einebnung der Interessen durch Verrechnung von Noten aus ganz verschiedenen Fächern (vielleicht die schlimmste Folge des NC) verlorengegangen.

Zusammenfassend kann man sagen: Die gelungene innere Bewahrung und die gelebte Resistenz (nicht zu verwechseln mit dem großen Widerstand) sind das Ergebnis glücklicher, stützender familialer Bedingungen und eines in Einsamkeit durchlaufenen Selbstbildungsprozesses, der seinerseits vielerlei Anstöße durch zwei kritische Lehrer (vgl. bes. S. 57 f., 101 f.) bekommen hat. Der Zeitgeschichtler Martin Broszat kommt in seinem großangelegten Forschungsprojekt „Bayern in der NS-Zeit" zu dem Ergebnis, daß gerade diese Form der Resistenz eine wirksame Abwehr und Eindämmung der NS-Herrschaft bedeutet hat.

7 Adressaten

Bölls Buch setzt einige Leseerfahrungen voraus. Die Verbindung von autobiographischer Erzählung und Essay gibt den Reflexionen und übergreifenden Deutungen einen hohen Stellenwert. Aktion und Dialog treten dahinter ganz zurück. Auf den historischen, auch den kulturgeschichtlichen Hintergrund wird häufig nur durch kurze Anspielungen Bezug genommen; hier setzt der Autor eine breite Allgemeinbildung voraus. Die differenzierten faschismustheoretischen Deutungsansätze (vgl. Abschnitt 3) und die Reflexion Bölls über seine Bildungsprozesse setzen bestimmte Niveaus abstrakten Denkens voraus, sind aber andererseits besonders gut geeignet, ein erstes Zwischenresümee einer durchlaufenen Entwicklung anzustoßen. Insofern dürfte das Buch für Schüler ab Klasse 11 interessant sein – dies nicht zuletzt deshalb, weil es einerseits vielerlei Bezüge zu aktuell-sozialen Problemen der heutigen Heranwachsenden und andererseits fruchtbare Irritationen für bestimmte Trends der Gegenwart (die Unfähigkeit zu Einsamkeit und Stille und der Drang in die Gruppe) liefert.

8 Kritische Würdigung

Wir halten Bölls autobiographische Erzählung für eines der besten Bücher dieses Genres. Wir finden besonders gelungen die durchgängige Integration der „großen Themen" des Buches: Familie, Schule, Straßen- und Flußschule, Katholizismus und politische und soziale Geschichte des Dritten Reiches. Auf diese Weise werden die komplexen Wechselbeziehungen zwischen Heinrich Böll und seinen „Sozialisationsagenten" sehr gut deutlich. Das Buch ist nicht nur deshalb ein wichtiger Beitrag zur politischen Bildung, weil es ein so differenziertes Faschismusverständnis entfaltet, sondern weil es die Möglichkeiten von Resistenz (ohne das „große Märtyrertum") aufzeigt.

Peter Brückner: Das Abseits als sicherer Ort

Kindheit und Jugend zwischen 1933 und 1945. Berlin (Wagenbach TB 66) 1981 (14. – 18. Tausend 1982) DM 9,50

U. Balfanz / Chr. Kunzl / M. Meyerhoff

1 Inhalt

Der 1922 in Dresden geborene Peter Brückner berichtet in seiner politischen Biographie, wie er die Jahre zwischen 1933 und 1945 als Kind und Jugendlicher erlebte, wobei er sich nicht auf diesen Zeitraum beschränkt, sondern auch vorausgegangene Entwicklungen berücksichtigt und in Exkursen und Anmerkungen die Auswirkung dieser Jahre auf seine spätere Lebenshaltung und politische Einstellung reflektierend aufzeigt.

Brückner stellt sein Aufwachsen in einer „atypischen Familie" dar: Die Mutter ist Engländerin, der Vater in Amerika aufgewachsen, beide Eltern sind weltoffen. Das macht ihn zum „geborenen Dissidenten", bietet ihm die Möglichkeit, „Orte zu finden, die leer von Macht sind" (S. 16). In diesem „Abseits" kann er seine Identität entwickeln – dem normierenden Zugriff staatlicher Ordnungsmächte entzogen. Mit diesem zentralen Moment des Abseits setzt sich Brückner in allen Phasen seiner Entwicklung auseinander, es bildet das Leitmotiv seines Berichtes.

Das Abseits, zunächst als „Geschenk" begriffen – begünstigt durch die familiäre Situation (die Machtergreifung führt zur Zerstörung der Familie: Rückkehr der Mutter nach England, der Vater verweigert als Ingenieur die berufliche Unterstützung des NS-Staates und nimmt eine Stelle als reisender Vertreter an, der Junge ist unbeaufsichtigt) –, muß von Brückner ständig neu behauptet werden, wobei er sich nicht durchweg als positiv erlebt, vielmehr spiegeln sich seine emotionale Zerrissenheit, sein „Mitmachen-Wollen", seine Selbstabgrenzung in verschiedenen Situationen wider. Deutlich wird dieser Konflikt in der empfundenen Bedrängung seiner Internatsjahre in Zwickau ab 1936. Auf den totalitären Zugriff dieser Institution reagiert der Vierzehnjährige ambivalent: phasenweise mit Anpassungs-, dann wieder mit Verweigerungsstrategien.

Seine Suche nach Möglichkeiten, der ständigen Überwachung im Internat zu entgehen, führt – den rivalisierenden Anspruch von Schule und HJ auf die Erziehung nutzend – zu seinem Beitritt in die HJ-Gruppe der Stadt: Der Weg zu den Versammlungen ist der einzige Freiraum, unkontrolliert von beiden Institutionen. Der Faschismusprozeß, der auch die Schule ergreift, beendet die Rivalität, für Brückner gibt es „. . . keine Räume mehr, leer von Macht" (S. 45).

In seiner Hilflosigkeit flüchtet er sich in eine neurotische Krankheit, durch die es ihm aber dann gelingt, Überlebens- und Lösungsstrategien zu entwickeln, mit deren Hilfe er dem Allmachtsanspruch des Faschismus zu begegnen versucht. Er stellt sich dieser Macht, indem er mittels Verhaltensfassaden dem äußeren Schein Genüge tut, klar erkennend, daß er sich damit auf einem schmalen Grat zwischen Anpassung und Widerstand bewegt.

Sein anhaltendes Auflehnen gegen die Ordnung und Disziplin des Internates führt letztendlich doch zu seinem Abgang, als er – mit nächtlichen Ausgängen – die Grenze des für die Institution noch tolerierbaren Verhaltens überschreitet. Brückner muß das Internat verlassen und wechselt 1938 in das Realgymnasium von Zwickau über – für ihn ein Akt der Befreiung.

Entscheidend für seine weitere Entwicklung ist Brückners Begegnung mit Pawel (Paula) Lenk, einer verwitweten Schneiderin, die sich durch Besuche von Abendkursen, durch Reisen gebildet und von gesellschaftlichen Zwängen befreit hat. Ihre „Bude" ist für Brückner ein unerschöpfliches „Kulturdepot", ausgestatttet mit verbotener Literatur, mit Bildern, Schallplatten, Erinnerungsstücken – Zugang zu einer anderen Welt und Lebensanschauung, die er sich in nächtelangen Gesprächen mit Pawel und ihren Freunden erschließt.

Im Gegensatz allerdings zu Pawel, die fast ausschließlich in der Welt ihrer Wohnung lebt und sich kaum vom Zeitgeschehen betroffen fühlt, wächst Brückner aus dieser Abgeschiedenheit heraus und findet durch die Begegnung mit der Schauspielerin Hildegart B. und ihren Bekannten zu politischem Bewußtsein.

In diesem Kreis erhält Brückner endlich auch die soziale Anerkennung, nach der er bisher vergeblich suchte. Er fühlt sich nicht mehr in einem Ghetto, abseits vom politischen Alltag, sondern ist sogar bereit, für die Solidarität unter Gleichgesinnten, sein Ressentiment gegen Unterordnung und Disziplin aufzugeben zugunsten der Teilnahme am Widerstand der illegalen kommunistischen Partei.

Allerdings kann er sich dem schleichenden Zugriff des Staates auch jetzt nicht widersetzen. Im Rahmen des Gesetzes, das 1939 die Mitgliedschaft in der HJ zur Pflicht macht, wird auch Brückner an seine Mitgliedschaft erinnert und sogar befördert – für ihn Anlaß, sich mit der Gefahr auseinanderzusetzen, Erfüllungsgehilfe des NS-Staates werden zu können. Er akzeptiert die Beförderung, nicht ohne Stolz, denn „das ist eine der Infamien der Gesellschaft: daß wir unsere Identität, auch gegen sie, als Heranwachsende nur finden können, wenn sie uns irgendwo akzeptiert . . ." (S. 109). Brückner erkennt, daß sein Abseits immer nur eine Fiktion war.

1941 wird seine Schulklasse angehalten, Aufnahmeanträge für die NSDAP zu stellen. Diesem „freiwilligen Zwang" (S. 115) beugt sich Brückner, in der Form einer „ruhenden Mitgliedschaft" sieht er darin kein Problem – für ihn steht das Abitur mit seinen Prüfungen im Vordergrund.

Im April 1941 immatrikuliert sich Brückner an der Leipziger Universität. Hier wird die jüdische Herkunft seiner Mutter zum ersten Mal für ihn bedrohlich. Er wird denunziert und unterliegt einem vorläufigen Studienverbot – die Einberufung in eine österreichische Truppe bedeutet, der Gefahr zunächst entronnen zu sein.

Brückner wird als Schreiber in einem Kriegsgefangenenlager eingesetzt, wo er mit britischen Kriegsgefangenen in Kontakt kommt und sich mit Leo B., einem Mitglied der KPÖ, befreundet. Unter dem Deckmantel einer äußeren Konformität werden beide im Widerstand aktiv. Von der Gestapo bedroht, verhindert ihre Versetzung nach Ungarn 1944 die Verfolgung.

Hier hat Brückner als Mitglied einer Stabskanzlei Zugang zu Reisepapieren, mit denen er Deserteuren und Flüchtlingen hilft. Um selbst dem, mit seinen moralischen Ansprüchen unvereinbaren, Einsatz in einer kämpfenden Truppe zu entgehen, setzt er sich Ende 1944 mit gefälschten Papieren aus Ungarn ab und überlebt die letzten Kriegsmonate zunächst als reisender Kurier, dann in amerikanischer Gefangenschaft, nachdem er von den amerikanischen Truppen als Unterhändler eingesetzt war.

In der Befreiung Deutschlands durch die Alliierten sieht Brückner die Chance für den Aufbau einer anderen Gesellschaft – für ihn persönlich bedeutet sie die Aufnahme in die KPD als Konsequenz seines Politisierungsprozesses.

2 Historischer Hintergrund

Brückners Anliegen ist nicht die Vermittlung historischer Daten, vielmehr ist er daran interessiert, den Faschismus auf dem Hintergrund seiner Lebensanalyse zu interpretieren, wobei er sich nicht auf den Zeitraum von 1933 bis 1945 beschränkt, sondern Geschehnisse der Weimarer Republik und aus der Zeit nach 1945 aufnimmt. Brückner erwähnt die folgenden Ereignisse, die er oft aus einer von anderen Autoren nicht gesehenen Perspektive beschreibt:

Politisch-soziale Entwicklungen in der Weimarer Republik:

- 1923 Verbot der NSDAP durch einige deutsche Länderregierungen (S. 7);
- Weltwirtschaftskrise, Arbeitslosigkeit, Inflation, Verelendung (S. 7 ff., 77 f.);
- 30.1.1933 Machtübernahme (S. 10).

Die Organisation der Gesellschaft:

- Gleichschaltung der Verbände (S. 10);
- Juni 1934 Röhm-Affäre (S. 17, 68, 106);
- NS-Frauenschaft (S. 35), Winterhilfswerk, Nationalsozialistische Volkswohlfahrt (S. 86), KdF (S. 149);
- Hitlerjugend, Gesetz zur Mitgliedschaft in der Staatsjugend, Verbot von Einzelfahrten (S. 9, 15 f., 26 ff., 31 ff., 50 ff., 106 ff.);
- GESTAPO (S. 115, 145 ff.);
- SA, SS (S. 17, 115).

Die NS-Ideologie und ihre Folgen:

- Berufsverbote (S. 91);
- Emigration (S. 11, 19, 68, 90 ff.);
- Frauenbild (S. 23 f., 17f.);
- Verbotene Literatur, Musik, Malerei (S. 91 ff.);
- 1939 Verbot des Hörens ausländischer Sender (S. 97);
- Erziehungsideologie der Partei (S. 23 f., 59 ff., 107);
- Faschisierung der Schule (S. 40 ff., 52 ff., 56ff., 60 ff., 71., 93), Verbot der Reformpädagogik (S. 40), NS-Unterrichtspläne für Höhere Schulen (S. 58);
- Rassenideologie (S. 7 f., 89, 93, 96, 116 ff., 144 f., 150 f.);

- Antisemitismus, Konzentrationslager (S. 116 – 126, 7, 145 ff.), Wannsee-Konferenz 1943 (S. 124);
- Euthanasie (S. 147);
- Wechsel innerhalb der Regierung, verstärkte Kriegsvorbereitungen, Hitler Oberbefehlshaber der Wehrmacht, Annexion Österreichs und des Sudetengebietes, Einleitung des Überfalls auf Polen (S. 68);
- Hitler-Stalin-Pakt (S. 155);
- 1939 Eroberung Warschaus (S. 89);
- 1940 Zusammenbruch Frankreichs (S. 96);
- Einführung des deutschen Grußes in der Wehrmacht (S. 128 f.);
- Rückzug der deutschen Armeen (S. 131);
- Waffenstillstand am 8. 5. 1945 (S. 155);
- Übergabe von Thüringen und Sachsen durch die amerikanische an die sowjetische Armee (S. 154);
- Besatzungszonen (S. 152 f., 143).

Ereignisse aus der Zeit nach 1945:

- Einführung der Wehrpflicht in der Bundesrepublik (S. 133);
- Besuch des Bundeskanzlers W. Brandt im Warschauer Ghetto, Reaktionen der Öffentlichkeit (S. 140);
- Suspendierung vom Hochschuldienst (S. 128).

3 Faschismusverständnis

Brückners Autobiographie kann im eigentlichen Sinne als Zeugnis seiner Theorie des Faschismus angesehen werden. Er lehnt darin die monokausalen Erklärungsansätze ab und versucht, die Vielschichtigkeit des Phänomens durch Analyse und Integration unterschiedlicher Aspekte (ökonomischer, gesellschaftlicher, kultureller, psychologischer, psychoanalytischer Natur sowie reflektierter Erfahrungen) zu deuten, gleichzeitig seine damalige Entwicklung aufzeigend.

Gegen die These vom monolithischen Führerstaat sprechen nach Brückner die konkurrierenden Institutionen innerhalb des Systems (vgl. z.B. S. 123 ff., 25 ff.). Er verkennt nicht die Attraktivität der Ideologie (besonders für die Heranwachsenden, denen sie ein gesteigertes Selbstwertgefühl vermittelt), den „Rausch der Zeitenwende", als „das Reich der niederen Dämonen" (S. 10) ausbricht – ein Hinweis auf Blochs neo-marxistische Sicht vom „Faschismus als Erscheinungsform der Ungleichzeitigkeit" (vgl. Mainzer 1983, S. 329 f.).

Keine Theorie, vielmehr eine „unabweisbare Erfahrung" (S. 102), ist für Brückner die „These von der Komplizenschaft der Deutschen" mit dem Faschismus, „der NS-Staat nicht nur als der reaktionäre Ausweg der (Finanz-) Bourgeoisie aus der Krise der kapitalistischen Herrschaft, sondern als ein radikalisierter deutscher Obrigkeitsstaat. So war auch der Faschismus der ‚kleinen Leute' wie der des Bürgertums Tradition" (S. 103).

Innerhalb seines Freundeskreises wird Brückner mit der Sozialfaschismustheorie der KPD konfrontiert (vgl. S. 103 und vgl. Mainzer 1983, 326 ff.), die seine Beobachtungen anders interpretiert. Die „Konkurrenz der Erklärungssysteme" (S. 104) wird für ihn zunächst unwesentlich, weil es im

Entwurf eines kommunistischen Gesellschaftssystems keine bürgerliche Gesellschaft gibt. „Kommunistische Praxis konnte nur elitär, nur in der Form von Diktatur gedacht werden, d.h. als Intervention gegen die überwältigende Mehrheit des eigenen Volkes" (ebd.). Anfangs kann Brückner seine Bedenken gegen diktatorische Praxis („Alptraum . . . mit Faszination gemischt" (ebd.) zurückstellen, weil zum einen das Volk sich ihm – empirisch und abstrakt – als Komplize des Faschismus darstellt, zum anderen die „Autorität der erkannten Wahrheit" und „das Prestige ihrer verfolgten Vermittler" (ebd.) als sehr stark empfunden werden: „Ich empfand mich, nicht unsere Auffassung, als defizitär . . ." (ebd.).

Trotzdem, Zweifel bleiben, denn „der deutsche Obrigkeitsstaat, die Erziehungs- oder Bildungstradition, der deutsche Volksschullehrer, die deutsche Mutter, die bürgerliche Moral – standen die nicht ‚dahinter'?" (S. 103) – eine Annäherung an die sozialpsychologische Sichtweise (vgl. Mainzer 1983, S. 348 ff.). Für Brückner bleibt diese Frage weiterhin offen: „. . . ich spürte . . . , daß da ein unaufgelöster Rest blieb . . . . Dieser Rest war ich" (S. 104). Indem er versucht, diesen „Rest" zu erklären, erkennt er die Diskrepanz zwischen seinen Wahrnehmungen und den linientreuen Auffassungen. Im Absolutheitsanspruch der kommunistischen Doktrin entdeckt er Elemente von (Unter-) Ordnung, Disziplin, Macht, Kontrolle und Gewalt, gegen die er früh eine Abneigung entwickelt hatte; die monokausalen Erklärungen werden für ihn der gesellschaftlichen Vielschichtigkeit nicht gerecht. Er wird sich darüber klar, daß lebensgeschichtlich „Lernen nach 1933 . . . unterbrochen, eine Entwicklung behindert und verkürzt . . ." (S. 85) und diese Verkürzung parteilich fortgesetzt wurde (vgl. S. 87).

Durch Aufdeckung seiner individuellen Erfahrungsstrukturen versucht er, die beschnittenen Möglichkeiten des Lernens aufzuheben: „in seinen . . . Wahrnehmungen die vergessenen Erfahrungen" wiederzuerkennen und „sie sich bewußt zu halten" (S. 82), ungehindert von offiziellen Bildungsinstitutionen.

In seiner Autobiographie, durch Analyse seiner Identitätsentwicklung, nähert sich Brückner dem Faschismus, indem er das Individuum – als subjektiven Faktor der Geschichte – in den Mittelpunkt stellt: „Wie werden die ‚versunkenen Erfahrungen' bewußt? Indem wir lernen, die Rätsel unserer Lebensgeschichte im Kontext der Geschichte unserer Gesellschaft zu lösen, und zwar im Detail, und indem wir der Reflexion vertrauen, solange sie Erfahrungen und Objektivität fühlbar vermittelt. Das, vor allem, ist *kritische Theorie*" (S. 88).

4 Literarische Gestaltung

Das Titelbild: Dresden, Blick auf die Frauenkirche, Spuren, die zur Stadt führen – davor: Eine Silhouette, in der Haltung eines teilnehmenden Beobachters – auf die Stadt blickend – verharrend. Die vermittelte Distanz findet sich in der Überschrift wieder: Das Abseits als sicherer Ort.

Die Rückseite: Dem Betrachter zugewandt ein Porträt von P. Brückner. Beides: Hinweis auf die Identitätsentwicklung des Autors.

Das Vorwort, welches die Jahre 1922 – 1935 beschreibt, wird abgeschlossen mit drei photographischen Abbildungen, die Eltern, Vater und Sohn sowie das Kind Peter allein zeigend – Symbole der Auflösung der familiären Struktur.

Brückners Biographie ist durch die folgenden fünf Hauptüberschriften gegliedert: Internatsjahre 1936 – 1939, Abitur und zweite Geburt 1939 – 1941, Das Abseits in der Krise 1940/41, Eine militärische Karriere 1941 – 1945, Der Krieg: Rückblicke.

Diese chronologische Vorgehensweise ist nicht durchgängig beibehalten, vielmehr setzt Brückner Schwerpunkte, den Kristallisationsprozessen seiner Entwicklung entsprechend, die lineares Geschehen ausschließt.

Dieser Aufbau wird verstärkt durch Wechsel von Zeiten- und Erzählebenen, der deskriptive und oft analysierende Blickwinkel des Kindes und Jugendlichen wird immer wieder ergänzt von Interpretationen, Erkenntnissen und Reflexionen des erwachsenen Brückners, und dieser schreibt als Psychologieprofessor eine Selbstanalyse, das macht das Buch so faszinierend und so schwierig für den Leser. Kursiv gesetzte Ausdrücke durchziehen die Biographie, die Zerrissenheit zwischen eigenen Bedürfnissen und den Ansprüchen des sozialen Umfeldes wiedergebend.

Diese Entwicklung wird auf der sprachlichen Ebene fortgesetzt: Vergleiche, Wortspiele, Metaphern, Symbole und rhetorische Fragen veranschaulichen die Komplexität der Wirklichkeit. Durch Verweise auf vorausgehende oder folgende Kapitel bezieht Brückner den Leser in seine Argumentation ein. Er leitet ihn zu „erarbeitendem" Lesen an, dazu, gewohnte Denkschemata zu hinterfragen, ihnen zu mißtrauen.

Das anspruchsvolle Sprach- und Reflexionsniveau, die Verwendung psychologischer Termini sind eine Herausforderung an den Leser, das Buch widersetzt sich einer „linearen" oder oberflächlichen Lektüre, es verlangt Ausdauer und Konzentration. Demjenigen Leser aber, der bereit ist, anfänglichen „Reibungswiderstand" zu überwinden und sich auf die Widersprüchlichkeit des Daseins einzulassen, vermittelt Brückner faszinierend seine Lebensintensität, seine Lust am Dasein – ein Dasein, das die ganze Spannbreite menschlicher Empfindsamkeit umfaßt.

5 Verknüpfung von Individual- und Gesellschaftsgeschichte

In mehreren Abschnitten bezieht Brückner selbst Stellung zu dem Problem der Verschmelzung von Individual- und Gesellschaftsgeschichte.

An Beispielen zeigt er auf, daß scheinbar „Geschichte und Lebensgeschichte auseinandertreten können, so sehr auch erstere, in der Art eines transzendentalen Rahmens, unserem Leben Bedingungen setzt . . ." (S. 138) und nennt Gründe für diese „Abstraktion vom Geschichtsprozeß" (S. 139):

Zum einen gibt es „für die innere Lebensgeschichte des einzelnen zentrale, thematische Gestalten und Ereignisse, die, bemessen an den ‚großen' Ereignissen, nicht geschichtsfähig sind" (ebd.; für ihn ist z.B. 1933/34 seine Kinderfreundschaft von größerer Bedeutung als die Machtübernahme), zum anderen unterliegen historische Ereignisse individueller Einschätzung – der Kriegsausbruch ist insofern für Brückner kein Einschnitt, als er ihm als Kontinuum des inneren Faschismus erscheint (vgl. S. 139 f.).

Nichtsdestoweniger vermittelt Brückner, wie Politik nicht auf einer abgehobenen Ebene stattfindet, sondern die alltäglichen Bezüge durchdringt, wie sich Identität nur in der Auseinandersetzung mit den historischen Gegebenheiten entwickelt: „Wo einer als Kind heranwächst, in der Geschichte seines Volkes notwendig mitgeht, durch die Einheit des Ortes und der Zeit, ist er im Prinzip auch mitgefangen" (S. 108). Davor bewahrt ihn auch nicht seine Außenseiterposition, auch Brückner wird Mitglied der HJ, der NSDAP, Soldat, ist eingebunden in die gesellschaftlichen Machtstrukturen. Doch ist (oder: bleibt) er sich bewußt, in welchem Maße seine „widerständige Existenz"(S. 109) bestimmt wird von der „Grenze, die er gegenüber der Macht und den Zwängen des Staates" (S. 108) zu ziehen bereit ist.

Brückner rekonstruiert dabei die Komplexität der Verhältnisse: Er wird Opfer der nationalsozialistischen Rassenideologie auf zweierlei Art; einerseits wird er in seiner Lebenswirklichkeit als Kind einer halbjüdischen Mutter existenziell bedroht, andererseits findet er in sich selbst Fragmente der Wirksamkeit dieser Ideologie, als er einem russischen Kriegsgefangenen begegnet, der, aufgrund der Behandlung im Gefangenenlager, genau dem Bild entspricht, welches die NS-Ideologie vom „asiatischen Untermenschen" (S. 144) entwirft: „Wie mit einem Schlag erschien vor meinem inneren Auge die Vorstellung . . ., daß es doch bei den . . . Russen . . . Leute gäbe, die überhaupt noch keine Kulturstufe erreicht hatten . . . . Dieses Imago antibolschewistischer Propaganda . . . steckte so tief und unbemerkt in mir, daß ich . . . Widerwillen und Angst empfand" (S. 144 f.). Dieses Erlebnis führt ihn zu der Erkenntnis, daß Vorurteile alltäglich, zeitlos sind: „Ein Staat, der Teilbevölkerungen diskriminiert, indem er ihnen den Opfer- oder Feindstatus zuweist; das Pflichtgefühl seiner Diener: eine . . . schadenfrohe Loyalität; . . . – das sind allgemein vertraute Bestandstücke der Grundordnung in der sozialen Welt, der NS-Staat hatte sie bloß radikalisiert" (S. 124). Weil Brückner „mit dem Rätsel der eigenen Lebensgeschichte zugleich die Rätsel der Gesellschaft" (S. 99) zu lösen versucht, muß er sich nicht nur seinen Widerstand, sondern auch seine eigene Verführbarkeit eingestehen.

6 Entwicklung der Hauptperson

„Immer sind es unsere Theorien, die der Macht . . . eine Totalität des Zugriffs einräumen, die die Macht wohl anstrebt, aber eben nur in unseren Theorien erreicht. Immer bleibt deshalb eine Kindheit im Faschismus eine Kindheit" (S. 25).

Bezogen auf Kindheit und Jugend im nationalsozialistischen Staat hebt Brückner die Verantwortlichkeit jedes einzelnen hervor und zeigt mit seiner Biographie auf, daß und welche Entscheidungsfreiheit und Handlungsalternativen auch den Heranwachsenden in der empfundenen „institutionellen Umklammerung" (S. 17) bleiben. Er wehrt sich gegen die Auffassung des hilf- und willenlosen Ausgeliefertseins; es „gerät meist in Vergessenheit, daß auch Kinder und junge Leute sich entscheiden; so daß . . . die Kongruenz von herrschender Ideologie, Klassenlage und Innerlichkeit . . .irgendwann von den Individuen selbst gewollt, angenommen, ja vielleicht sogar gesucht worden ist" (S. 25).

Für einen Dissidenten bedeutet es, „sein ‚Nein' gegenüber der faktischen Normalität" nicht nur zu denken – denn „sonst denkt er es nicht sehr lang" (ebd.) –, sondern handelnd zu verwirklichen: „Er braucht Kritik im Handgemenge, d.h. ein gemeinsames Gelände mit der Macht" (ebd.).

Wie also verläuft eine Kindheit, in der eine derartige Konfliktfähigkeit entwickelt wird?

Da ist zunächst die früh wahrgenommene Dialektik der Lebensverhältnisse. Die Zerstörung der Familie wird nicht nur als schmerzlicher Verlust erlebt; befreit von konventionellen Verpflichtungen ließ das „körperlose Netz aus erinnerter . . . Trauer . . . , . . . locker geknüpft, endlich Raum für Entdeckungen. . . . Ein lustvoller Prozeß des Vermittelns, in dem die Identität beider entstand: der Heimat Stadt und dessen, der sie sich aneignen darf, unbeaufsichtigt, von Eltern, Verwandten, sozialen Gewohnheiten entlastet" (S. 35). Diese Beobachtungen des Stadtwilden, sinnlich erlebtes Abenteuer, führen ihn, wie auch das Bedürfnis nach Anerkennung, erstmalig in das Jungvolk. Dessen Verheißung von Abenteuer entpuppt sich als bürokratisiertes Terrain. Brückner zieht sich zurück, sucht Glück wieder in einsamen Streifzügen, ist auch später nie im vollen Ausmaß empfänglich für die Verlockungen der Abenteuerromantik.

Diese Erfahrung, für ihn vergleichbar mit der in der Familie seines Onkels herrschenden Erziehung zu preußischer Disziplin, führt ihn zu der Erkenntnis, „daß ‚Offenheit' in der pädagogischen Landschaft bedeutet, sich für den Zugriff der Macht zu öffnen. Wer sich verschließt, wer verstummt, gar lügt, sabotiert die allseitige Kontrolle des seelischen Materials, die nicht nur in der Ära des Nationalsozialismus das Geheimnis der mittelständischen Erziehung war" (S. 14).

Wesentlichere Anstöße für seine Identitätsbildung erfährt Brückner außerhalb dieser normierenden Institutionen, denn „Bildungsprozesse, Glück und Identität sind auf kulturelle Objektivationen und auf menschliche Beziehungen angewiesen: es gibt sie nur als vermittelte. Im NS-Staat waren die Sachen wie die Beziehungen unvollständig und korrumpiert" (S. 93). Ausnahmen hiervon findet Brückner in den Beziehungen zu seinem Vater, zu Paula Lenk und zu seinen kommunistischen Freunden.

Aus der anfänglichen Notgemeinschaft mit seinem Vater erwächst eine vertrauensvolle Verbundenheit. In Gesprächen und durch Bücher vermittelt ihm dieser Vorstellungen von Liberalität, Kultur, Politik und Moral – grundlegende Haltungen. In Paula Lenks Bude wird dieser Prozeß lebendigen, lustvollen Lernens fortgesetzt. Aber erst durch seine Begegnung mit den im Widerstand tätigen Kommunisten erwächst in Brückner das Bedürfnis, seine Theorien über gesellschaftliche Zusammenhänge zu verwirklichen. Er entdeckt in sich „die Ungeduld dessen, der über die ‚Interpretation' hinaus will, weil ihm eine genaue Matrix gesellschaftlichen Handelns vorschwebt. . . . Ich entdeckte mich als politischen Menschen" (S. 98).

Mit diesen Kontakten setzt sich Brückners Entwicklung zum Antifaschisten fort, wobei jedoch gegenüber dem „Traum von einer kommunistischen Staatlichkeit" (S. 104) – damals nicht geäußerte – Zweifel bleiben: „ . . . ich hatte eine fast zum Instinkt gewordene Abneigung gegen Macht und Befehlsverhältnisse erworben, die eine diktatorische Praxis ausschloß – oder mich von ihr" (ebd.). Die Entscheidung zum Widerstand schließt nicht konsequent die Funktion eines Erfüllungsgehilfen aus. Für Brückner ist „die Auseinandersetzung mit der Grenze gegenüber den Zwängen des Staates . . . eine Frage von Gewissen und Autonomie" (S. 109) – aber auch eine Frage des Überlebens!

Um nicht Opfer zu werden, lernt Brückner phantasievoll, Verhaltensfassaden aufzubauen, Affirmation vorzutäuschen, dem Zugriff von Herrschaft zu entgehen. Leo B. wird dabei seine wichtigste Bezugsperson. Mit ihm ist er auch verbunden durch die Begeisterungsfähigkeit für Literatur, besonders für Goethe, in dessen Werken sie ihr Dasein ausgedrückt finden.

Wie also wird jemand, der aufwächst in einem „totalitären" Staat, vom Stadtwilden über den „Antifaschisten im Wildwuchs" zu einem engagierten Widerständler? Brückner zeigt in seiner Biographie einen möglichen Weg auf – nie geradlinig, immer um seine eigene Verführbarkeit wissend; eine Entwicklung, bei der vieles erworben werden mußte: Mitgefühl, persönliche Erfahrung von „Anders-" und „Einzigartigkeit", Offenheit, Überwindung innerer Abwehr, Mißtrauen gegenüber der faktischen Normalität, Mut – „die Gesinnung der Freiheit" – und Glück, das „Ergebnis von Freiheit" (S. 30).

Brückners Sensibilität – Ausdruck dieser persönlichen Entwicklung – zeigt sich besonders zu Kriegsende: „Es war, so schien es mir, möglich, daß Deutsche erschlagen werden würden, daß die Besetzung des Landes den Charakter der Strafexpedition annehmen könne, daß Deutschland für das ‚Grauen' zahlen müsse, eine Entschuldung durch Sühne. Das war eine Erwartung jenseits der Rationalität . . . . Es war nicht eigentlich Angst, eher Scham; als hätten wir gesenkten Blicks zu warten, bis die gestörte Erde ein neues Gleichgewicht fände" (S. 154 f.).

7 Adressaten

Brückner widmet seine Autobiographie seinen Kindern, vielleicht, um ihnen die Möglichkeit zur Auseinandersetzung mit seiner Person und seiner Beziehung zu ihnen zu geben.

Abgesehen von dieser privaten Intention, liegt mit Brückners Buch eine Darstellung des Nationalsozialismus vor, die für jeden an dieser Zeit Interessierten neue Wege der Auseinandersetzung mit dem Faschismus eröffnet. Jedoch sollten unseres Erachtens folgende Voraussetzungen gegeben sein:

- Leseerfahrung und ein Gefühl für sprachliche Nuancen,
- historische Kenntnisse,
- Lernbereitschaft,
- Offenheit, um sich auf Erfahrungen anderer einlassen zu können,
- Fähigkeit zu Reflexion, d. h. auch Selbstdistanz, Infragestellen persönlicher Positionen.

Es bleibt die Frage, ob und in welchem Rahmen dieses Buch für Jugendliche oder den Einsatz in Schulen empfohlen werden kann. Unter Berücksichtigung der oben genannten Kriterien ist die Lektüre nur mit Einschränkungen anzuraten. Die Komplexität des Buches läßt einen Einsatz frühestens in der Sekundarstufe II zu, wobei es sich empfiehlt, dieser Altersstufe angemessene Abschnitte auszuwählen, auch unter dem Gesichtspunkt, daß durch Pflichtlektüre in einem vorgegebenen Zeitraum ein späterer Zugriff nicht verschüttet wird.

Nach unserer Erfahrung ist es hilfreich für das Verständnis dieses Buches, Gesprächspartner zu haben, deshalb würden Kurse auf freiwilliger Basis eine günstigere Voraussetzung für eine angemessene Auseinandersetzung bieten. Damit wäre Raum gegeben für individuelle Akzentuierung, den Aufbau und Nachvollzug von Gedankengängen unter Berücksichtigung persönlicher Erfahrungen, die gerade durch diese außergewöhnliche Autobiographie angesprochen werden – „ ‚Kultur' nicht als Objektivation, sondern als ein Medium, in dem Erfahrungen und Sehnsüchte endlich groß und mitteilbar werden" (S. 95).

8 Kritische Würdigung

Unter den Vorzeichen einer anderen Zeit und anderer Umstände haben wir in Brückners Werk vieles ausgesprochen gefunden, was uns angesprochen hat. Wir können es nachempfinden, weil es auch uns betrifft.

Zum einen überzeugt die ungeheure Sensibilität und Begrifflichkeit, mit der Brückner seine Daseins- und Entwicklungsbedingungen aufgreift, ohne Befangenheit die Widersprüchlichkeiten offenlegt und Raum läßt für eigene Gedanken, den Leser herausfordert zum Dialog, auch mit sich selbst. Zum anderen vermittelt er Furchtlosigkeit, die eigene Lebensgeschichte aufzuarbeiten, sich Ungereimtheiten zu stellen und den Mut zum „Anderssein", die Normalität nicht als gegeben hinzunehmen.

Erstaunlich ist, und damit übertrifft Brückner alle anderen uns bekannten Autoren, die sich autobiographisch mit dem Nationalsozialismus auseinandersetzten, wie er Bekanntes in völlig neue Zusammenhänge bringt und dadurch verblüffende Zugänge zum Nationalsozialismus, überhaupt zum zeitlich übergreifenden Phänomen des Faschismus, eröffnet.

Faszinierend finden wir, wie es Brückner gelingt, mit diesem Buch – das doch, wenn auch sensibel, eine Zeit des Grauens beschreibt – Hoffnung zu wecken und Lebenslust, das Bedürfnis nach aktiver Auseinandersetzung mit sich und den gesellschaftlichen Bedingungen.

Für uns stellt sich die Frage, wie unsere heutige Zeit sich uns darstellen würde, ob unsere Geschichte anders verlaufen wäre, wenn sich mehr Betroffene so intensiv mit der Vergangenheit auseinandergesetzt hätten, wie es Peter Brückner tat.

9 Das Buch im Urteil des Lesers

Als positiv zu vermerken ist, daß sich diese Autobiographie nicht auf die Beschreibung von Kindheits- und Jugenderlebnissen beschränkt, sondern daß jedem beschreibenden ein analytischer, reflektierender Teil folgt.

So bekommt der Leser nicht nur ein Bild vom Leben eines Kindes bzw. Jugendlichen während des 3. Reiches, sondern der Autor versucht die Handlungsweisen des NS-Staats zu analysieren une die wahren Ziele des faschistischen Herrschaftssystems aufzudecken.

Schwierigkeiten bei der Lektüre dieser Autobiographie dürften dann auftreten, wenn keinerlei Beschäftigung mit Themen wie Faschismus und NS-Staat vorausgegangen sind.

Ein detailliertes Hintergrundwissen über faschistische Tendenzen, Bewegungen und Herrschaftsstrukturen von 1918 (Weimarer Republik) bis 1945 ist meiner Meinung nach eine Grundvoraussetzung für die Beschäftigung mit diesem Werk.

Auch der etwas komplizierte Stil (hypotaktischer Satzbau) setzt ein gewisses Alter des Lesers und eine gewisse Übung im Umgang mit Literatur voraus.

Am sinnvollsten wäre es, dieses Buch ans Ende einer ausführlichen Beschäftigung mit der Faschismusproblematik und dem 3. Reich zu stellen.
Schüler, 18 Jahre

Bohdan Czeszko: Lehrjahre der Freiheit

Roman. Frankfurt/M. (Röderberg-Verlag) 1977 (10,80 DM). Die deutsche Erstausgabe erschien 1977 im Verlag Volk und Welt (Berlin-Ost); die polnische Originalausgabe erschien unter dem Titel „Pokolanie" bei Czytelnik, Warschau 1951.

Albrecht Hirche

0 Vorbemerkung

Schon für das Verstehen der nachfolgenden Zusammenfassung des Inhalts ist es notwendig, einige Hinweise über die unterschiedlichen Positionen des polnischen Widerstandes sowie deren Einordnung durch den Autor voranzustellen. Die rasche Formierung einer mächtigen polnischen Widerstands- und Untergrundbewegung ist nicht zu verstehen ohne die unmittelbar nach Beginn des Polenfeldzuges einsetzende gezielte Liquidierung der polnischen Oberschicht, ohne die gezielte Ausschaltung der polnischen katholischen Kirche als eines Hortes der nationalen Identität und ohne die – wie Martin Broszat es in seinem Buch „Zweihundert Jahre deutsche Polenpolitik" (Frankfurt 1972) formuliert hat – „rassentheoretische Dogmatisierung der polnischen ‚Schädlichkeit' und ‚Minderwertigkeit' ", die 1942 in folgender Zielformulierung des Rassepolitischen Amtes der NSDAP gipfelte: „Das Fernziel rassepolitisch ausgerichteter Fremdvolkpolitik kann nur die restlose Entfernung des größten Teils der Polen aus dem Reich sein" (zit. nach Broszat, S. 278). Bei aller grundsätzlichen Einigkeit im Widerstand gegen die Zerschlagung der nationalen polnischen Identität spiegelten sich in den beiden großen Widerstandsbewegungen zugleich die seit langem bestehenden innergesellschaftlichen Gegensätze. Es standen sich gegenüber: die AK (Armia Krajowa: Landesarmee), orientiert an den Zielen der bürgerlichen, westorientierten Londoner Exilregierung; die AL (Armia Ludowa: Volksarmee), eine aus der Volksgarde hervorgegangene, den Zielen der Polnischen Arbeiterpartei nahestehende Kampftruppe. Die AK war etwa zwanzigmal stärker als die AL.

Alle prosowjetischen Gruppen bildeten im Dezember 1943 einen „Landes-Nationalrat" (KRN), der am 1. Januar 1944 die „Volksgarde" in „Volksarmee" (AL) umbenannte und ihr umfassendere Aufgaben zuwies. Die Bildung der KRN führte bereits am 9. Januar 1944 zum Zusammenschluß aller Vorkriegsparteien im „Rat der Nationalen Einheit" (RJN). Das Lubliner Komitee, sozusagen die kommunistische Gegenregierung zur Londener Exilregierung, wurde am 27. Juli 1944 von der UdSSR als polnische Regierung anerkannt. Diese akzeptierte im Gegensatz zur Londoner Exilregierung die sowjetischen Ansprüche auf die Gebiete östlich der sog. Curzon-Linie. Zur Erreichung einer größeren Akzeptanz insbesondere in der nicht-besitzenden

Landbevölkerung proklamierte sie eine umfassende Bodenreform. – Die Führung der AK glaubte, die Herrschaft der traditionellen Kräfte in Polen dadurch sichern zu können, wenn sie Warschau vor den Sowjettruppen erobern würde. Die Sowjetarmee – obwohl bereits in einem Warschauer Vorort stehend – hat diesem von der Londoner Exilregierung initiierten Warschauer Aufstand kaum Unterstützung zuteil werden lassen.

Die Hauptfiguren Stacho und Jurek suchen ihren Weg in diesem komplexen Geflecht politischer und gesellschaftlicher Bedingungen. Der Autor Czeszko steht einer kommunistischen Geschichtsschreibung nahe, die ausschließlich der Exilregierung und den AK-Führern die Schuld für die 250.000 Toten des Warschauer Aufstandes zuweist.

1 Inhalt

Bohdan Czeszkos Buch „Lehrjahre der Freiheit", bereits 1951 in Warschau unter dem Titel „Generation" erschienen, ist von autobiographischen Erlebnissen geprägt. Czeszko beschreibt die alltägliche Auseinandersetzung gerade der Schule entwachsener Jugendlicher mit ihrer Umwelt, dem besetzten Warschau von 1940 bis Ende 1944. Das Schicksal der beiden 18jährigen Polen Stacho und Jurek durchzieht wie ein roter Faden den Roman, der sich in drei Teile gliedert.

Die Handlung setzt ein, als beide junge Männer nach dem Abschluß der Schule Orientierung suchen in einer von Armut und „gezieltem Terror" (Broszat) der deutschen Besatzer bedrohten Gesellschaft: Stacho arbeitet in einer Seifenhandlung als schlecht bezahlte Aushilfe. Nach einer Ungeschicklichkeit prügelt ihn sein Meister auf offener Straße. Ein Tischlergeselle kommt ihm zu Hilfe und fordert ihn auf, sich in der Tischlerei Berg um eine Lehrstelle zu bewerben. Auf den Rat seines Vater bewirbt sich auch Jurek bei dieser Tischlerei. Der besorgte Vater will seinen Sohn in Sicherheit sehen – mit Papieren ausgestattet, die ihn während der Besatzung erst zu einem Menschen machen.

Stacho und Jurek begegnen sich in der Tischlerei, wo beide eine Lehrstelle bekommen haben. Sie werden schnell in der Werkstatt heimisch, die die intime Atmosphäre der Vorkriegszeit bewahrt hat. Der Arbeiter Sekula macht beide Jungen mit der Literatur Stalins und Tolstois vertraut (S. 54); er überzeugt Stacho und Jurek von der Lehre des Kommunismus. Allmählich dringt die politische Wirklichkeit in die Ruhe der Werkstatt ein. Die Tischlerei wandelt sich im Laufe von zwei Jahren in einen modernisierten, kriegswichtigen Betrieb. Hier werden für die deutsche Armee Tausende von Krankentragen produziert; hier werden für die Winterhilfe-Lager Tausende von Regalen zusammengezimmert.

Daß sich in diesen Regalen die Kleidung vergaster Juden stapelt, wird für die polnische Bevölkerung zur endgültigen Gewißheit, als im Sommer des

Jahres 1942 die ersten Juden-Transporte das Warschauer Getto verlassen. Das Oberkommando der AK reagiert abwartend. Die Losung der AK „Gewehr bei Fuß" und deren These vom „Verbluten der beiden Feinde" sind Wasser auf die Mühlen ihrer kommunistischen Gegner, der polnischen Partisanenbewegung. Diese beiden Positionen stehen auch an der Werkbank Schulter an Schulter, was die Arbeiter Sekula und Rodak und ihre Schützlinge Stacho und Jurek in Pausengesprächen zu äußerster Vorsicht zwingt.

Der erste Teil des Romans (S. 5 – 84) endet damit, daß der Arbeiter Rodak die beiden Jungen mit der Untergrundzeitung „Tribüne der Freiheit" bekannt macht (S. 81). Er ermöglicht den Jungen den Eintritt in die Volksgarde (s. Vorbemerkung). Ihre erste Aufgabe besteht darin, eine 5er Gruppe zu bilden (S. 83).

Im zweiten Teil (S. 85 – 216) werden die beiden Hauptfiguren immer mehr in das politische Geschehen verstrickt. Sie und ihre jungen Kameraden fragen nach einem Modell des neuen Polens und suchen durch Vergeltungsschläge, den Faschisten Steine in den Weg zu werfen. Mit Bedacht suchen Stacho und Jurek unter alten Schulkameraden und Arbeitskollegen neue Mitglieder für die 5er Gruppe (Kap. 12). So konzentriert sich das Tagwerk der Jungen nicht nur auf Broterwerb und Propagandaaktionen (S. 130), sondern vor allem darauf, sich Waffen zu beschaffen. Um eine solche lebensnotwendige Waffe zu besitzen, tötet Stacho bei einem Überfall zum ersten Mal einen Menschen (Kap. 16). Die moralischen Konflikte einzelner müssen Zielen der Gruppe untergeordnet werden; das gelingt Stacho gerade durch die Hilfe Sekulas besser als manch anderem seiner Freunde (S. 146 f.). Die Jungen, die oft überfordert sind, finden schließlich in Pietrek einen sie unterstützenden und motivierenden Anführer (S. 136). Unter seiner Anleitung sprengt die Gruppe einen Zug in die Luft (S. 156). Aber auch die Volksgardisten haben ihre ersten Opfer zu beklagen, die bei Überfällen und durch Folter den Tod finden (S. 152/201). Jurek verliert durch seine Liebe zu Anna Maria (Kap. 22) für einige Wochen den Kontakt zur Gruppe.

Eine weitere Nebenhandlung ist von Bedeutung: Die Schicksalssituationen im Leben des jüdischen Malers Dawid Sznayder, der ein Freund Jureks ist, werden immer wieder beleuchtet. Sznayder verliert seine Frau, die von einem Streifzug im Getto nicht zurückkehrt. Er selbst wird in ein abgelegenes Gefängnis deportiert (Kap. 23), wo ihm kurz vor Ende der deutschen Besatzung ein deutscher Volkssturmmann das Leben rettet (S. 275 f.).

Der dritte Teil (S. 217 – 279) zeigt die zermürbende Verschärfung der politischen Lage in Warschau. Sie gipfelt in der Zerschlagung des Warschauer Aufstandes am 2. Oktober 1944 – acht Wochen, nachdem er von der AK begonnen worden war. Der Warschauer Aufstand fordert eine Viertelmillion Menschenleben. Stacho und Jurek und ihre Kameraden werden zu Spielbällen des Kriegsgeschehens. Stacho schließt sich der Partisanenbewegung der Volksarmee, der AL, an (S. 238). Er trägt die Verantwortung für die Gruppe von Jungen, die noch jünger sind als er. Die nutzlosen Straßenkämpfe zehren an seiner Gesundheit; durch übermäßigen Alkoholgenuß versucht er, die Geschehnisse des Tages zu vergessen (S. 261). Stachos Zuneigung zu dem Mädchen Kasia und die Gewißheit, richtig gehandelt zu haben, lassen ihn sein Gleichgewicht wiederfinden (S. 264/270).

Jurek zögert, in die AL einzutreten (S. 270), er will nicht in einem sinnlosen Aufstand sterben. Als Zivilist verrichtet er, beaufsichtigt von ebenso jungen Aufständischen, Hilfsarbeiten in der zerbombten Stadt (S. 273). Die Nachricht, daß die russischen Truppen kurz vor Warschau stehen, lassen ihn alle Demütigungen vergessen. Am Ende des Buches sitzen Stacho und Jurek in einem Ruderboot. Am jenseitigen Ufer der Weichsel angekommen, blikken sie nach Osten, zum Vorort Praga, wo die „Unseren", die russischen Soldaten, stehen. Praga – erleuchtet von den durch die Artillerie entfachten Bränden – ist für sie nach all dem Leid das „Feuer der Freiheit" (S. 279).

2 Historischer Hintergrund

Der Erzählzeitraum – Sommer 1940 bis Oktober 1944 – beleuchtet Polen in der Zange des deutsch-sowjetischen Krieges. Polnische Exilpolitik und sowjetische Polenpolitik sind die beiden unvereinbaren Strömungen, die sich im Alltag der Warschauer Bevölkerung spiegeln, den Czeszko, eine kommunistische Grundhaltung vertretend, aus der Perspektive junger Widerstandskämpfer und eines Juden beschreibt. Das Sichaufbäumen gegen den deutschen Feind steht im Mittelpunkt des Romans. So erfährt der Leser:

- von den Spuren, die der deutsche Überfall auf Polen 1939 hinterlassen hat (S. 5, 6, 11, 18, 27, 57, 130);
- von der materiellen Not der polnischen Bevölkerung (S. 17, 26, 32, 76, 120, 262), daß Schwarzmarkt und Schmuggel blühen (S. 14, 20), daß Polen sich mit Kleidungsstücken von ermordeten Juden bereichern (S. 30, 81), daß Polen die Leichen Ermordeter fleddern (S. 9, 11, 17 f., 21, 30, 68, 76 f., 106);
- von den grausamen Terroraktionen deutscher Soldaten gegen Polen und Juden (S. 29 f., 69, 88, 99, 102, 150, 175 – 178, 181, 203, 209, 226, 237).

Gegen diese Terroraktionen setzt Czeszko die Beschreibung der Vergeltungsschläge polnischer Widerstandskämpfer (S. 96, 156, 202). Er beschreibt:

- wie sich die polnische Partisanenbewegung konstituiert (S. 83);
- die Schwierigkeiten, die in der Konspiration arbeitende Volksgarde zu organisieren (S. 90).

Meldungen und Gerüchte, von Hoffnungen und Ängsten begleitet, über den Kriegsschauplatz im Osten beeinflussen die labile politische Situation (S. 16, 36 f., 47, 62, 85, 97, 116, 121, 223 f.).

Weiterhin erfährt der Leser:

- von der Entstehung des „Verbandes junger Kämpfer" – alle Junggardisten wurden dort Mitglied (S. 108);
- von der Gefahr, daß sich der Verband durch die Zersplitterung in viele Sektionen von der Volksgarde entfremdet (S. 124);
- über den verzweifelten Aufstand der Juden im Warschauer Getto (S. 137 f.);
- über die Zukunftsvision der Deutschen über den polnischen Staat (S. 165);

– von der kommunistischen Interpretation des Kriegsverbrechens bei Katyn jeweils durch Fremdperspektiven (S. 166);
– viele Einzelheiten über den Warschauer Aufstand (S. 236 – 279).

Czeszko beschreibt die Beziehungen zwischen der AK, der prowestlichen Untergrundbewegung, und der AL, der bewaffneten Kraft des polnischen Nationalrates (KRN) (S. 186 f., 210, 215, 228, 240, 243, 277). Diese Gegensätze trieben einen Keil in die polnische Bevölkerung.

3 Faschismusverständnis

Vom Handlungsort und -zeitraum her ist es verständlich, daß nicht primär die Ursachen des NS thematisiert werden. Darstellungsabsicht ist es vielmehr, die Auswirkungen der nationalsozialistischen Rassenideologie und Terrorherrschaft aufzuzeigen: die Auswirkungen auf das als „minderwertig" definierte polnische Volk und das polnische Judentum als das nach Hitler „grauenhafteste, was man sich überhaupt vorstellen kann" (zit. nach Broszat, S. 277).

In genauer Umkehrung dieses irrationalen, inhumanen rassenideologischen Anspruches der „Herrenrasse" gegenüber dem „furchtbaren Material" des polnischen Volkes (so Hitler) erscheint die polnische Gesellschaft bei Czeszko in differenziert gezeichneten Positionen, die deutsche Besatzungsmacht hingegen als „gesichtslose Meute", die in hörigem Gehorsam die offizielle Ideologie nachplappert. So sagt der Obersturmführer Hirschberg zu der deutschen Ehefrau des Tischlereibesitzers Berg: „Sie sind eine deutsche Frau. Wer mit Ihnen gesprochen hat, kann nicht mehr daran zweifeln, daß wir ein Recht auf die Herrschaft über die verkrüppelten Völker haben" (S. 186).

Dieser Pauschalvorwurf des Herrenrasse-Habitus und der Unmenschlichkeit der Deutschen, den Czseszko nicht nur gegenüber SS und Wachpersonal, sondern auch gegenüber Wehrmachtsangehörigen erhebt (vgl. S. 29 f.), führt ihn nicht zu einer Schwarzweißmalerei im Sinne von „gute Polen" und „böse Deutsche". Der in weiten Teilen der polnischen Bevölkerung latente Antisemitismus, der in den Büchern von Janina David eine noch größere Rolle spielt, wird keineswegs unterschlagen (vgl. die Belegstellen unter 2).

Ganz anders als beispielsweise in den Büchern von Asscher-Pinkhof und Oberski (vgl. die Rezensionen in diesem Buch) wird der Leidensweg der Juden nicht in ausführlichen, einen sensiblen Leser manchmal überfordernden Beschreibungen, sondern in sehr kurzen, schlaglichtartigen Ausschnitten versucht. Diese können aber m.E. gleichwohl im Leser Trauerarbeit und Reflexion in Gang setzen; ein Beispiel für viele: „Dawid und Gina entgingen der ersten Aktion (gemeint sind die Deportationen aus dem Warschauer Getto; A.H.) in einem vorbereiteten Versteck unter dem Keller. Sie standen im Wasser und hielten nur mit Mühe durch, zusammengepreßt von den Rükken, Bäuchen und Hüften anderer Menschen, die ebenso wie sie ihr Leben retten wollten" (S. 99).

Ein implizites Faschismusverständnis läßt sich aus einer anderen auktorialen Intention des Romans ablesen: Czeszko konfrontiert die Agitation der Deutschen, „die das *fertige Modell* des faschistischen Staates und des faschistischen Menschen zur Schau stellten" (S. 130; Hervorheb. A. H.) mit seiner literarischen „Agitation", indem er seine Hauptpersonen um das Modell eines kommunistischen Nachkriegspolen ringen und kämpfen läßt. Dieses Modell – das ist die Position der Protagonisten – ist nicht ein bereits fertiges. Es kann nicht entwickelt werden ohne die Schulung des Intellekts der Arbeiter. In einer Schlüsselsequenz des Romans sagt Stacho zu Jurek: Schießen, Handgranaten werfen, eine Mine legen . . ., das ist alles gut. Aber fragt mal einer: „Warum machst du das?' Dann antwortest du: ‚Aus Haß gegen die Deutschen' Oder: ‚Ich kämpfe für die Sache der Arbeiter, um die Freiheit des einfachen Volkes.' Was heißt das? Und dann stehst du da. Da weißt du nichts" (S. 188 f.). Dieser Wunsch, das eigene Handeln begründen zu können, deutet einen Gegenpol zum faschistischen System an, das nur durch blinden Gehorsam aufrechterhalten werden kann. Dieser Wunsch hat eine Nähe zu Adornos Lösungsvorschlägen, „daß Auschwitz nicht noch einmal sei": allgemeine Aufklärung und kritische Selbstreflexion.

Diese Möglichkeiten zur Begründung des eigenen Handelns, zur kritischen Selbstreflexion sind für Czeszko gebunden an die Überwindung kapitalistischer Strukturen. Hier ist der Autor ganz deutlich orientiert an der orthodoxen kommunistischen Faschismusdeutung: Faschismus als „Kampforganisation der Bourgeoisie". Sekula, eines der Sprachrohre des Autors, stellt eine ganz enge Beziehung zwischen Kpitalismus und Faschismus her: Der Fabrikbesitzer, der seinen Arbeitern umfangreiche Sozialleistungen gewährt, ihnen aber gleichzeitig bei Androhung von Entlassung den Beitritt zur Gewerkschaft verbietet, schlägt „eine Bresche in die Front der Arbeiter . . ., er verkrüppelt seinen Verstand und macht einen dummen Sklaven aus ihm" (S. 53).

4 Literarische Gestaltung

Der 279 Seiten umfassende Roman gliedert sich in 32 durchgehend numerierte Kapitel. In den Anmerkungen werden die Kürzel der verschiedenen politischen Organisationen in knapper Form erläutert (S. 280 f.).

Czeszko bedient sich einer anspruchsvollen Erzähltechnik. Während der äußere Handlungsbogen, den geschichtlichen Ereignissen folgend, chronologisch aufgebaut ist, fächert sich die innere Dramaturgie in viele Mosaike auf, die in ihrer Zusammensetzung – die beiden Hauptfiguren fungieren als bindende Elemente – ein komplexes Bild der im Widerstand lebenden Gruppen Warschaus abgeben.

Die Erzähltechnik in „Lehrjahre der Freiheit" erinnert an eine filmische Dramaturgie: Die kurzen Sequenzen leben vom Dialog, wörtliche Rede innerhalb wörtlicher Rede wirkt sehr belebend. Die Abfolge der schlaglichtartigen Ausschnitte beleuchtet ein Motiv aus verschiedenen Blickwinkeln oder setzt stark kontrastive Sequenzen erhellend nebeneinander: so folgt auf die grausame Ermordung Halinas die detaillierte Beschreibung über die Wirkungsmechanismen von Sprengstoff (S. 152 f.). In den Dialogszenen dient die Erzählebene als „Kameraperspektive" der jeweiligen Hauptfigur. Traumschilderungen und innere Monologe deuten auf diese personale Erzählsituation hin. Dagegen sind Rückblenden, Rückbezüge, Liedtexte, Tagebucheinschübe und das Erwähnen „objektiver" historischer Begebenheiten Beispiele für die auktoriale Erzählsituation, die den insgesamt augenfälligen Artefakt-Charakter des Romans unterstreichen. Czeszko gelingt es, seine Figuren, oft nur mit wenigen Strichen, plastisch und authentisch zu zeichnen, was die Drehbuchassoziation stützt.

Augenfälligstes Merkmal des einfachen Sprachstils ist die Bildebene, die durch die Form des Vergleichs immer wieder angestrebt wird. Manche Vergleiche, Übersetzungsprobleme mögen daran Schuld sein, entbehren nicht einer gewissen Komik, wenn z.B. über Jeannot, in einer Diskussion bloßgestellt, gesagt wird: „Er wand sich, er blaffte die beiden an wie ein Hund, der ein Wildschwein gestellt hat . . ." (S. 125). Andere Vergleiche wiederum helfen dem Autor, oft grausame Taten durch die gefundene Bildebene zwar zu veranschaulichen, gleichzeitig aber auch zu „entschärfen"; so wird ein Angriff der Deutschen folgendermaßen beschrieben: „Sie besetzten ein Haus nach dem anderen und verbissen sich in die Mauern wie eine Bulldogge, die den Hals erwischt hat und nun die Muskeln zerbeißt, um zur Schlagader zu gelangen" (S. 252).

5 Verknüpfung von Individual- und Gesellschaftsgeschichte

„Es gibt Menschen, die eintrocknen, wenn sie unter harten Bedingungen existieren müssen. Später leben sie dann wieder auf, manchmal erst nach Jahren. So kam es, daß sich damals die Menschen in Schweigen hüllten, als hätten sie sich mit einem eisernen Panzer umgeben. Sie ließen die für den Kampf unnötigen Teile ihrer Seele verkümmern, und wenn das erst geschehen war, erschien nie wieder ein Lächeln auf ihrem Gesicht" (S. 128 f.).

Individual- und Gesellschaftsgeschichte sind in „Lehrjahre der Freiheit" untrennbar miteinander verknüpft. Eindrucksvoll gelingt es dem Autor, verschiedenste Ausprägungen dieser Wechselbeziehung aufzuzeigen. Es liegt nicht in Czeszkos Absicht, vornehmlich eine Figur mit autobiographischen Zügen auszustatten, sondern er beschreibt vielmehr Jugendliche seiner Generation auf der Suche nach ihrem Platz in der Gesellschaft – die Übersetzung des polnischen Originaltitels („Generation") mag diese These unterstreichen.

Das obige Zitat trifft sicher in seinem globalen Charakter auf *die* Kriegsgeneration zu. Diese Beschreibung erfährt allerdings im Bild einiger Widerstandskämpfer und des Juden Dawid Sznayder eine kontrastive Bedeutung. Die Gruppe orientiert sich nicht an scheinbar unumstößlichen politischen Realitäten, der Schwäche der eigenen materiellen Kampfkraft, die im Modell des Kommunismus wurzelt, ihre Quelle in den Wünschen, Visionen und Träumen für das spätere Leben hat.

Der Maler Dawid Sznayder wird den Holocaust überleben. Wenn auch unter großen körperlichen Qualen, läßt er in der Gefangenschaft seine Persönlichkeit nicht zu einer Nummer abstrahieren; seine beiden opportunistischen Zellengenossen sind ihm so verhaßt, „daß er sich selbst des Antisemitismus bezichtigte" (S. 174). An dieser Haltung zeigt der Autor, wie ein Individuum, das seine Ich-Identität wahrt, sich innerhalb einer Gesellschaft behauptet und deshalb einem System schwer unterzuordnen ist.

Daß Szeszko keiner naiven Schwarz-Weiß-Malerei verfallen ist, belegt er an Hand der Schicksale des Volksgardisten Jasio Krone und des Dichters Wladeck Milecki. Jasio verkraftet nicht den Anblick eines sterbenden Deutschen, er fällt in eine Lethargie. Er wird den anderen verdächtig, sie gewinnen ihn zurück – bei seiner ersten Einzelaktion findet er den Tod. Jasio wird Opfer eines unbewußten Gruppendrucks, aber auch Opfer seiner eigenen charakterlichen Disposition.

Jasios Verlorensein in der Gesellschaft findet seine Entsprechung in der Figur des Dichters Wladeck. Während Sznayder sich durch seine Bilder, die den Wahn seiner Umwelt widerspiegeln selbstbehaupten kann, wird der Dichter Wladeck durch sein Kunstschaffen orientierungslos: „. . . ich untersuche die Deformierungen, und die Ergebnisse dieser Untersuchungen, meine Wut gegen diese Ergebnisse – das sind meine Verse . . . ich habe als Dichter keinen Grund zur Traurigkeit, wenn ich daran denke, daß ich das großartige und gefährliche Schauspiel der zügellosen Deformierung liquidiere, während ich gegen sie kämpfe" (sie = die Deutschen; S. 181). Die Grenzen des Künstlers werden aufgezeigt; der Krieg kann nicht durch Verse getilgt werden.

Dagegen hält das tägliche „Anpacken" die Widerstandskämpfer am Leben – zur Verwirklichung ihrer Träume. Bei den Versuchen, neue Mitglieder für ihre Gruppe zu gewinnen, stoßen sie täglich auf Menschen, die ihre Bedürfnisse den gesellschaftlichen Gegebenheiten und Bedingungen anpassen. Das Leben in der Volksgarde ist Tag und Nacht von der Politik geprägt: Sie nehmen Decknamen an, leben in ständiger Angst, entdeckt zu werden; sie tasten sich an Fremde heran, indem sie im Gespräch Meinungen über bestimmte Bücher austauschen – all dies sind Beispiele, die eigene Identität zu verbergen. Daß dies um jeden Preis geschieht, zeigt der Tod des jungen Michal: „Er blieb im Kugelregen liegen, mitten auf dem Fahrdamm. Aus seiner Tasche riß er einen Stoß Dokumente und schmetterte eine Brandflasche gegen die Bordsteinkante. Dann schob er sich in die brennende Benzinlache. Er wurde unkenntlich. Seine Dokumente, seine Kleidung und sein Gesicht verbrannten." (S. 226)

6 Entwicklung der Hauptfiguren

Stacho und Jurek stehen zu Beginn des Romans auf der gleichen Entwicklungsstufe. Sie orientieren sich in der ungewohnten Umgebung der Tischlerei an Identifikationsfiguren, die ihren späteren Weg vorbestimmen und lenken. Die extreme politische Situation stellt an ihre Entwicklungsfähigkeit hohe Anforderungen. Die voneinander abweichenden Reaktionen auf diese Umwelt begründen sich in der sehr unterschiedlichen Charakterdisposition beider Menschen.

Jureks Vater muß den Jungen wegen finanzieller Nöte vom Gymnasium nehmen und bringt ihn in der Tischlerei Berg unter. Kurz vor seinem Tod rät er Jurek, sich der Partei anzuschließen, wenn diese ihre Aktionen erneuert. Er und Doktor Konstanty haben Jurek zu einem Skeptiker erzogen (S. 108, 123), der innerhalb der Bewegung auch von eigenen Leuten schwer zu durchschauen ist (S. 82, 131). Jurek glaubt, sein Schulwissen als unnützen Ballast zu entlarven: „. . . die gefälschte polnische Geschichte und die klerikal gefärbte Literatur, eine durch Nutzlosigkeit widerwärtige Rumpelkammer" (S. 89). Er gewinnt dadurch eine oft pathetische Vorstellung von seinem Arbeiter- und Kommunistendasein. Der Einfluß von Dawid Sznayder, der im Kommunistischen Manifest oder in der Literatur Gorkis eine größere Sprengkraft sieht als in jeder Handgranate, klingt in Jurek nach, als er sagt: „Wir sind schon so furchtsam, wir können weder schießen noch Handgranaten werfen, aber wir kämpfen . . ." (S. 98).

Die Angst vor dem Tod und die Erkenntnis, daß es kein Zurück mehr gibt, quälen ihn. Er fürchtet die täglichen Anforderungen der Bewegung wie „Waffen erbeuten" oder „Stell' ein Lokal zur Verfügung", die die Gruppe nicht mehr zur Ruhe kommen lassen. Jurek entwickelt sich zu einem skeptischen Realisten, der sich oft selbst im Wege steht. Er ist kein Träumer wie Stacho (S. 110), der gerade aus seinen Träumen Kraft schöpft. Stacho ist besonders von seinem Lehrer Sekula geprägt, der ihn immer mehr für die Bewegung begeistert, ihn aber zunächst nie auf sich allein stellt. Als der Junge zum ersten Mal einen Menschen getötet hat, beweist Sekula ein väterliches Verantwortungsgefühl für Stacho.

Stacho, der nur die Volksschule besucht hat, verschlingt unzählige politische Bücher. Während sich der überaus sensible Jurek immer wieder zurückzieht, fällt Stacho, der es gewohnt ist, zu handeln, den Verantwortlichen der Bewegung positiv auf: „. . .du bist stark. Dir kann man eine große Last aufbürden" (S. 241), so charakterisiert Sekula seinen Schüler. Der Genosse Kazik ist ein weiterer wichtiger Eckstein in Stachos Entwicklung: „. . . vorläufig hörst du noch Referate und liest unsere Literatur, später mußt du selbst den Menschen die Augen öffnen, mußt du selbst Agitator sein" (S. 129). Hier deutet sich der weitere Lebensweg Stachos an, der fähig ist, selbst Lehrer zu sein – zur Identifikationsfigur für noch jüngere Menschen zu werden. Der seelische Druck in der Zeit des Aufstandes und die daraus entstehende Last des Verantwortungsgefühls kulminieren im Verhalten Stachos: seine Vitalität am Tage schenkt seinen Jungen Hoffnung, nachts mit sich allein bricht er völlig zusammen. „Sind wir überhaupt noch Menschen", dieser nächtliche Aufschrei Stachos ist Ausdruck eines großen Selbstzweifels und des Ringens um Humanität – auch in der Extremsituation eines historisch legitimen, ja notwendigen Widerstandeskampfes. Dieser Aufschrei stürzt jede Heroisierung des Widerstandslebens vom Sockel.

7 Adressaten

Dieses Buch läßt sich zweifellos auf verschiedenen Ebenen rezipieren: Selbst dem jugendlichen Leser mit oberflächlichen Geschichtskenntnissen wird die Lektüre des Romans ein Gewinn sein. Das persönliche Schicksal in einer extremen Situation ist hier nachzuempfinden auch ohne die genaue Kenntnis dieser politischen Situation. Detaillierte Kenntnisse der Geschichte Polens sind allerdings notwendig, um den Roman in seiner ganzen Komplexität zu erfassen. Möglicherweise bietet der Roman dem Leser genügend Anregungen, sich mit dem polnischen Widerstand zu beschäftigen, sei es nun im Unterricht oder zu Hause. Gerade weil die Ereignisse von verschiedenen Seiten betrachtet werden, dürfte der 16jährige Leser dem Stoff gewachsen sein.

8 Kritische Würdigung

Bohdan Czeszkos Roman „Lehrjahre der Freiheit" ist ohne Einschränkungen zu empfehlen. Spezifische Momente des NS werden – dem Handlungsort Polen gemäß – besonders herausgearbeitet: Rassismus und Genozid. Die Widerstandsbewegung der Kommunisten wird als einzig akzeptable Reaktionsform vorgeführt. Die einseitigen Lehr- und Lernmechanismen, die auf die Jugendlichen einwirken, entwerfen in ihrem Gegenbild zum Faschismus das Bild des Antifaschismus.

Das Buch ist dank seines geschickten Aufbaus spannend und lebendig erzählt. Sein Verdienst liegt in der differenzierten Entfaltung der Beziehungen zwischen Individuum und Gesellschaft. Dieses Buch, das zuerst in Polen (schon 1951), dann parallel in der DDR und in der Bundesrepublik Deutschland erschienen ist, ist zwar einerseits einer orthodoxen kommunistischen Faschismusdeutung verpflichtet, akzentuiert aber andererseits so ausdrücklich die Verantwortung des Individuums für humanes Handeln (vgl. oben die Abschnitte 3, 5, 6), daß allem Dogmatismus einer geschlossenen Ideologie ein Gegengewicht entgegengesetzt wird.

Auch der Aspekt, wie bildende Kunst und Literatur heilende und revolutionäre Kräfte entwickeln können, ist hervorzuheben. Eine genauere Erläuterung der politischen Organisationen sowie eine Einführung in den geschichtlichen Kontext wären wünschenswert.

9 Das Buch im Urteil des Lesers

Dieser Roman macht – zeitweise recht radikal – die Situation der polnischen Bürger in der Zeit des 2. Weltkrieges deutlich. Trotz der gelungenen Beschreibung des Widerstandes gegen die NS-Herrschaft fällt leider negativ auf, daß die Zwischenhandlungen wie Gespräche, Beschreibungen eher nebensächlicher Handlungen sowie Ortsangaben in sehr langatmiger Weise ausgeführt sind, so daß die Konzentration auf die eigentlich wichtigen Geschehnisse mit der Zeit gemindert wird. Allerdings darf hierbei auf keinen Fall übersehen werden, daß dieses Buch nicht zur leichten Unterhaltung dienen, sondern wohl eher zum Nachdenken und zur Beurteilung der Lage in jenen schweren Jahren anregen soll. Und tatsächlich wird dies in geradezu betroffen machender Weise beim Leser erreicht. Der Haß gegen den Nationalsozialismus wirkt sich in brutalen Gewaltaktionen gegen die Deutschen aus, und sogar das Töten wird für die sich herauskristallisierenden Untergrundbewegungen mehr und mehr zur Gewohnheit, ja zur Mutprobe, wie es scheint. – In dieser Situation wird das „Hineinrutschen" in den offenen Konflikt besonders deutlich. Alles in allem tragen die hier beschriebenen Dinge doch sehr zum Verständnis von Gedanken und Aktionen der Bevölkerung in den Jahren des 2. Weltkrieges bei, und wer hierüber mehr wissen möchte, der sollte sich ruhig einmal an diese Lektüre heranwagen.
Schüler, 16 Jahre

Miep Diekmann/Dagmar Hilarová: Ich habe keinen Namen

Aus dem Niederländischen von Maria Csollány. Würzburg (Arena Verlag) 1982 (16,80 DM) (Seit 1985 auch als Arena-Taschenbuch, Bd. 1510; 6,90 DM).
Die niederländische Originalausgabe erschien unter dem Titel „Ik heb geen naam", 's Gravenhage 1980. Ausgezeichnet mit dem Janusz Korczak-Literaturpreis 1983. Die Seitenangaben in der Rezension beziehen sich auf die Taschenbuchausgabe.

Barbara Dahmen/Andrea Feldhaus

1 Inhalt

Vorbemerkung: Dagmar Hilarová (geb. 1928) wurde 1943 in das KZ Theresienstadt deportiert. Sie gehörte dort zu einer Gruppe von Jugendlichen, die versuchten, sich der Unmenschlichkeit mit Gedichten zu widersetzen. Das Buch, das die Geschehnisse der Jahre 1942 bis 1945 darstellt, enthält 21 Gedichte von Dagmar Hilarová, die auch das erste und das letzte Kapitel verfaßte. Die Kinderbuchautorin Miep Diekmann regte Dagmar Hilarová zu diesem Buch an und schrieb in jahrelanger enger Zusammenarbeit mit ihr den Mittelteil.

Inhalt: Dagmar lebt mit ihren Eltern zusammen in Prag, das seit 1939 von den Deutschen besetzt ist. Sie ist das Kind einer „Mischehe"; ihre Mutter ist Jüdin. Die Erzählung beginnt an dem Tag, an dem Dagmar zum ersten Mal den Judenstern tragen muß. Sie ist „todkrank vor Elend, Scham, Furcht und Erniedrigung" (S. 9). Ihr Freund Bubi, der sich gegen seinen nationalsozialistischen Stiefvater auflehnt, versucht, sie zu trösten, ihr zu helfen.

Nachdem sie schon einige Zeit nicht mehr zur Schule gehen darf, erhält sie wenige Tage vor ihrem 15. Geburtstag den Aufruf zum Abtransport in ein Lager, wie schon vorher die Familie ihres Onkels. Sie wird nach Theresienstadt deportiert, in das „Kinderheim L 410", und schließt sich dort einigen Mädchen an. Sie werden zu Arbeitsbrigaden eingeteilt und erhalten von erwachsenen Lagerinsassen Unterricht: „Unser Lernhunger ist ebenso groß wie unser anderer Hunger, vielleicht, weil das Lernen verboten ist" (S. 26).

Die Erzählerin, aufgrund ihrer „rassischen" Zugehörigkeit zum Judentum in das Lager eingewiesen, hat hier ihren ersten Kontakt zur jüdischen Religion, die sie nicht verstehen kann: Sie „erscheint mir wie aus einer anderen Welt" (S. 28). Nach kurzer Zeit trifft sie die Familie ihres Onkels und zieht zu ihnen in eine Baracke. Ihre Verwandten, die Mädchenkommune und die Gedichte sind ihre „Waffen" gegen das Entmenschlichtwerden.

Der Alltag im Lager wird beschrieben: der Hunger, Dagmars Ausbildung zur Zahnarztassistentin, der „Beerdigungsdienst", ein „Zählappell". Dagmar und ihre Angehörigen merken, daß Theresienstadt nur ein Durchgangslager ist. Sie versuchen, dieser Realität durch Zukunftspläne und Verdrängung zu entfliehen (S. 66). Im März 1944 lernt Dagmar Jiři kennen, der ihr mit seiner Phantasie und Liebe das Leben erträglich macht: „Auf dem Regenbogen deiner Augen klimme ich empor, stürme Sternenbastionen, entfliehe dem Grauen in trostvoller Himmelfahrt" (S. 79). Das alltägliche Grauen ist neben Einsamkeit und Angst vor allem der Hunger, „der Knecht seines deutschen Herrn und Herrschers" (S. 73).

Juni 1944: Theresienstadt wird „verschönert", die ausländische Presse wird geladen, um die „Inszenierung" zu filmen: „alle Spuren des Elends und der Unterdrückung mußten ausgelöscht werden" (S. 84). Im September 1944 wird die Familie ihres Onkels aus Theresienstadt in ein Vernichtungslager abtransportiert; die Mädchenkommune hat sich aufgelöst, Dagmars Kontakt zu Jiři wird immer enger. Zur „Normalität" in Theresienstadt gehören nicht nur Verzweiflung und Selbstmord, sondern auch Aufbegehren (die Begegnung mit dem Maler J. W., der heimlich das Lager porträtiert) und Hoffnung (eine ihrer Freundinnen heiratet).

Im Oktober 1944 dann „das Ende aller Träume, aller Hoffnung. Jiři muß fort". Sie verbringen ihre letzte Nacht miteinander, wie „Romeo und Julia im Grab" (S. 111). Dagmar schließt sich wieder der Mädchengruppe an, da einige von ihnen von den großen Transporten in die Vernichtungslager verschont blieben. Mit ihnen zusammen muß sie die Asche aus den Urnen schütten, denn diese werden noch gebraucht: „Für die nächsten, für uns" (S. 114). Während Dagmar den ganzen Winter hindurch mit einer Gehirnhautentzündung im Krankenhaus liegt, treffen weitere Judentransporte im Lager ein. Sie erfährt von ihrer Tante, daß ihr Vater im KZ ist, und trifft Jiřis Vater, der weiß, daß sein Sohn noch lebt. Im April 1945 werden Gefangene, die „nichts Menschliches mehr an sich haben" (S. 131), aus den weiter östlich gelegenen Vernichtungslagern in Theresienstadt eingeliefert; sie berichten die ganze Wahrheit über die Gaskammern und Folterungen.

Die letzten Tage vor der Befreiung sind vom Chaos geprägt: Das Lager ist überfüllt, eine Typhusepidemie bricht aus; schließlich die Nachricht von der Kapitulation („zur Freiheit erblüht das Land" S. 139). Erst im Juni kehrt Dagmar aus der Quarantäne nach Hause zurück; auch ihre Eltern haben beide überlebt. Nach einigen Tagen kommt Jiri und nur kurz nach ihm auch Bubi zu ihr: Jiri aus dem Vernichtungslager Mauthausen, wie eine jener „Jammergestalten" (S. 146), und Bubi in amerikanischer Uniform, der „starke Goliath" (S. 148). Die Entscheidung zwischen den beiden, vor der sich Dagmar schon im Lager fürchtete, ist keine Entscheidung mehr: Jiri braucht sie. „Das ist Jiri', sagte ich, ‚meiner Sache sicher" (S. 148).

2 Historischer Hintergrund

Die Erzählung beginnt im Herbst 1942 in Prag und schildert Dagmars Leben bis zum Sommer 1945. Nur durch ein Gedicht erfährt der Leser zu Beginn des Buches, daß Prag 1939 von den Deutschen besetzt worden ist.

Die Handlung setzt an dem Tag ein, an dem Dagmar (im Buch wird ihr Name nie genannt) zum erstenmal den Judenstern tragen muß. Danach werden kurz einige andere Benachteiligungen von Juden erwähnt: Dagmar darf nicht mehr zur Schule gehen (S. 11); Arbeitsverbot für Dagmars Mutter (S. 12). Im folgenden werden die Verschleppung von Juden in Lager (S. 12 u. 18 ff.) und die Unmenschlichkeit der Nürnberger Gesetze angesprochen.

Da das Buch Dagmars Leben schildert, erfahren wir nach der Deportation noch weniger Details der politischen Entwicklung, da die Lagerinsassen auf Gerüchte angewiesen sind. Einige Fakten sind, wenn auch nicht so explizit wie in dieser Auflistung, dennoch wiederzuerkennen:

- die Entstehung des Lagers Theresienstadt (S. 23; Nachwort);
- der ständige Hunger (S. 26, 33);
- die Organisation des Lagers (S. 25, 30, 41, 46, 64);
- die entsetzlichen Grausamkeiten, die sich die Menschen gegenseitig zufügen können (S. 41 f., 50 f., 110 ff.; medizinische Versuche an Menschen, S. 44);
- Lernen und Ausbildung im KZ (S. 26, 42);
- die entwürdigende und demütigende Arbeit (z. B. der Begräbnisdienst, S. 48 f.);
- die Zählappelle (S. 50 f.);
- die Täuschung der Öffentlichkeit durch die Vorzeigefunktion Theresienstadts (S. 83 ff.);
- das Verhältnis der Gefangenen zueinander und der verborgene Widerstand, den sie leisten (S. 37, 39, 101 f.);
- die Transporte in die Vernichtungslager (S. 96 f., 112), später dann die Rücktransporte aus den weiter östlich gelegenen Lagern (S. 113);
- das Ende des Krieges und die Befreiung durch die sowjetische Armee aus dem Lager, die Heimkehr nach der Typhusquarantäne (S. 137 ff.).

Die Stichpunkte vermitteln zwar den Eindruck, das Buch würde eine Fülle von Informationen verarbeitetn, aber das täuscht. Es ist vielmehr so, daß nur derjenige, der die historischen Hintergründe kennt, sie im Buch wiederentdecken kann. Die wenigsten Punkte sind erklärt und ausführlich geschildert (wie etwa der Begräbnisdienst, die Ausleerung der Urnen, die Szene über das „Vorführlager").

Meist ist der Sachverhalt nur angedeutet oder indirekt durch die Auswirkung auf Dagmars Leben wiedergegeben. Besonders die Informationen zur Lagerorganisation sind inhaltlich zu dürftig. In diesem Zusammenhang sei auf „Das Buch des Alfred Kantor" (Wien/München/Zürich 1972) hingewiesen, das derzeit leider nicht im Buchhandel ist. Der Maler Alfred Kantor, der von 1941 bis 1943 in Theresienstadt inhaftiert war, hat im Juli 1945 in 161 Bildern seine Erfahrungen aus drei Konzentrationslagern (Theresienstadt, Auschwitz, Schwarzheide) festgehalten. Diese Bilder hat er zusammen mit Fotografien, Lageplänen und einer informativen autobiographischen Skizze als Buch veröffentlicht. Dort kann der Leser im Text und anhand der ersten 42 Bilder, Fotos und Dokumente wichtige, bei Diekmann/Hilarová vermißte Informationen über jenes Nebeneinander von Greuel und „Normalität" erhalten, das Theresienstadt zu einem „recht ungewöhnlichen Ort" machte – wie Kantor sagt.

Zusammenfassend kann man sagen: Das Buch erklärt nur unzureichend die historischen Hintergründe. Der Leser muß gut informiert sein, um die einzelnen Tatsachen mit ihren Auswirkungen auf Dagmars Leben verstehen zu können.

3 Faschismusverständnis

Im Buch von Miep Diekmann und Dagmar Hilarová ist kein differenziertes Faschismusverständnis erkennbar, werden politische Entwicklungen kaum kommentiert. Dies läßt sich u. E. nicht dadurch „entschuldigen", daß das Buch aus der Sicht einer 15 – 17jährigen Deportierten geschrieben ist, da sich einige Stellen geradezu anbieten, Strukturen faschistischer Herrschaft zu erläutern (z.B. das Tragen des Judensterns; das Verbot, zur Schule zu gehen; der Abtransport der Verwandten; die Verschönerungen im Lager, damit es gefilmt werden kann; die Szene mit dem Maler J. W.). Dies alles wird im Buch „nur" höchst subjektiv dargestellt, so daß der Leser auf seine eigenen Kenntnisse angewiesen ist. Die Einsichten in die Ursachen der Entstehung des Nationalsozialismus kann der Leser mit diesem Buch nicht erweitern. An zwei Stellen soll dies kurz nachgewiesen werden:

– „Am nächsten Tag brauche ich nicht mehr – wie gewöhnlich – um sieben Uhr aufzustehen. Für mich gibt es keine Schule mehr" (S. 11 f).

Dies ist alles, was über das Schulverbot zu lesen ist; erklärt wird hier nichts.

– „In der deutschen Stadt Nürnberg hat man ein Gesetz erdacht, das die Menschen in eine reine und in eine weniger reine Rasse aufteilt; ein Gesetz, welches das Blut der Vorväter bis ins zehnte Glied prüft. Und wer dabei durch das Sieb fällt, ist verloren. Ich kann es nicht mit dem Verstand erfassen, und doch versuche ich es mit dem Verstand einer Fünfzehnjährigen: Vater kann nicht mit (nach Theresienstadt; d. Rez.), sein Blut ist rein; Mutter braucht nicht mit, denn sie ist seine Frau, und ein Mann hat seine Frau nötig; darum muß ich mit, ein Mädchen, das niemand braucht, ein Mädchen mit gemischtem Blut – zur Strafe meiner Eltern, zur Strafe für mich selbst, zur Strafe, daß ich existiere" (S. 15).

Dieses Zitat verdeutlicht auf engstem Raum die Vorzüge und die gravierenden Nachteile des Buches:

Der Leser erfährt nichts über diejenigen, die sich diese Gesetze erdacht haben („In der deutschen Stadt Nürnberg hat *man* ein Gesetz erdacht"), nichts über ihre Motive und Interessen und schon gar nicht, wie sie an die Macht gelangten. Für den Leser, der diese Hintergrundinformationen hat, zeigt sich die Qualität der Erzählung: Das – auch in anderen Szenen – höchst sensible Empfinden Dagmars erschüttert und macht betroffen. Es ist schade, daß die Informationen nicht in Gesprächen mit Erwachsenen oder in einem differenzierten Nachwort aufgearbeitet werden. Besonders irreführend ist u. E., daß auch durch das Nachwort nicht deutlich genug wird, welche Sonderstellung Theresienstadt unter den Lagern hatte. Dagmars Zusammenzug mit den Verwandten, die ständigen Treffen mit ihrem Freund, ihre Ausbildung, die verzweifelten Versuche, „Normalität" auch im Lager herzustellen – dies alles wäre in einem Vernichtungslager nicht möglich gewesen (vgl. in diesem Zusammenhang noch einmal den Hinweis auf „Das Buch des Alfred Kantor").

In einigen Szenen (wie auch in dem o.a. Zitat) wird die Irrationalität der Rassengesetzgebung sehr deutlich. Eindrucksvoll ist die Schilderung einer Inspektion der Schlafräume durch den Kommandanten Burger. Burger, der seine Macht lustvoll genießt, entdeckt hierbei das Foto eines jungen deutschen Soldaten, des „arischen" Halbbruders von Dagmar. „Die Ähnlichkeit zwischen dem Bild und mir (Dagmar) ist zu auffallend. (Burger) . . . wendet bitterböse seinen Rücken dem Foto zu, das aus dem ganzen unsinnigen deutschen Getue über Rassentrennung einen schlechten Witz macht" (S. 65 f.).

Das Buch kann zwar die Einsichten in die Ursachen des Nationalsozialismus nicht erweitern; aber seine eigentliche Intention und Leistung liegt wohl auch eher in der glaubwürdigen Vermittlung der Auswirkungen der Rassenideologie auf die Juden. Die Zustände im Lager (70.000 Juden sind dort eingepfercht, wo ehemals 3.000 Tereziner gelebt haben), Hunger und Entwürdigung, die psychische Überforderung Heranwachsender durch ihnen übertragene Aufgaben (z. B. den „Begräbnisdienst"), die ständige Angst vor dem Aufruf zum Transport nach Auschwitz (S. 94 f.) – das alles tritt in ein noch grelleres Licht angesichts der zugelassenen „Normalität" (die im übrigen für das Lager äußerst funktional war): Lernen und sich ausbilden im KZ (S. 26 f., 42 f.), Freundschaften eingehen, Ehen schließen können, ein Kulturleben aufbauen usw. – In einem wichtigen Punkt ist das Buch keineswegs vereinfachend: es liegt ihm kein Deutungsschema im Sinne des Hitlerismus zugrunde. Das Mittun und die Mitverantwortung der im Lager Dienst tuenden Deutschen wird deutlich herausgestellt: ihre Bereicherung an den eingelieferten Juden, an den ihnen zugedachten Paketsendungen (S. 24, 37), ihre zur Schau gestellte Überheblichkeit der „Herrenrasse" (die Verf. sprechen von den „hochmütigen Eindringlingen", „deutschen Brünhilden", „Übermenschen"). Angesichts der erfahrenen Unmenschlichkeiten ist der Wunsch nach Vergeltung nur konsequent:

„Schacherer mit Menschenware, . . .
Und bald seid ihr, Henker, dran!" (S. 96).

4 Literarische Gestaltung

Die in der Ich-Form verfaßte Erzählung ist chronologisch aufgebaut und enthält kaum Vor- oder Rückblenden. Die einzelnen Abschnitte tragen keine Titel, sondern sind jeweils mit dem dargestellten Erzählzeitraum, z. B. „Oktober 1943", überschrieben und in ihrer Länge sehr unterschiedlich. Wie dem Nachwort zu entnehmen ist, verfaßte Miep Diekmann den mittleren Teil des Buches in enger Zusammenarbeit mit Dagmar Hilarová, von der die Gedichte sowie das erste und das letzte Kapitel geschrieben wurden. Dies beeinträchtigt die Authentizität der Erzählung nicht.

Die Prosateile sind sprachlich relativ eingfach gehalten, aber mit bildreichen Sätzen durchwoben („Die Landschaft ähnelt einer Witwe, die Bäume längs des Weges stehen da wie bestrafte Soldaten" (S. 22)). Die Gedichte sind (trotz der Hilfe durch die Prosa) zum Teil schwer nachzufühlen und nur für geübte, sensible Leser geeignet. Das sei beispielhaft belegt:

„Die Welt
Die Welt ist sechseckig wie ein Stern,
der sich darin bläht vor Hungersnot.
Das Festland
ist Festungsland.
Die Berge sind
tief-hoch aus Asche.
Das Meer strömt leer in eiserne Kanäle.
Und in uns sind die Wälder, nicht sehr fern" (S. 27).

Diese Gedichte bedürfen eines Lesers, „der bereit ist, mit der tödlichen Bleifrage, ‚was soll das?' ein wenig zu warten" (aus: Das Rowohlt Lesebuch der Poesie, Reinbek 1983, S. 13).

Auffällig ist auch die an einigen Stellen scheinbar unangemessen „flapsige" Sprache: „Unsere erste Plackerei haben wir prima erledigt" (S. 49); so heißt es z. B. am Ende der ungeheuren, makabren und erschütternden Szene des Begräbnisdienstes. Aber diese Sprache entspricht nicht nur den im Lager notwendigen Verdrängungsmechanismen. Sie ist vielleicht deshalb gewählt, weil sonst besonders der jugendliche Leser von der Betroffenheit „erschlagen" würde.

Der Titel des Buches könnte ein Leseanreiz sein, da sich einigen Lesern die Bilder der eintätowierten Nummern aufdrängen. Der Inhalt dieses Buches entspricht jedoch nicht diesen Erwartungen: Erzählt wir die Geschichte Dagmars und nicht das Schicksal von Millionen ihrer Leidensgenossen (vgl. Text auf dem Buchrücken). Der Eindruck, daß es sich hier um ein individuelles Schicksal handelt, wird noch durch den Schluß der Erzählung verstärkt, da dieser auf den ersten Blick wie ein „Happy-end" anmutet. War es doch eine ausgesprochene Ausnahme, daß nicht nur Dagmars Vater, sondern auch der Freund Jiři als Überlebende aus den Vernichtungslagern heimkehren. Aber in welchem Zustand kommen sie heim? Als Dagmar ihm die Tür öffnet, erkennt sie ihren Freund Jiři erst gar nicht: „Zwei Augen mit erloschenen Fünkchen. . . . Das zerschundene Gesicht ist ebensowenig das seine wie der ausgemergelte Körper" (S. 146). Und der Vater? „Die Küchentür geht auf, ein gebeugter Greis mit hängenden Schultern und einem wachsbleichen Gesicht lehnt sich an den Türpfosten" (S. 140). Nein, kein „Happy-end". Die Sprache gerade der letzten Seiten des Buches verbietet es dem Leser zu glauben, daß das Leben „normal" weitergehen könnte. Darin ist dieses Buch so glaubwürdig wie diejenigen von Joan Oberski (vgl. die Rezension in diesem Band) und Johanna Reiss (vgl. die Rezension in Bd. 1).

5 Verknüpfungen von Individual- und Gesellschaftsgeschichte

Der zentrale Handlungsort des Buches ist das KZ Theresienstadt. Wenn es auch im Vergleich mit den großen Vernichtungslagern einige wenige Momente von „Normalität" zuläßt, so ist es doch fast hermetisch von der Außenwelt abgeschnitten. Die Inhaftierten sind auf diese überschaubare Gesellschaft eingeschränkt. Der Horizont reicht bis Lidice (jenes andere Symbol deutscher Schuld in der CSSR); das Denken und Fühlen ist auf das bare Überleben in dieser kleinen Gesellschaft gerichtet, und es ist fixiert auf den heutigen Tag: heute gilt es satt zu werden.

Beim Lesen fällt immer wieder auf, daß die Lagerinsassen nicht nur physisch überleben wollen; sie versuchen, ein Stück „Normalität" (S. 51 ff., 98 f) und Individualität (S. 36 f., 129) auch unter diesen unmenschlichen Bedingungen zu erhalten. Ihre Individualität ermöglicht erst ihr physisches Überleben.

Dagmars Schicksal gleicht aber nicht dem von „Millionen Leidensgenossen", wie der Titel es suggeriert. Es ist – allen Äußerlichkeiten zum Trotz – höchst individuell. Hier müssen besonders ihre Gedichte erwähnt werden, die sie als Waffen benutzt (S. 37), und ihre Liebe zu Jiři. Aber auch die Mädchengruppe, ihre Arbeit und ihre Verwandten sind Bestandteile dieser – ständig bedrohten – Individualität. Insofern erfüllt das Buch seinen Anspruch, hervorzuheben, „welche starken Waffen die Liebe und die Kunst gegen die Vernichtung des Menschen sind" (Nachwort). Der Leser wird zum Nachdenken darüber gezwungen, ob diese Waffen „nur" in einem Vorzeigelager wie Theresienstadt (mit für ein KZ relativ „großem" privaten Spielraum) wirksam sind oder auch noch in einem Vernichtungslager.

6 Entwicklung der Hauptfigur

„Von einer Sekunde zur anderen werden wir erwachsen" (S. 10). Diese Selbsteinschätzung der Fünfzehnjährigen bedeutet nicht, daß sie plötzlich erwachsen ist, sondern sie spürt am Anfang der Erzählung, daß sie nicht länger Kind ist; sie ist auf dem Weg, erwachsen zu werden. Sie trifft ihre ersten wichtigen Entscheidungen selbst – ihre Liebe zu Bubi – und „beichtet" nicht mehr alles der Mutter (S. 10).

Dieser Prozeß der Ablösung von den Eltern kann sich aber nicht ungestört weiterentwickeln. Dagmar wird durch ihre Deportation aus dem „starken, unzerstörbaren Ganzen" (S. 15), aus ihrer Familie gerissen. In den zwei Jahren, die sie im KZ lebt, macht sie mehr Erfahrungen als mancher in seinem ganzen Leben. Die erzwungene äußere Trennung vom Elternhaus vollzieht sich auch innerlich, Dagmar wird selbständig.

Für ihre Entwicklung sind mehrere Einflüsse ausschlaggebend. Als Dagmar ins Lager kommt, geben ihr die Mädchen in ihrer Baracke den notwendigen Halt, weisen sie in den Lageralltag ein. Als sie nach kurzer Zeit zu ihren Verwandten ziehen kann, ist Theresienstadt für sie „das schönste Städchen der Welt" (S. 32); „das Gefühl der Zusammengehörigkeit hält sie auf den Beinen" (S. 33). Diese Menschen geben Dagmar die Sicherheit, die sie braucht, um sich zu entwickeln.

Es sind im wesentlichen vier Faktoren, die Dagmar helfen, selbständig zu werden:

- Dagmars Ausbildung, die sie sinnvoll beschäftigt, die sie an die Illusion „Zukunft" glauben läßt, die sie aufrichtet (S. 42, 97);
- ihre Gedichte, durch die sie sich über ihre Gefühle klar wird, sie benennen kann, die sie als Waffe benutzt (S. 37);
- die Mädchengruppe, in der sich die Mädchen gegenseitig unterstützen und eine Kommune gründen. Besonders wichtig ist für Dagmar die Begegnung mit Uli, einer noch recht unselbständigen dreizehnjährigen Holländerin: Dagmar lernt, Verantwortung für andere Menschen zu übernehmen;
- ihre Liebe zu Jiři, die sie die Gegenwart ertragen und auf die Zukunft hoffen läßt, die „die Hölle zum Paradies verwandelt" (S. 89): „Ich lebe im Bann der Liebe und des berauschenden Sommers. Ich verschließe meine Augen vor dem Tod und vor dem Elend rings um mich. Ich blicke durch die rosa Brille des Betrugs. Und die Veränderungen, die vor der Tür stehen, erwarte ich schon gar nicht. Stille vor dem Sturm" (S. 93). Doch auch als der Sturm über sie hereinbricht und Jiři in ein Vernichtungslager geschickt wird, gibt ihr die Liebe zu ihm genügend Kraft für den KZ-Alltag.

Als Dagmar nach mehr als zwei Jahren nach Prag zurückkehrt, ist sie für die Eltern immer noch das Kind, das sie verloren hatten, weil die Mutter versucht, die vergangenen zwei Jahre zu verdrängen, um jetzt „normal" weiterzuleben. Dagmar fragt sich: „Begreift sie denn nicht, daß ich inzwischen siebzehn geworden bin?" (S. 143). Am Ende der Erzählung erscheint Dagmar erwachsen, entscheidet selbstsicher über ihr zukünftiges Leben.

7 Adressaten

U. E. ist das Buch für Jugendliche ab ca. 15 Jahren geeignet, da es einen sprachlich geübten Leser braucht, der Kenntnisse über das „Dritte Reich" einbringt. Sonst kann er z. B. nicht nachvollziehen, wieso Dagmar und ihre Eltern keinen Widerstand leisteten, als Dagmar deportiert wurde. Zwar macht Dagmars Lebensweg auch ohne solche Kenntnisse betroffen, es würde aber – ohne weitere Information – nur bei dieser Betroffenheit bleiben.

Einen aufmerksamen Leser braucht die Erzählung auch deshalb, weil Stellen wie „Es ist paradox, aber das Leben erscheint mir wie ein einziges großes Entzücken" (S. 89) sonst leicht mißverstanden werden. Besonders Jugendliche, die selbst Gedichte schreiben, werden sich mit der Hauptfigur identifizieren können.

Zum Einsatz in der Schule (ab 9./10. Klasse) bietet das Buch sich an, wenn der Alltag im KZ thematisiert werden soll, oder um zu zeigen, welch starke Waffen Kunst und besonders Liebe gegen die Vernichtung von Menschlichkeit sind.

8 Kritische Würdigung

Das Buch von Dagmar Hilarová und Miep Diekmann ist eine erschütternde und packende Darstellung des Leidensweges eines Mädchens, das – aus allen Zusammenhängen gerissen – im KZ überleben will. Besonders eindringlich beschrieben sind der Alltag in Theresienstadt und die Liebesbeziehung zwischen Dagmar und Jiři. Dort auch gibt es für den jugendlichen Leser viele Identifikationsmöglichkeiten, weil er eigene entwicklungsbedingte Fragen, Freuden und Probleme wiederfinden wird.

Gerade die Lyrik gibt ein verdichtetes Bild von Dagmars Lebenswelt wieder, das vorsichtig nachgefühlt werden will. Der Leser sollte sich die Zeit nehmen, die Gedankengänge Dagmars nachzuvollziehen und sich nicht von der Dramatik im KZ drängen lassen.

Ärgerlich ist, daß das Buch – wie in den Punkten 2 und 3 nachgewiesen – die Chance vergibt, auch Informationen zu vermitteln, die die historischen Entwicklungen und Zusammenhänge erklären.

Mit dieser deutlichen Einschränkung ist das Buch sehr zu empfehlen, da es ein Anstoß sein kann, sich mit der Thematik weitergehend zu beschäftigen.

9 Das Buch im Urteil des Lesers

Das Buch beschreibt zwei Jahre aus dem Leben der Erzählerin, von denen sie den Großteil ohne ihre Eltern im KZ Theresienstadt verbringt. Die Erzählung setzt 1943 ein. Eine notwendige Voraussetzung für das Lesen und Verstehen des Buches ist ein gewisses Vorwissen über das 3. Reich, z. B. eine Beschäftigung mit den Nürnberger Gesetzen.

M. Diekmann und D. Hilarová verwenden einen sehr eigenen Stil: in den Prosatext, der leicht verständlich ist, sind Gedichte der 15jährigen eingebaut, die einige Leseerfahrung erfordern.

Die Ich-Erzählerin Dagmar hat eine für ihr Alter ungewöhnliche Reife, Selbständigkeit und vor allem Stärke. Sie hat eine erstaunlich positive Lebenseinstellung; trotz der Umstände ist sie erfüllt von Wißbegierde, Lern- und Arbeitseifer und Verantwortungsbewußtsein.

Ein wichtiger Bestandteil des Buches sind die sehr einfühlsam, sensibel und schön beschriebenen Beziehungen Dagmars zu Bubi und Jiři. Die Beschreibungen der ersten Liebe geben dem Leser die Möglichkeit, sich mit Dagmar zu identifizieren, da sie auch ohne den Kontext 3. Reich zu sehen sind. Die Autorinnen lassen die schrecklichen Erfahrungen und Grausamkeiten in die Handlung einfließen; sie sind trotz der positiven Einstellung der Hauptperson nicht verharmlost dargestellt, sondern sehr realistisch und unsentimental, jedoch nicht effekthaschend schockierend: ein weiterer Punkt, der dafür spricht, daß dieses Buch bereits ab 15 Jahren empfehlenswert ist.

Der Schluß des Buches zeigt das Ende des Krieges, die Auflösung von Theresienstadt und Dagmars Rückkehr nach Hause. Dagmar sieht ihre Eltern wieder, und auch Bubi und Jiři kehren zurück. Sie trifft ihre Entscheidung für Jiři.

Ich halte das Buch für sehr gut, da es die Welt im KZ Theresienstadt sehr glaubwürdig, mit den vorgetäuschten Normalitäten, den Grausamkeiten, aber auch den kleinen Freuden und um so engeren menschlichen Beziehungen, aus der Sicht einer 15/16 jährigen darstellt.
Schülerin, 18 Jahre

Gerd Fuchs: Die Amis kommen

Ein Hitlerjunge erlebt das Kriegsende. Reinbek (Rowohlt Taschenbuch Verlag) 1984. (Originalausgabe; rororo rotfuchs 359) (5,80 DM)

Marion Schorrlepp/Ernst Cloer

1 Inhalt

Die Hauptfigur dieses Romans, der dreizehnjährige Florian Weiden, Sohn eines Arztes, hört, als er etwa zwei Monate vor Kriegsende an der Wohnzimmertür lauscht, daß seine Eltern, sollte der Krieg von Deutschland verloren werden, ihn und sich selbst vergiften wollen. Diese Äußerung versetzt Florian in solchen Schrecken, daß er beschließt, fortan in seinem Elternhaus nichts mehr zu essen. Angst bestimmt fortan das Gefühl zum Vater. Doch Florian muß feststellen, daß er auf legalem Weg, ohne Lebensmittelmarken, kein Essen bekommen kann.

Bei dem Versuch, einen SS-Mann um einen Brotkanten zu bestehlen, beobachtet ihn Oswald, ein Klassenkamerad aus dem Oberdorf (dem Arbeiterviertel), zu welchem er als Arztsohn nie Kontakt haben durfte (Oswalds Vater ist Kommunist), und die beiden freunden sich an. Durch ihn erfährt Florian auch von der Ermordung russischer Strafgefangener in einem Lager in der Nähe des Dorfes. Er beschließt Oswald dabei zu helfen, die Gefangenen mit Lebensmitteln zu versorgen. Seine Diebstähle konzentrieren sich hauptsächlich auf den Fink'schen Hof, der an das Weiden'sche Grundstück grenzt. Dort entdeckt er auch einen offensichtlich vergessenen Verschlag, der ihm von nun an als Versteck dienen soll. Auf dem Fink'schen Hof findet Florian einen weiteren Freund: Jakob, Schwager der Bäuerin, schiefgesichtig, stotternd und als debil geltend. Als dieser von den Gründen für Florians Diebstählen erfährt, unterstützt er ihn dabei und klärt Florian über eine weitere Auswirkung des Nationalsozialismus auf: Er selbst sei von Florians Vater aufgrund seiner „Behinderung" sterilisiert worden. Seine Braut Lenchen (Dienstmädchen im Weiden'schen Haushalt) habe ihn daraufhin verlassen. Zur Angst vor dem Vater tritt nun der Haß hinzu. Hat doch der Vater die Beziehung zwischen den beiden Menschen zerstört, die für den Dreizehnjährigen in ihrer natürlichen Gutheit die eigentliche Zuflucht geworden sind. Lenchen ist nicht nur Dienstmagd im Hause Weiden; sie ist es auch, die Florian die von der Mutter versagte Wärme gibt und ihn vor den Jähzorn-Ausbrüchen des Vaters schützt (vgl. S. 64). Und Jakob, an dem der Vater das Gesetz vom „lebensunwerten Leben" vollstreckt hat, erweist sich gegenüber den mißhandelten Fremdarbeitern als ein Lebensretter. Der Versuch Florians, diese beiden ihm liebgewordenen Menschen wieder zusammenzubringen, mißlingt vorerst.

Inzwischen füllt sich das Dorf mit deutschem Militär, die 16- und 60-jährigen sollen Deutschland retten, alles deutet auf ein nahes Ende des Krieges hin. Zwei Lager bilden sich: „Das Lager der Nazis, die für den Krieg verantwortlich gemacht wurden, und das Lager derer, die an nichts schuld sein wollten, wobei möglichst viele im letzten Moment noch von dem Lager der Schuldigen ins Lager der Unschuldigen überzuwechseln versuchten" (S. 11).

Das Verhältnis Florians zu seinem Vater bekommt eine neue Dimension, als Florian seinen Vater bei verbotenem Abhören des englischen Senders BBC beobachtet und ihm später mitteilt, daß er davon weiß. Von diesem Zeitpunkt an sind beide gleichwertige Partner. Florian hat Angst vor Vergiftung, der Vater vor einer Anzeige. Als die Amerikaner näherrücken, „säubert" Florians Vater in Eile seinen Bücherschrank und vergräbt das entlarvende Material zusammen mit seinen Uniformen unter Büschen im Garten. Besonders entwürdigend ist es für Florian, daß der Vater ihn in diese Aktion einbezieht; Angst und Haß vermischen sich mit dem Gefühl der Verachtung. Als dann das amerikanische Militär das Dorf besetzt, verstärkt sich Florians Angst, der Vater könnte seinen Plan nun wahrmachen. Dr. Weiden schließt seine Praxis und isoliert sich durch häufigen Alkoholgenuß von der Familie und der Gesellschaft. Die Mutter, diesen Umständen – auf sich allein gestellt zu sein – nicht gewachsen, erleidet einen Nervenzusammenbruch, so daß Florian schließlich die Versorgung der Familie übernimmt. Damit ist für ihn die Gefahr vergifteten Essens gebannt. Gerüchte, daß sein Vater illegal sehr wohl behandele und Abtreibungen vornähme, schenkt er keinen Glauben. Dr. Weiden selbst wartet nun nur noch auf seinen Transport in ein Internierungslager und ist fast erleichtert, als dies eines Tages geschieht. Im letzten Moment wird er jedoch von dem stellvertretenden Bürgermeister, einem ortsbekannten Kommunisten, mit der Begründung, daß das Dorf einen Arzt benötige, „gerettet".

Dr. Weiden öffnet seine Praxis wieder, gewinnt die alte Aktivität und Heiterkeit zurück, beansprucht umgehend wieder die alte Machtposition gegenüber Ehefrau und Sohn – so als wäre nichts geschehen: „Was war denn passiert? Nichts war passiert, und nach diesem Tage konnte ihm auch nichts mehr passieren" (S. 117). Und Florians Reaktion? „Wenn für jemand dieser Tag eine Niederlage war, dann für ihn" (S. 117). Diese Desillusionierung, diese Erfahrung, „daß es sich gar nicht lohne, auf das Vergangene einzugehen" (S. 117), überlagern Haß und Verachtung. An diesem Ort ist kein Platz mehr für ihn. Gemeinsam mit Oswald flieht er auf einem selbstreparierten Motorrad, wird aber schon am folgenden Tag aufgegriffen und in sein „Vaterhaus" zurückgebracht.

Zwei Monate später heiraten Jakob und Lenchen. Kann jetzt nicht die Wunde verheilen? Florian kommt nachmittags nach Hause und schließt sich in sein Zimmer ein. Abends muß sein Vater die Tür aufbrechen. Florian hat Schlaftabletten genommen. Einen Satz lallt er immer wieder, als man ihm im Krankenhaus den Magen auspumpt: „Von dir nehme ich kein Stück Brot mehr" (S. 128).

2 Historischer Hintergrund

Die Erzählung umfaßt die Monate März bis August 1945, beginnt also zwei Monate vor Kriegsende.

Der Ort der Handlung wird nicht konkret genannt, es wird von einem Dorf gesprochen. Aufgrund bestimmter Angaben läßt sich vermuten, daß es sich um einen Ort im Saar-Bergbaugebiet handelt. Folgende Informationen über die Schlußphase des Krieges, die Befreiung durch die Amerikaner und die erste Nachkriegszeit sind in die Erzählung integriert; die „große" Politik tritt dabei ganz hinter dem Alltagsleben in der überschaubaren Dorfgesellschaft zurück. Aber hinter diesem Besonderen eines kleinen Dorfes wird viel Typisches sichtbar:

- Es findet in dem Dorf schon seit einiger Zeit kein Schulunterricht mehr statt (S. 7);
- mehrmals am Tag ist Fliegeralarm. Amerikanische Tiefflieger versuchen Wehrmachtslastwagen zwischen den Häusern zu beschießen;
- Sechzehnjährige werden zum Militär gemustert (Volkssturm) (S. 13);
- zur Verteidigung des Dorfes gegen die nahende amerikanische Armee werden SS-Männer einquartiert (S. 58);
- in der Nähe des Dorfes befindet sich ein Lager mit russischen Strafgefangenen. („Die SS läßt sie fast verhungern, sagte Oswald. Wer krank wird oder zu schwach zum Arbeiten, den erschießen sie", S. 44);
- eine paramilitärische Gruppe, die Werwölfe, versuchen das Dorf zu verteidigen (S. 94);
- die Invasion der amerikanischen Armee bedeutet für die Dorfbewohner das Ende des Krieges (S. 78);
- die politische Neuorientierung beginnt: „. . . und so mancher Parteigenosse begann, Guten Tag statt Heil Hitler zu sagen" (S. 9);
- NS-Attribute, wie Eiserne Kreuze, Parteiabzeichen und Hitlers „Mein Kampf" werden von den Dorfbewohnern an die Amerikaner gegen Lebensmittel eingetauscht (S. 82);
- Einquartierung amerikanischen Militärs in private Haushalte (S. 82);
- eine Zeit der Diskriminierung und Denunziation der Dorfbewohner untereinander beginnt. Überzeugte Nationalsozialisten werden gemieden, z.B. der Vater der Hauptfigur (S. 80, 87, 104);
- das Problem der „Sonderbehandlung", hier der Zwangssterilisierung der – wie es in der NS-Gesetzessprache hieß – „erblich Belasteten" und der „konstitutionell Minderwertigen" wird an Jakob verdeutlicht (S. 62, 103);
- erst gegen Ende des Buches werden die „Gaskammern von Auschwitz" erwähnt (S. 94, 97).

3 Faschismusverständnis

Fuchs' Buch liefert keine ausdrückliche Deutung des NS. Sie macht einerseits Verführbarkeit und die Verführten, aber auch Resistenz und die Resistenten zum Thema und zeigt andererseits, wie sich die Gesetztgebung zur Rassenideologie und zur „Verhütung des erbkranken Nachwuchses" in einer überschaubaren Dorfgesellschaft ausgewirkt hat und wie ein 13-jähriger Junge, der Protagonist Florian, einfühlend und deutend damit umgegangen ist. Ein drittes Moment kommt auf der auktorialen Ebene hinzu: die Frage nach der Mitverantwortung und Schuld.

Die zentrale Mitte der Erzählung ist die Auseinandersetzung Florians mit seinem Vater. An diesem Vater auch wird das implizite Faschismusverständnis besonders deutlich. Dr. Weiden definiert sich unantastbar als die oberste Instanz der Familie. Er bestimmt den Tagesablauf seiner Frau und seines Sohnes. Er bestimmt sogar den Tod der Familie: „Erst der Junge, dann wir, hatte der Vater gesagt. . . . Ich will die Schande nicht überleben" (S. 5). Aus dem letzten Satz geht hervor, daß für ihn die eigenen Wünsche unzweifelhaft mit denen seiner Familie identisch sind. Der Vater repräsentiert damit jenen autoritären Charakter, der in den sozial-psychologischen Erklärungsansätzen von Wilhelm Reich bis zu Erich Fromm das bestimmende Kennzeichen ist. Reich, der psychoanalytische mit historisch-materialistischen Theorieelementen verknüpft, hat das unmittelbar nach der „Machtergreifung" im Exil so formuliert: „Der autoritäre Staat hat als seinen Vertreter in jeder Familie den Vater, wodurch sie sein wertvollstes Machtinstrument wird. . . . Und seine Untertanenstellung zur Obrigkeit erzeugt er neu in seinen Kindern, besonders in seinen Söhnen. Aus diesen Verhältnissen strömt die passive, hörige Haltung der kleinbürgerlichen Menschen zu Führergestalten" (Reich 1972, S. 76; vgl. auch Mainzer 1983, S. 348 ff.). Diese in einer längeren unheilvollen Tradition (vgl. Heinrich Manns „Untertan") gewachsene psychische Bereitschaft zum Sado-Masochismus (wie Erich Fromm jene Mischung aus dem Autorität-sein-wollen und dem Sich-Autoritäten-unterwerfen-wollen genannt hat) mag Wichtiges zur Erklärung von Verführbarkeit beitragen. Soweit werden wir Reich folgen. Aber ein lineares Fortzeugen dieser Untertanenmentalität brauchen wir – eine Hoffnung für die Pädagogik – nicht zu unterstellen. Das zeigt auch in differenzierter Weise die Erzählung. Sie verdeutlicht es an „Onkel Friedrich", dem Bruder von Florians Vater, bis 1933 angesehener Medizinprofessor und wegen seiner Zugehörigkeit zur KPD entlassen (S. 55 f.); sie zeigt es an Ulli, der – wie Florians Freund Oswald aus einer kommunistischen Bergarbeiterfamilie stammend – ein besonders fanatischer Hitlerjunge geworden und in den letzten Kriegstagen zu den „Werwölfen" gestoßen war (S. 71). Sie zeigt es besonders deutlich an Florian selbst. Anfangs – der Vater hatte den Zehnjährigen beim Jungvolk angemeldet (S. 30) – war da durchaus das Faszinendum der pseudoreligiösen Gemeinschafts-Liturgie: da gab es „Momente – beim Marschieren, beim Singen –, wo seine Haut ganz kalt vor Ergriffenheit wurde, . . . wo er mit der Masse verschmolz und die Masse mit ihm, wo er unterging in den vielen und gleichzeitig auferstand als ein anderer, Größerer, Gewaltigerer" (S. 33 f.)? Aber diese – in vielen Autobiographien (vgl. Borkowski in Bd. I und Maschmann in diesem Band) als wichtiges Verführungsinstrument benannte – Volksgemeinschafts-Ideologie konnte bei Florian auf Dauer nicht verfangen. Er erlebte an seinem älteren Freund Jakob, wie dieses System durch „Sonderbehandlung" (Zwangsterilisierung) mit seinen Volksgenossen umging (vgl. S. 62, 66). Er erfuhr bei den Besuchen in den ärmlichen Verhältnissen der Bergarbeiterfamilie seines Freundes Oswald, wie groß die „Klassenunterschiede" in diesem System waren (S. 29, 43 f.). Er erfuhr fast täglich, wie sein Vater, der sich in seiner Praxis zum ausführenden Organ der Selektion „konstitutionell Minderwertiger" (der hochsensible Jakob war schiefgesichtig) hatte machen lassen, der Volksgemeinschafts-Ideologie dadurch zuwiderhandelte, daß er auch Florians Umgang unter sozialen Aspekten zu selektieren versuchte.

Diese erlebten Widersprüche und die Begegnung mit den Fremdarbeitern im Lager außerhalb des Dorfes, denen er zusammen mit Jakob und Oswald durch Diebstahl Nahrung und Medikamente verschaffte, führten ihn nicht nur zu einer Distanzierung vom NS, sondern auch zur ausdrücklichen Resistenz. Martin Broszat hat in seiner großangelegten Untersuchung „Bayern in der NS-Zeit" den empirischen Nachweis geführt, daß diese Resistenz im Arbeitermilieu der Montanindustrie besonderen Rückhalt gehabt hat und daß sie – im Unterschied zum „großen" Widerstand – höchst wirkungsvoll gewesen ist bei der Eindämmung der NS-Herrschaft.

Gerade weil Fuchs in seinem Buch überzeugte Nazis und Mitläufer, Opfer und Oppositionelle in den Blick nimmt, mithin eine differenzierte Sichtweise des NS erreicht, ist jene „Kommentierung", die der Autor in der Form eines inneren Monologs Florian beim Abtransport der Nazis durch die Amerikaner in den Mund legt, problematisch verkürzend: „Warum schwiegen sie, die um den Lastwagen herumstanden? Schwiegen sie feindselig oder bedrückt? Oder dumpf und nichts begreifend? Oder voller Scham, weil sie alle auf den Lastwagen gehört hätten" (S. 115)?

4 Literarische Gestaltung

Gerd Fuchs' Buch wird nicht eindeutig als ein autobiographisches ausgewiesen. Es liegt jedoch die Vermutung nahe, daß die Figur des Protagonisten autobiographische Züge enthält, da das Alter des Autors im Erzählzeitraum dem Alter der Hauptfigur entsprach und weil die Geschichte in der Heimat des Autors spielt.

Das Umschlagfoto zeigt zwei Jungen (ca. zwölf bis dreizehn Jahre alt), die mit einem Motorrad auf der Flucht sind. In bezug auf den Leseanreiz ist mit Sicherheit von Bedeutung, daß es sich um ein Foto handelt, welches der zu erwartenden Lektüre Authentizität verleiht. Negativ wäre anzumerken, daß der Untertitel „Ein Hitlerjunge erlebt das Kriegsende" in Zusammenhang mit dem Foto den Eindruck eines Abenteuerromans vermittelt.

Der Verlag empfiehlt das Buch Jugendlichen ab dreizehn Jahren. Dem würde ich auch zustimmen. Der Wortschatz ist dem angegebenen Lesealter angemessen. Die für die NS-Zeit spezifischen und heute nicht mehr gebräuchlichen Begriffe werden in den Fußnoten erläutert.

Fuchs schildert seine Geschichte aus der Sicht des dreizehnjährigen Florian. Er bietet mit dieser Figur den jugendlichen Lesern eine gute Identifikationsmöglichkeit. Es ist dem Autor gelungen, sich in die Gedankenwelt eines Dreizehnjährigen zurückzuversetzen; seine Erlebnisse und Gedanken lassen sich gut nachvollziehen. Einziges Problem sind gelegentlich ironische Wortspiele und Redewendungen des Autors. Es stellt sich die Frage, ob diese als solche von einem Dreizehnjährigen erkannt werden („Er horchte in die braune Finsternis"; S. 59; „Der Volkssturm . . . sollte sich nun erheben und fertigbringen, was die ruhmreiche deutsche Wehrmacht nicht geschafft hatte, . . ."; S. 13).

Die chronologische Beschreibung von fünf Monaten im Leben der Hauptfigur wird von kurzen Rückblenden unterbrochen. Direkte (nicht durch Anführungszeichen kenntlich gemachte), indirekte und erlebte Rede wechseln mit kurzen Erzählpassagen ab. Damit bleibt die Spannung beim Leser durch das gesamte Buch erhalten. Der jugendliche Leser kann bei der Lektüre entwicklungsbedingte Probleme einbringen:

– Konflikte mit dem Elternhaus und damit verbunden die Suche nach eigenen, unkontrollierten Orten (Florians Versteck in der Scheune; S. 20);
– Freundschaften (Oswald und Jakob);
– Entscheidungsprozesse, erste Bewußtmachung der Konsequenzen eigenen Handelns (Florians Diebstähle).

Nicht ganz unproblematisch ist jene Neigung des Autors, sich mit Belehrungen einzumischen. Diese bekommen zuweilen die Tendenz zu analytischen Kommentierungen. Im Anschluß an jene oben zitierte Sequenz über die Gefühle Florians bei der „Gemeinschafts-Liturgie" heißt es: „In Zivil wäre die Aufblähung nicht möglich gewesen. Also Uniformen, Dolche, Degen, Fahnen, Fanfaren, Bewegungsrituale, Grußrituale, Gefühlsrituale, laute Lieder. Zivil war platte Vernunft, Zivil war zersetzend, Zivil wurde bekämpft" (S. 34).

5 Verknüpfung von Gesellschafts- und Individualgeschichte

Vordergründig dominiert die Lebensgeschichte der Hauptfigur in diesem Buch über die großen politischen und historischen Zusammenhänge. Es geht für Florian um das bare Überleben. Die Angst vor einer Vergiftung durch den Vater, der durch Selbstmord der ganzen Familie der „Schande" entgehen will, zieht sich als roter Faden durch das ganze Buch. So gesehen, kommt vermeintlich nur die „kleinste Gesellschaft", nämlich die Familie, in den Blick, aber es gelingt dem Autor darüber hinaus, an der kleinen überschaubaren Dorfgesellschaft, wichtige Momente der Rassenideologie und der NS-Gesellschaftsgeschichte glaubwürdig zu veranschaulichen: Die Auswirkungen der willkürlichen Gesetzesdefinitionen des „konstitutionell Minderwertigen" werden in ihrer ganzen Tragweite an Jakob und seiner Beziehung zu Lenchen sichtbar gemacht; die Folgen der Abstempelung ganzer Nationen zu

„slawischen Untermenschen" werden an dem unmenschlichen Umgang mit den sog. Fremdarbeitern deutlich; jenes für die politische Bildung so wichtige Ergebnis der Gesellschaftsgeschichte, daß es nicht nur Verführbarkeit und Verführte, sondern auch resistente soziale Gruppen mit großer destabilisierender Kraft gegeben hat, wird bei Fuchs an den Bergarbeiterfamilien des Oberdorfes veranschaulicht.

6 Entwicklung der Hauptfigur

In dem rückwärtigen Umschlagtext wird vom Verlag angekündigt: „In wenigen Monaten wird aus dem dreizehnjährigen Kind ein dreizehnjähriger Mann." Rein äußerlicher Beweis dieser These ist die Tatsache, daß Florian zu Beginn der Geschichte im Haus seiner Eltern lebt und auch von diesen ernährt wird. Nach Kriegsende, als seine Eltern, von anderen Dorfbewohnern aufgrund ihrer nationalsozialistischen Einstellung denunziert und diskriminiert, das Haus nicht mehr verlassen, übernimmt Florian die Versorgung der Familie.

Florians Entwicklung zu einem selbständigen Menschen beginnt mit einer Bedrohung seines Lebens (vgl. das von ihm belauschte Gespräch seiner Eltern). In diesem Moment verliert Florian sein Vertrauen zum Vater. Die Tatsache, daß der Vater die Familie ermorden will, wird für Florian gleichsam zum Anlaß, sein Vaterbild zu überprüfen. Die bedingungslose Akzeptanz väterlichen Verhaltens schlägt um in genaues Beobachten, Abschätzen und Werten. Parallel zu seiner Abwendung von der Familie findet bei Florian eine Distanzierung zum NS statt. Unterstützt wird diese Abwehr durch zwei Freundschaften, die Florian schließt: Jakob und Oswald. Beide machen ihn auf Unmenschlichkeiten des faschistischen Regimes aufmerksam. Oswald klärt ihn über die Lebensumstände der russischen Strafgefangenen auf, und Jakob konfrontiert ihn anhand seiner eigenen Lebens- und Leidensgeschichte mit dem Problem der Zwangssterilisierung (S. 50 – 52; 101 – 115).

Diese Identifikation mit den Opfern, in deren Leiden der Vater schuldhaft verstrickt ist, führt zur totalen Abkehr vom Vater. Haß und Verachtung vermischen sich nun bei Florian mit dem Gefühl der Angst. Der Vater beantwortet diesen ihm entgegengebrachten Haß mit brutaler Gewalt. Florians Mutter, die sich innerlich längst von ihrem Mann losgesagt hat und nach einem Besuch bei ihrem Schwager (S. 55 f.) ganz mit sich selbst beschäftigt ist, kann ihrem Sohn in diesen sich zuspitzenden Konflikten keine Hilfe sein. Alle Liebe und Wärme wird ihm in dieser Zeit von der Dienstmagd Lenchen geschenkt (vgl. bes. S. 64 ff.).

So kommt denn der Selbstmord Florians am Ende des Buches für den aufmerksamen Leser so überraschend nicht. Wenn auch mit der Heirat von Lenchen und Jakob ein sehnlicher Wunsch Florians in Erfüllung gegangen ist, so bedeutet doch der Fortgang dieser Frau aus dem Weiden'schen Haus den Verlust aller Liebe und Geborgenheit. Denn allein diese hätte ihn wohl jene Desillusionierung ertragen lassen, die vor allem in der Unbelangbarkeit des Vaters begründet war: „Kein Wort, nur Heiterkeit, doch wirkte sie brutaler und beleidigender als die schlimmste Auseinandersetzung. Denn was sagte er Florian mit seiner Heiterkeit? Daß es sich gar nicht lohne, auf das Vergangene einzugehen" (S. 117).

7 Adressaten

Als Lesergruppe können Jugendliche ab 13 Jahre gelten. Die unter Punkt 9 abgedruckte Stellungnahme einer Leserin zeigt, daß auch ältere Jugendliche das Buch mit Gewinn lesen können und daß das Buch nicht nur für Jungen von Interesse ist. Während männliche Leser vielerlei Identifikationsmöglichkeiten mit der Hauptfigur des Buches haben, dürften die machtorientierte Familienstruktur, die beiden Frauengestalten (Florians Mutter und Lenchen), die Probleme der Sonderbehandlung „arischer konstitutionell Minderwertiger" (Jakob) und die rassenideologischen Konsequenzen für die „slawischen Untermenschen", schließlich auch die Ausdrucksformen der Resistenz *allen* Jugendlichen neue Informationen und Anstöße zur Diskussion moralischer Grundkonflikte liefern. Verstehensprobleme könnten sich – wie einige hier nicht abgedruckte Leserstimmen zeigen – in Hinsicht auf die sehr unterschiedlichen Motive von Vater und Sohn zum Selbstmord ergeben.

8 Kritische Würdigung

Dem Autor ist es gelungen, dem Leser viele typische Momente der dörflichen Alltagswirklichkeit in einer kleinen Gemeinde des Saar-Bergbaus in den letzten Kriegs- und den ersten Nachkriegsmonaten plastisch vor Augen zu führen. Dabei überzeugt insbesondere die multiperspektivische Sichtweise des Autors: es kommen die überzeugten Nazis, die Mitläufer, die Opfer und auch die Gegner des Regimes in den Blick. Die Fremdarbeiter aus den slawischen Völkern sind bislang erst selten (vgl. Wendelgard von Staden, Sybil Gräfin Schönfeldt), die „konstitutionell Minderwertigen" im Gesetz zur Verhütung erbkranken Nachwuchses nach unserer Kenntnis noch nie zuvor Gegenstand der Jugendliteratur gewesen. Da der Autor gerade auch das Moment der Resistenz deutlich thematisiert, muß die auf S. 115 angedeutete Kollektivschuldthese als überraschend erscheinen – eine Inkonsequenz, die im Gespräch in Familie und Schule aufgegriffen werden sollte. Das Buch ist durchgängig spannend erzählt, neigt aber an einigen Stellen zu (überflüssigen) Kommentierungen auf der auktorialen Ebene (vgl. den Hinweis unter Punkt 4).

9 Das Buch im Urteil des Lesers

„In diesem Buch wird das Schicksal des 13jährigen Hitlerjungen Florian beschrieben und was er bei Kriegsende und kurz nach dem Krieg erlebt.

In vielen Einzelschicksalen wird spannend und dramatisch erzählt, wie chaotisch die Zeit damals war. Es wird berichtet über den Drill bei der Hitlerjugend, über Fliegerangriffe, über die Macht, über den Hunger, über die Angst der Nazis vor den Amerikanern, über die Beschlagnahme von Häusern und Möbeln.

Das Buch berichtet von den Ereignissen so eindringlich, daß man sich die Zeit sehr gut vorstellen kann und daß man von den Schicksalen der Menschen tief beeindruckt wird. Viele Dinge habe ich zum ersten Mal gehört, wie z.B. Werwölfe, lebensunwertes Leben, Panjewagen usw.

Es gibt nichts, was mir an dem Buch nicht gefallen hätte."
Mädchen, 17 Jahre

Joel König: Aufzeichnungen eines Überlebenden

Frankfurt (Fischer Taschenbuch Verlag) 1979 (4. Aufl. 1983; Fischer Taschenbuch Bd. 2196; 8,80 DM)
Die deutsche Originalausgabe erschien 1967 unter dem Titel „Den Netzen entronnen" bei Vandenhoeck & Ruprecht, Göttingen; die Originalausgabe ist noch im Buchhandel. Das Buch wurde verfilmt von Peter Lilienthal als deutscher Beitrag zur Berlinale 1979. Die Seitenangaben in der Rezension beziehen sich auf die Taschenbuchausgabe.

Stefan Langhammer/Christine Siekmöller

1 Inhalt

In diesen autobiographischen Aufzeichnungen wird das Dritte Reich aus der Perspektive eines Verfolgten wahrgenommen. Der Autor Ezra Ben Gershom, der hier unter dem Pseudonym Joel König schreibt und sich im Buch den Namen David gibt, ist ein deutscher Jude.

Als jüngstes Kind einer angesehenen Rabbinerfamilie verbringt er seine Kindheitsjahre (1922 –1928) in Heilbronn. Seine Erinnerungen an dieses „Schwäbische Idyll" (S. 12) sind geprägt von einem Gefühl der Geborgenheit und dem konsequenten Leben der religiös jüdischen Tradition in der Familie sowie dem von ihm als selbstverständlich empfundenen „freundlichen Zusammenleben" (S. 12) von Christen und Juden. Die erste Begegnung mit „sowas wie einer allgemein feindseligen Stimmung", für ihn ein „rätselhafter, plötzlicher Ausbruch", macht er im Winter 1928 während seiner Grundschulzeit (1928 – 1932), als ihn einige Mitschüler als „Juden-Stinker" beschimpfen (S. 20). Vorfälle dieser Art häufen sich.

In dem schlesischen Dorf Groß-Strehlitz – der Vater ist im Frühjahr 1929 als Bezirksrabbiner dorthin berufen worden – erleben David, seine Eltern und die älteren Geschwister Toni, Ruth, Jakob und Leon das Ende der Weimarer Republik und den Beginn des Naziterrors. Auch in Davids Gymnasium halten die „Braunen" ihren Einzug. Ostern 1933 sind die Hälfte der Schüler in der HJ, wenige Monate später sind es zwei Drittel. Das Lehrerkollegium wird „gesäubert". David muß 1936 die Schule verlassen und geht zusammen mit Jakob ein Jahr später nach Berlin, um dort auf einem jüdischen Gymnasium seine Ausbildung fortzusetzen, allerdings auch nur bis zu dessen Schließung 1939. Die Familie folgt nach Berlin. Der Vater will hier auf dem amerikanischen Konsulat die gemeinsame Ausreise nach Amerika beantragen. Daß erst Jahre vergehen mußten bis zu diesem Entschluß, liegt daran, daß der orthodoxe Rabbi die judenfeindlichen Ausschreitungen gleichsam als notwendiges Durchgangsstadium, als erzieherische Maßnahme Gottes angesehen hat, „um die ihrem Judentum entfremdeten Juden zu Selbstbesinnung und Rückkehr (zu ihrem Glauben; die Rez.) zu veranlassen" (S.

35). So glaubte er, in den Nürnberger Rassengesetzen (1935) einige Gesetze der Thora wiedererkennen zu können, weil es z. B. in beiden verboten ist, Andersgläubige zu heiraten. Davids Mutter hat auf diese Einstellung ihres Mannes keinen Einfluß. Gleichwohl, die Ausweitung des Hasses, das Geschehenlassen bzw. Mitmachen seiner christlichen Mitmenschen und der drohende Kriegsausbruch schüren seine Angst und Sorge. Seinen späten Bemühungen stellen sich jedoch internationale Hemmnisse in den Weg. Die amerikanische Einreisequote ist begrenzt, so daß die Familie frühestmöglich in zwei bis drei Jahren (gegen 1942) in das Land einreisen dürfte. Bis dahin wird aber bereits das von den Nationalsozialisten erteilte Ausreiseverbot für die jüdische Bevölkerung in Kraft getreten sein (Oktober 1941). Für David allerdings scheint es noch eine von deutscher Seite geduldete Form der Emigration zu geben: die Aufnahme in einem Palästina-Vorbereitungslager. Im damaligen Deutschland gab es etwa zwanzig dieser Lager, in denen jüdische Jugendliche u. a. landwirtschaftlich ausgebildet und zu künftigen Kollektiv-Siedlern erzogen wurden. Wer sich hier „gut bewährte" (S. 123), hatte die Chance, einen Platz auf einem der wenigen Flüchtlingsschiffe nach Palästina zu erhalten. Im Landwerk bei Steckelsdorf verbringt David fast zweieinhalb Jahre. Einer sogenannten „Umsiedlungsaktion" (S. 191) des gesamten Lagers kann er rechtzeitig durch Flucht entgehen. Fortan lebt er als Illegaler (ohne Judenstern, ohne Kennkarte) in Berlin und muß sich hier nicht nur vor Nationalsozialisten in acht nehmen, sondern sich auch vor jüdischen Bekannten versteckthalten, um sie nicht als Mitwisser in Gefahr zu bringen.

Die Eltern und Jakob werden von den Schergen des NS-Regimes abgeholt und deportiert. David, Leon und Toni müssen sich nun allein durchschlagen (Ruth ist in der Karpato-Ukraine mit einem tschechischen Juden verheiratet). Zunächst bleiben sie in der elterlichen Wohnung, was auf Dauer aber zu gefährlich wird. Toni und David können bei einem ehemaligen Nachbarn der Familie, einem siebzigjährigen Schuster, untertauchen. Dieser hatte den Eltern versprochen, sich um die Kinder zu kümmern. Politisch „naiv" und „weltfremd" (S. 253) erkennt er die eigentliche Gefahr, in die er sich dabei begibt, nicht. Die Geschwister haben gegenüber vielen anderen Juden den Vorteil „arisch" auszusehen, was ihnen schon oft geholfen hat und was Toni es nun ermöglicht, sich als Nichte des Schusters auszugeben und ihm den Haushalt zu führen. David hingegen ist zur Untätigkeit verurteilt. Er hält sich in einem Hinterzimmer auf oder streift stundenlang durch die Berliner Parks und Museen. Schließlich bewirbt er sich mit Hilfe eines gefälschten Schülerausweises bei einem Ingenieur als Laufbursche und wird angenommen. Als der Sohn des Schusters auf Fronturlaub nach Hause kommt, vertraut sich David dem Ingenieur an. Das ist seine Rettung! Der Ingenieur erweist sich als alter Sozialdemokrat und setzt sich mit einem Bekannten in Verbindung, der David einige Adressen vermitteln kann, so daß David einige Tage darauf, als Hitlerjunge verkleidet, im Zug nach Wien sitzt – Zwischenstation auf der Reise nach Budapest –, in den Händen ein „Dokument" einer bereits aufgelösten Firma, das ihm bescheinigt, „in Abwicklung kriegswichtiger Betriebsangelegenheiten" (S. 318) unterwegs zu sein. Die Flucht nach Budapest gelingt.

Aus dem Epilog erfährt der Leser, daß Toni, Leon und dessen Freundin Lore nachfolgen können. Doch werden Leon und Lore im Juli 1944, vier Monate nach dem Einzug der deutschen Wehrmacht in Ungarn, gefaßt und in Auschwitz getötet. Toni überlebt als „Volksdeutsche" in Budapest. David erreicht im Dezember 1944 Palästina.

2 Historischer Hintergrund

Das Buch ist stufenweise entstanden. Die Erlebnisse in den Kriegsjahren 1939 – 1943 sind vom Autor unmittelbar nach seinem Entkommen aus dem NS-Machtbereich festgehalten worden. Die Erinnerungen an die Jahre 1922 – 1939 hat er erst „lange nach dem Kriege" (S. 8) hinzugefügt. Aus der zeitlichen Distanz war es Joel König möglich, politische und soziale Ereignisse in den Kontext hineinzunehmen, die ihn zum damaligen Zeitpunkt nicht unmittelbar betrafen bzw. von denen er nichts wußte. Sofern diese nicht weiter erläutert werden und nur in Form von Zeitungsmeldungen oder Auszügen aus Geschichtsbüchern in den Text einfließen (z. B. „Vorstoß des deutschen Afrikakorps gegen Tobruk", „Die deutsche Vergasungs- und Erschießungsindustrie in Posen läuft auf vollen Touren"; S. 200, vgl. auch S. 234, 289, 290), sollen sie hier nicht weiter berücksichtigt werden. Genauere Informationen erhält der Leser zu folgenden Punkten:

Vorgeschichte des Dritten Reiches

- Versailler Vertrag (S. 31 ff.);
- Wirtschaftskrise und Arbeitslosigkeit (S. 31 f.);
- Straßenkämpfe zwischen Kommunisten und Nationalsozialisten (S. 34);
- häufige Regierungswechsel in Berlin und „tumultuarische Parteikämpfe" vor der Machtergreifung (S. 33);
- die katholische Zentrumspartei stimmt für die Ermächtigungsgesetze (am 24. März 1933) (S. 35).

Politik- und Kriegsgeschichte

- Fackelzug anläßlich Hitlers Ernennung zum Reichskanzler (S. 36);
- „Säuberung" des Lehrerkollegiums und Neugestaltung des Unterrichts (S. 57 ff.);
- Einführung des nationaldeutschen Grußrituals in der Schule (S. 62);
- Ankunft Mussolinis in Berlin im September 1937 (S. 83);
- Besuch des ungarischen Reichsverwesers Horthy (Berlin, August 1938) (S. 83);
- Anschluß Österreichs an das „Großdeutsche Reich" (S. 86);
- Sudetenkrise 1938 (S. 88);
- Polen in der Gewalt Hitlers und Stalins (S. 104);
- der arabisch-britisch-jüdische Konflikt (S. 108 ff.);
- Angriff der Deutschen auf Holland, Belgien, Norwegen, Dänemark (S. 130);
- Kapitulation Frankreichs (S. 130);
- Mai 1941 ist der Balkan in der Hand der Achsenmächte (S. 146);
- Einfall deutscher Truppen in Rußland (S. 162);
- Angriff der Japaner auf die amerikanische Flotte in Pearl Harbor (S. 172);
- Hitler ernennt sich selbst zum Oberbefehlshaber des Heeres (S. 172);
- Zehnjähriges Jubiläum der Ernennung Hitlers zum Reichskanzler (S. 264);
- Goebbels' Rede im Sportpalast (Februar 1943) (S. 264).

Judenverfolgung

- Ausschaltung der Juden aus allen Gebieten des öffentlichen Lebens, ihre Verleumdung in Presse und Rundfunk, ihre Deklassierung durch die Nürnberger Rassengesetze (S. 73);
- Einführung der Zwangsnamen Sara und Israel im Jahre 1938 (S. 74);
- jüdisches Vermögen wird anmeldepflichtig (April 1938) (S. 86);
- Geschäfte und Betriebe in jüdischem Besitz müssen öffentlich gekennzeichnet werden (Juni 1938) (S. 86);
- Einwanderungsbeschränkungen des Auslands für Flüchtlinge aus Deutschland (S. 87, 103 f., 106, 132);
- Juden werden verhaftet und in Konzentrationslager verschleppt (S. 86, 98 ff., 131, 184, 217, 270);
- „Reichskristallnacht" (9. 11. 1938) (S. 96 ff.);
- Einführung des Judensterns in Polen am 23. 11. 1939 (S. 105);
- Judenpogrome in Polen (S. 105);
- Juden dürfen seit September/Oktober 1939 keine Radioapparate mehr besitzen (S. 115);
- „Zwangsarisierung" jüdischer Betriebe (S. 120);
- jüdische Jugendliche werden aus den öffentlichen Schulen ausgeschlossen (S. 120);
- Deportation (S. 131, 134, 167 f., 169, 178 ff., 191 ff., 216, 218 f., 325);
- Verpflichtung deutscher Juden zur Zwangsarbeit (S. 147);
- in Kowno (Litauen) werden Hunderte von Juden von freigelassenen Zuchthäuslern mit Eisenrohren totgeschlagen (S. 163);
- Einführung des Judensterns in Deutschland (September 1941) (S. 164);
- Ausreiseverbot für die jüdische Bevölkerung (Oktober 1941) (S. 166);
- Judenmetzeleien in Riga, Wilna, auf der Krim mit neunundsechzigtausend Toten (Dezember 1941) (S. 172);
- weitere Judengesetze (Juden dürfen keine Fahrräder besitzen ... keine elektrischen Apparate gebrauchen ... kein öffentliches Telefon mehr benutzen ... müssen alle Woll- und Pelzkleidung abliefern ... dürfen keine Zeitungen mehr abonnieren ... müssen auf ihre Wohnungstür einen Judenstern kleben ...) (S. 177, 180);
- 27. Februar 1943: der „Rest" der jüdischen Rüstungsarbeiter wird nach Polen deportiert (S. 48, 269 ff.);
- der Aufstand im Warschauer Ghetto wird niedergeschlagen (S. 311);
- Befreiung der Überlebenden von Auschwitz durch sowjetische Truppen am 26. 1. 1945 (S. 24).

3 Faschismusverständnis

Ein eindeutiges Faschismusverständnis (im Buch wird ausschließlich vom Nationalsozialismus gesprochen) läßt sich nicht bestimmen. Im Vordergrund der Darstellung stehen die Auswirkungen der nationalsozialistischen Rassenideologie. Die auffällig häufige Nennung des Namens und der Person Hitlers scheint auf den „Hitlerismus" bzw. die„Führertheorie" hinzuweisen: z. B. „Diktatur Hitlers" (S. 38), „Hitler und seine Anhänger" (S. 44), „Hitler-Krieg" (S. 229), „Verordnungen der Hitler-Regierung" (S. 100), „Hitlers Befehle" (S. 254). Damit korrespondieren besondere Formulierungen des Autors wie „Nazi-Häuptling", „vergöttern", „huldigen" (S. 63), die den „Führerkult" (S. 59 ff.) um Adolf Hitler veranschaulichen. In diesem Zusammenhang wird auch das Gedicht „Hitler" von Baldur von Schirach zitiert (S. 65). Für die These eines „Hitlerrismus" spricht auch der Eindruck von einem Führer, der die Fäden der Regierung fest in den Händen zu halten scheint, ersichtlich aus z. B. folgenden Aussagen: „Bis dahin (bis zur „Reichskristallnacht"; die Rez.) hatte sich Hitler politischer Zweckmäßigkeit halber bemüht, wenigstens den Schein des Rechtsstaates zu wahren. Die Meinung des Auslands galt ihm noch etwas. Er wußte genau, daß viele Deutsche seine Terrormaßnahmen ablehnten" (S. 96). „Hitler wiederholt seine öffentliche Voraussage der Vernichtung des Judentums" (am 30. 9. 1942; S. 331). Fraglich bleibt allerdings, ob diese Darstellungsweise den tatsächlichen damaligen Verhältnissen entsprach, oder ob Joel König selbst Opfer einer Nazi-Propaganda bzw. systemimmanenten Funktion wurde, deren Ziel und Zweck es war, nach außen hin den Glauben an die Allmacht des Führers zu wecken und aufrechtzuerhalten. Die Vehemenz der NS-Propaganda wird im Text an vielen Beispielen verdeutlicht (S. 84, 244, 165 u. ö.).

Doch dies ist nur ein Aspekt in der Interpretation, die zum Faschismusverständnis des Autors hinführt. Gleichzeitig beleuchtet er mögliche Bedingungen, die die Deutschen empfänglich für das Parteiprogramm der NSDAP machten: erwähnt werden die Wirtschaftskrise und die wachsende Arbeitslosenzahl vor 1933 (S. 32), sowie die Betroffenheit durch die Folgen des Versailler Vertrages (Verlust deutscher Ostgebiete, S. 31) und hohe Reparationszahlungen (S. 32). Die NSDAP stellte ja die militärische und wirtschaftliche Erstarkung Deutschlands sowie die Wiedergewinnung ehemals deutscher Gebiete in Aussicht.

Indem der Autor Motive und Reaktionen einzelner in den Blick nimmt, wird deutlich, wie unterschiedlich dem Nationalsozialismus und der Rassenideologie begegnet wurde. Zum einen sind da der Ingenieur Krell und seine Bekannten, die sich widersetzen und spontan Hilfe leisten („Es ist meine menschliche Pflicht, Ihnen zu helfen", S. 314), und der Schuster, der sich an das Versprechen gebunden fühlt, das er Davids Eltern gegeben hat. Zum anderen treten Nationalsozialisten auf (Direktor Pierke und der Musiklehrer Paschke; vgl. S. 6). Auf seiten der Opfer kann man solche erkennen, die inneren Halt im orthodoxen jüdischen Glauben finden (vgl. S. 80) – nicht zuletzt David – und die, die sich ihres Judentums schämen und sich schuldig fühlen, „weil in der Zeitung stand, sie seien an allem schuld" und „es aus allen Lautsprechern brüllte, sie seien Verbrecher" (S. 165). Die Verzweiflung vieler Juden angesichts der bevorstehenden Deportation kann der Leser annähernd nachempfinden bei der Darstellung des Selbstmords eines Arztes (S. 179 ff.).

4 Literarische Gestaltung

Die Vorderseite des Bucheinbandes, der in den Farben schwarz, weiß und einem kräftigen grün gehalten ist, zeigt das Bild eines Mannes mit Koffern in der Hand, der „unterwegs" zu sein scheint. In Verbindung mit dem in großen weißen Lettern geschriebenen Namen David, darunter in kleinerer

Schrift „Aufzeichnungen eines Überlebenden", läßt es in dem Buch die Beschreibung eines jüdischen (Flüchtlings-) Schicksals erahnen. Diese sachlich-objektive Gestaltung dürfte als Leseanreiz für den jugendlichen Leser wenig wirksam sein. Denn man vermutet eine ebensolche Darstellungsweise des Handlungsgeschehens. Anders bei dem Leser, der ohnehin schon Interesse an der Problematik der Judenverfolgung im Dritten Reich zeigt und sich von dem Buch genaue Informationen erhofft. In der Tat haftet den Aufzeichnungen an manchen Stellen der Charakter von „Wissenschaftlichkeit" an, wenn Joel König neben den zahlreichen Geschichtsfakten in seinen wahren Lebensbericht Zitate anderer Autoren aufnimmt, z. B. von W. Klose „Generation im Gleichschritt" (S. 62), Gerald Reitlinger „Die Endlösung" (S. 105, 134, 172) oder Anne Frank (S. 262). Seine Intention ist es, den verschiedenen (Autoren-)Perspektiven, die einander ergänzen, sein „persönliches Zeugnis . . . zum Gesamtbild jener Tage" (S. 263) hinzuzufügen. Darüber hinaus erhält der Leser einen Einblick in die jüdische Kultur und Religion. In Fußnoten werden hierzu ergänzende Angaben gemacht, hebräische Ausdrücke werden übersetzt, und es wird auf weiterführende Literatur verwiesen (z. B. S. 110, 44). Der Eindruck der „didaktischen Relevanz" dieses Buches wird schließlich durch die fünfseitige Zeittafel im Anhang (S. 327 – 331) abgerundet, in der die wichtigsten zeitgeschichtlichen Ereignisse der Jahre 1922 – 1943 zusammengefaßt und neben Davids persönliche Erlebnisse dieser Zeit gestellt werden.

Gleichzeitig ist das Buch spannend und fesselnd erzählt. Die 330 Seiten sind in fünf Kapitel unterteilt, die chronologisch aufeinander folgen und wichtigen Lebensabschnittten der Hauptfigur entsprechen (z. B. „In einer Palästina-Vorbereitungsschule" oder „Illegal in Berlin"). Diese sind wiederum in zahlreiche Absätze untergliedert, deren Inhalt in schlagwortartigen Überschriften angedeutet wird (z.B. „Braune Revolte auf dem Schulhof", „Erregendes Berlin", „Bücher"). Eingerahmt wird das Erzählgeschehen von einer Art Vorwort, „Der Verstellungen überdrüssig" (S. 9 – 11), und dem Epilog (S. 323 – 325), in denen sich der Autor aus heutiger Sicht direkt an den Leser bzw. an die damals Beteiligten wendet.

Joel König erzählt in der Ich-Form aus der Sicht des Jugendlichen, wobei das Erzähltempus Imperfekt ist; nur im letzten Kapitel „Illegal in Berlin" (S. 200 – 325) wechselt es stellenweise ins Präsens. Die Sprache ist soziolekt- und dialektfrei, ausgenommen die direkte Rede. Dadurch ist es dem Leser u. a. möglich, örtliche Veränderungen gut nachvollziehen zu können; und es gelingt dem Autor, die Lebendigkeit und die Persönlichkeit der Sprechenden zu bewahren bzw. die Lektüre aufzulockern, beispielsweise durch „Willschdmamse, du Saudackel? I hau der paar uf dr Zinke nuf!" (David und seine schwäbischen Schulkameraden, S. 19).

Zudem ist der Dialog für den Autor das Mittel, eine multiperspektivische Sichtweise zu realisieren, indem verschiedene Einstellungen „laut werden". Informationen, Beschreibung, Dialog und Reflexion stehen in einem ausgewogenen Verhältnis zueinander, Belehrungen werden vom Autor vermieden.

Identifikationsmöglichkeiten bieten sich für den jugendlichen Leser insbesondere bei der Schilderung der väterlichen Autorität in der Familie (S. 22, 30, 73 u. ö.), der Vorliebe des Kindes David für das Spiel (S. 22, 32, 76 u. ö.), des Schulalltags (S. 33 ff., 77 ff.), der Suche nach ideeller Orientierung (z. B. S. 52 ff.), einer Freundschaft (zu Richard, S. 149 ff.), des Zusammenhalts der Geschwister (z. B. S. 221 ff.). Als Mangel erscheint uns allerdings, daß Themen wie Liebe und Geschlechtlichkeit in Verbindung mit der Hauptfigur nicht aufgegriffen werden.

5 Verknüpfung von Individual- und Gesellschaftsgeschichte

An dieser Stelle kann man Probst D.H. Grüber vom Klappentext zitieren: „In ganz vorbildlicher Weise hat der Verfasser sein Einzelschicksal in dem Gesamtzusammenhang gesehen und geschildert." Es liegt nahe, daß Joel König als direkt Betroffener in erster Linie die Auswirkungen des Antisemitismus im Dritten Reich aufzeichnet und von daher der Gesamtzusammenhang unter diesem Blickwinkel erscheint.

6 Entwicklung der Hauptfigur

Wenn man die Lebensgeschichte der Hauptperson überblickt, so sind für die Lebensentwürfe, die David sich von sich macht, vor allem folgende Einflüsse wichtig gewesen: der Vater, ein jüdischer Rabbi, und die durch ihn repräsentierte Theologie und Kultur; die Schule mit ihren unterschiedlichen Lehrern (den überzeugten Nazis, den Mitläufern und Oppositionellen); die intensive Freundschaft in einem Palästina-Vorbereitungslager; am wichtigsten wohl die Beschäftigung mit Musik und Literatur (bes. den klassischen griechischen Dramatikern). – Die Frage, die den Autor auch zwanzig Jahre nach den schrecklichen Ereignissen nicht losläßt, ist diejenige nach dem unterlassenen Widerstand der Juden. Das ist sein Problem mit der Identität. Und es scheint, daß er mit seinem Buch nicht zuletzt auf diese Frage eine Antwort sucht.

Davids Vater ist sehr auf die Einhaltung der jüdischen Glaubensregeln in der Familie und der Gemeinde bedacht, denn „sobald das jüdische Volk die Gebote der Thora hält" (S. 31), hat das „Exilslos" (S. 30) der Juden ein Ende, und Gott wird alle Menschen erlösen und ihnen den Moschiach (Messias) senden" (S. 31). Sobald David das Alphabet kann, wird er auf tägliches Thoralesen unter väterlicher Anleitung verpflichtet. Als Kind erscheinen ihm diese Stunden als nichtgenutzte Zeit, die man besser mit Spielen zugebracht hätte. Später, 1942 in Berlin, studiert er freiwillig die Thora. Die Auswirkungen der Machtübernahme der Nationalsozialisten nimmt David in den ersten Jahren „mehr mit dem Gefühl als mit dem Verstand auf" (S. 52): „Die gegensätzlichsten Lehren stürmten auf mich ein, wo ich mich auch bewegte, im Elternhaus, in Kreisen der jüdischen Gemeinde, in der Schule" (S. 52).

Der Autor beschreibt anschaulich die ihm als Kind „verwirrend" (S. 9) erscheinende Welt: er lernt „Dreitage-Juden" kennen, die sich im Gegensatz zu den Orthodoxen „nur mit den Lippen zum Judentum bekannten" (S. 27). Er erlebt die Auseinandersetzungen zwischen deutsch-patriotisch gesinnten Juden, die das parteipolitische Programm der NSDAP als „Verirrung" ansehen, was sie nicht davon abhalten darf, ihrem Vaterland Deutschland „durch diese schwere Zeit hindurch unerschütterliche Treue (zu) bewahren" (S. 47), und den Zionisten, die Deutschland verurteilen und einen eigenen Judenstaat fordern.

In der Schule wird er von Lehrern unterrichtet, die ebenfalls uneinheitlich denken und handeln. Hierzu einige Beispiele: Direktor Bergmann, zu dem David eine positive Beziehung aufgebaut hat, muß im Zuge der „Säuberung" die Schule verlassen und wird von Direktor Pierke ersetzt, der in seinem Biologieunterricht systematisch auf den Rassismus hinarbeitet. Musiklehrer Paschke weist auf den Wert des Liedes als Propagandamittel hin. Dr. Paulus und Herr Schmiedhammer machen den beginnenden Führerkult nur widerwillig mit, der Schulgeistliche errötet beim Hitlergruß. Doch schließlich gewöhnen sie sich daran und stumpfen ab (im Laufe eines Schuljahres mußten Davids Lehrer „schätzungsweise zweitausendfünfhundertmal öffentlich Hitler huldigen"; S. 66). Einige (besonders die mit Familie) haben Angst, entlassen und ersetzt zu werden. – Auch die Lehrinhalte ändern sich. Dies wird im Buch am Beispiel der Geschichte der Kreuzzüge verdeutlicht, von der David bisher drei verschiedene Versionen gelehrt worden sind (S. 53).

David ist gezwungen „nachzudenken" (S. 52) und eine eigene Position zu entwickeln, denn die frommen Antworten des Vaters auf seine Fragen, wer denn nun recht habe, genügen ihm nicht. Nach dem Schulabgang in Groß-Strehlitz, dem Umzug nach Berlin und angesichts der zunehmenden Entrechtung und Verleumdung der Juden plagen David „allerlei Zweifel am rabbinischen Judentum" (S. 79). Zudem fühlt er sich hin- und hergerissen zwischen Liebe und Haß zu seinem Vaterland – den Weg von Deutschland weg: „Welcher deutsche Jude mit Charakter hätte ihn ohne Gewissenskämpfe beschritten?" (S. 107). Hatte David zunächst ideellen Halt im Jugendverband des deutsch-patriotischen Centralvereins gefunden, führt sein Weg nun zum Bund religiös-zionistischer Pioniere, über dessen Büro ihm der Platz im Landwerk vermittelt wird. Hier hat er anfangs Umstellungsschwierigkeiten; u. a. gibt es im Lager kein „Führerprinzip" und keine „Gefolgschaft" (S. 117), sondern es ist kibbuz-ähnlich nach dem Prinzip eines gleichberechtigten Zusammenlebens und einer demokratischen Selbstverwaltung aufgebaut. Nach fünf Wochen schon wird David in das Komitee gewählt, das über die Verteilung bzw. Zuteilung der Schiffsplätze entscheidet. Außerdem vertraut man ihm die Leitung einer Thora-Studiengruppe an.

Von besonderer Bedeutung in den Steckelsdorfer Jahren wird für David die Freundschaft zu Richard Heimann, der wie er selbst ein großes Interesse an Musik und Literatur hat. Die beiden gelten als die „Gebildeten" im Lager, die, so oft es ihnen möglich ist, zusammen lesen. Als sich das Leben im Lager infolge des Krieges, des Hungers, immer neuer Judengesetze und der wachsenden Hoffnungslosigkeit (vgl. S. 124 f., 130 f.) verschlimmert, wird das Lesen für sie der Weg, um geistig frei zu werden, sich über das Sklavendasein zu erheben, sich abzulenken vom Hunger „und einen anderen Hunger zu stillen" (S. 160).

Auch in Berlin, nach seiner Flucht, greift David zu Büchern: „Wonach mich verlangte, waren Maßstäbe, mit denen ich die furchtbare Gegenwart hätte messen und beschreiben können, Worte, die mir erleichtert hätten, mich in der Welt von 1942 zurechtzufinden" (S. 225). Er stößt dabei auf die griechischen Dramatiker und wieder auf die Bibel, die er im hebräischen Originaltext liest: „Damals trug es nicht wenig zur Erhaltung meiner Selbstachtung bei, daß es mir gegeben war, aus dem korrumpierten Lautsprecher – Deutsch zu flüchten und ins ungeschändete Hebräische zu tauchen, wie in ein reinigendes Bad" (S. 227). Vielleicht sind es das Bewußtsein, „daß die Obrigkeit und die Mehrheit nicht der Wahrheit näher zu sein brauchen" (S. 67) und der Halt im Glauben, die David vor einem inneren Selbstverlust bewahren.

Als er durch seine Arbeit als Laufbursche in einem Betrieb, der Präzisionsinstrumente für die Rüstungsindustrie fertigt, die Möglichkeit zur Sabotage, zum Widerstand hat, führt David viele Begründungen an, diese nicht zu nutzen (z. B. um seine Geschwister und den Schuster nicht in Gefahr zu bringen). Er muß diese aber aus heutiger Sicht als vorgeschoben revidieren und sich eingestehen, „mein Scherflein zur deutschen Rüstung" beigetragen zu haben, denn „in dem Klima, in dem ich jahrelang gelebt hatte, gedieh der Geist des Aufstandes nicht. Uns beherrschte der Wille zum Überleben" (S. 299).

7 Adressaten

Die Komplexität des Inhalts, die Informationsdichte, zu deren besserem Verständnis stellenweise historische Vorkenntnisse hilfreich wären, die Form der sprachlichen Darstellung und nicht zuletzt der Buchumfang, der eine grundsätzliche Lesebereitschaft voraussetzt, lassen dieses Buch eher für ältere Jugendliche ab 16 Jahren geeignet erscheinen. Dafür spricht auch die Tatsache, daß die Hauptfigur gegen Ende des Erzählzeitraums 20 Jahre alt ist, sich einem älteren Leser also vermehrt Möglichkeiten zur Identifikation bieten. Das Buch ist als Ergänzung zum Geschichtsunterricht ebenso zu empfehlen wie zum Religions- und /oder Werte- und Normenunterricht.

8 Kritische Würdigung

Die Erzählspanne umgreift einen Zeitraum von 20 Jahren. Gerade weil es sich hier um Aufzeichnungen der damaligen Wirklichkeit handelt, macht dieses Buch emotional betroffen und nachdenklich. Im Vordergrund stehen menschliche Schicksale, eingebunden in gesellschaftliche und politische Strukturen, die sich zur Zeit der nationalsozialistischen Machtperiode „tödlich" auf die jüdische Bevölkerung (und einen Teil „alles Fremden"; S. 131) auswirkten. Durch die detaillierte Beobachtung seiner Mitbürger und ihrer Beweggründe, die differenzierte Darstellung der sozialgeschichtlichen Zusammenhänge und der „feinen Schattierungen des Antisemitismus" (wie es der Klappentest zutreffend formuliert), der schon eine jahrhundertelange Tradition aufzuweisen hat und im Dritten Reich seinen Höhpunkt erreichte, erschwert der Autor (und das ist unseres Erachtens gut so) eine pseudo-sichere Antwort auf die Frage: Wie war so etwas möglich? Kann sich ein ähnlicher Abschnitt in der Geschichte wiederholen? Joel König zwingt so den Leser, selbst zu denken, weiterzufragen, mögliche Parallelen zum Heute zu ziehen.

9 Das Buch im Urteil des Lesers

1. Die „Aufzeichnungen eines Überlebenden" haben mich eigentlich nur positiv beeindruckt. Einerseits natürlich, weil es immer wieder unglaublich scheint, wenn man liest, wie Juden, in diesem Fall David, im Dritten Reich jahrelang untergetaucht in der Illegalität überleben konnten, unter welchen Umständen sie sich in einem durch und durch kontrollierten Staat versteckt hielten, daß es trotz aller Angst und Gefahren doch Menschen gab, die ihnen halfen unter Einsatz des eigenen Lebens, aber auch, daß der Teil Menschen überwog, der die Zusammenferchung zahlloser jüdischer Bürger in der Synagoge und den späteren Abtransport der Leute ignorierte.
   Andererseits – und dieses ist der Punkt, in welchem sich das Buch von anderen, mir bekannten, Büchern über das Dritte Reich unterscheidet – wird der Leser eng vertraut gemacht mit jüdischer Kultur. Im Laufe der Lebensjahre Davids, erfährt man viel über jüdische Sitten, Gebräuche, Traditionen, ein wenig über die Sprache, die Erziehung etc., aber z. B. auch über die unterschiedlichen Gesinnungsströme, die noch am Anfang der Nazizeit bei der jüdischen Bevölkerung vorherrschten.
   Übrigens ist das ganze Buch sehr fesselnd geschrieben und aufgrund der vielen kleinen (Lebens-)Abschnitte, in die es gegliedert ist, auch sehr gut und zügig zu lesen.
   Schülerin, 17 Jahre

2. Der Stil des Buches erleichtert das Lesen sehr; die Objektivität, die manchmal erscheint, war für mich sehr überraschend. Nach der Lektüre von Büchern wie „Anne Frank" oder „Ein Stück Himmel" war es direkt „erfrischend". Trotz der Einleitung mit dem Titel „Des Verstellens überdrüssig", hatte ich das Gefühl, daß dieser Mensch, ohne hervorstechende Bitterkeit und ohne Zorn, seine persönliche Vergangenheit beschreibt, die er trotz aller Zweifel angenommen hat. Die bedrükkenden Tatsachen, die er beschreibt, bleiben als Tatsachen deutlich stehen. Vielleicht hat mich gerade deshalb dieses Buch tiefer berührt als andere. In letzter Zeit

gab es eine ganze Reihe von sehr emotionalen Beiträgen zu diesem Punkt deutscher Geschichte, und dieses Buch hebt sich wohltuend ab. Nicht, daß es einem Geschichtsbuch ähnelt und völlig gefühlskalt geschrieben ist, aber „es drückt nicht auf die Tränendrüsen"! . . .
Ich würde dieses Buch jedem jungen Menschen meines Alters (ich bin 20 Jahre alt) empfehlen, die nötigen Vorkenntnisse, die trotz aller zusätzlichen Informationen nötig sind, sollte man bei dieser Altersgruppe wohl voraussetzen können.
Schülerin, 20 Jahre

Lise Loewenthal: Shalom, Ruth, Shalom

(Edition Pestum) Aus dem Italienischen übersetzt von Ragni Maria Gschwend. München, Wien, Hollywood (Schneider) 1982 (12,80 DM)

Marlies Meyerhoff

1 Inhalt

Mit dem Buch „Shalom, Ruth, Shalom" zeichnet die Autorin Lise Loewenthal Kindheit und Jugend eines jüdischen Mädchens in den Jahren von 1927 bis 1945 nach. Es ist – so läßt der Einbandtext vermuten – ihre persönliche Geschichte: Lise Loewenthal wurde als Tochter eines Architekten in Bielefeld geboren, erlebte Zeit und Orte der Hauptpersonen des Romans.

Deutschland 1927: In einer Atmosphäre materieller Sicherheit und familiärer Geborgenheit wächst die fünfjährige Ruth mit ihren Geschwistern, dem achtjährigen Dan und der vierjährigen Noemi, in B. auf. Die Eltern, der Architekt Richard Warburg und seine Frau Emma, vermitteln den Kindern, wenn auch nicht im orthodoxen Sinne, von klein auf die Geschichte und die Gebräuche des jüdischen Glaubens – damit aber auch ein Gefühl der Andersartigkeit, dessen sich Ruth z.B. bewußt wird, als in ihrem Haus keine Weihnachtsbaum aufgestellt wird: „Sie begriff nicht, warum man ihr verweigerte, was für die anderen Kinder selbstverständlich war, warum sie sich als etwas anderes fühlen mußte" (S. 12).

Als aufmerksamer Beobachter des politischen Geschehens nimmt Richard W. früh den erneut aufkeimenden Antisemitismus wahr, läßt sich aber durch seinen Freund und ehemaligen Kriegskameraden Georg Klein, einen Polizeikommissar, beruhigen – in einer liberalen, aufgeklärten Welt sei kein Platz mehr für Judenfeindlichkeit.

Bereits wenige Jahre später hat die politische Entwicklung diese Worte widerlegt und das Leben der Familie Warburg verändert. Der Architekt ist gezwungen, sein Büro zu schließen, die Familie zieht in eine kleine Wohnung – Lebensbedingungen, die der Vater, der eine Stelle in einer Kohlenhandlung annimmt, kaum ertragen kann. Aber sein Nationalgefühl bewegt ihn zum Ausharren, er will nicht aufgeben und glaubt, der Nationalsozialismus sei nur eine vorübergehende Periode deutscher Geschichte. Emigration, die sein Freund Rosenbaum plant, lehnt er als Feigheit und Pflichtverletzung ab (vgl. S. 22 f.).

Dan hingegen sieht in der Auswanderung die einzige Chance und bereitet sich darauf vor: er verläßt die Schule und erlernt ein Handwerk, von dem er hofft, es überall anwenden zu können (vgl. S. 28 ff.).

Seine Freundschaft zu der Nachbarstochter hilft ihm einerseits, diese Veränderungen zu ertragen, andererseits bringt sie neue Probleme: Erika ist die Tochter des SS-Mannes Hoffmann, der am Beginn seiner Karriere als KZ-Aufseher steht. Er verbietet ihr die Verbindung mit Dan, droht sogar mit Anzeige – Erika widersetzt sich, trifft sich heimlich mit Dan und kann sich eine Zukunft ohne ihn nicht vorstellen; deshalb ist sie bereit, ihm in die Emigration zu folgen.

Das Leben der Schwestern ändert sich ebenfalls; beide müssen ihres Glaubens wegen das Lyzeum verlassen. Während Noemi ein Stipendium für ein jüdisches Internat erhält, wird Ruth in den Haushalt der Familie Blank aufgenommen, wo sie für Kost und Logis arbeiten muß. Verzweifelt sieht die Zwölfjährige „alle ihre Pläne und Zukunftsträume ... mit einem Schlag vernichtet" (S. 53). Sie fügt sich, weil die momentane familiäre Lage – der Vater ist schwer erkrankt, die Mutter bekommt nur ein geringes Gehalt – keine andere Lösung zuläßt. Allerdings ist sie glücklich, als sie nach ihrem 14. Geburtstag endlich Dans Beispiel folgen und eine Ausbildung zur Schneiderin aufnehmen kann.

Die veränderten politischen Bedingungen wirken sich 1936 folgenschwer auf die Familie Warburg aus: Noemi wird von Hitlerjungen überfallen, Dan, der ihr zur Hilfe Kommt, sofort verhaftet. Alle Bemühungen Erikas und der Familie sind vergeblich, er wird in das KZ Dachau eingeliefert. Dort stirbt er – offiziell an einer Krankheit, doch erfährt Erika von ihrem Vater, daß Dan als angeblicher Verschwörer gehängt wurde. Dieses Wissen und ihr Gefühl von einer Mitschuld an Dans Tod entfremden Erika völlig ihrer Familie: „Sie hatte das Gefühl, zu niemanden ... zu gehören" (S. 85).

Für Ruth indessen ist Dans Tod ein „Hinweis auf die Wirklichkeit" (S. 84); sie erkennt, daß die Zukunft der Familie von ihr zu verantworten ist. Durch die zionistische Bewegung hört sie von der Alyiath-Hanoar, die für Jugendliche die Auswanderung nach Palästina organisiert. Ruth erhält für sich und Noemi Plätze in einem Vorbereitungslager, danach müssen die beiden auf das Visum warten.

Die Reichskristallnacht 1938 zerstört ihre Hoffnung auf Palästina, deshalb nehmen sie die Möglichkeit wahr, mit Hilfe des Komitees für jüdische Kinder nach England zu emigrieren – bereits im Dezember müssen sie Abschied nehmen.

England 1938: Das Ferienlager Dovercourt ist die erste Station ihres Aufenthalts. Ruth, die endlich auf die Erfüllung ihrer beruflichen Wünsche zu hoffen wagt, wird enttäuscht: ein Medizinstudium wird ihr nicht ermöglicht: „wie hatte sie es vergessen können! Flüchtling sein bedeutete fremd sein, ... immer nur geduldet werden ..." (S. 112). Um diesem, ihr unerträglichen Geduldetsein zu entkommen, wechselt die Sechzehnjährige in ein nach Kibbuzart selbstverwaltetes Vorbereitungslager für Palästina.

In dem Wiener Uri findet sie dort einen Vertrauten, dem sie sich durch die Hoffnung auf ein gemeinsames Leben in Palästina verbunden fühlt. Die Freundschaft mit ihm „bedeutete für Ruth ein neues Lebensgefühl. Nie war sie sich so lebendig vorgekommen ..." (S. 123). Ihr Zusammensein endet, als Ruth das langersehnte Visum erhält.

Palästina 1939: Im Kibbuzim lernt Ruth die wechselvolle Geschichte des Landes kennen, sie erlebt die Feindseligkeiten zwischen Arabern und Juden. Die Eingewöhnung fällt ihr schwer, doch sie lernt, die Gegenwart zu akzeptieren, sich den Umständen anzupassen. Sie freundet sich mit David an, aber als es endlich eine Wiedersehen gibt, entscheidet sie sich für Uri, der sich freiwillig zur englischen Armee gemeldet hat und in Palästina und Ägypten eingesetzt ist.

Der Ausbruch des Krieges hat 1939 Ruths Bemühungen beendet, für ihre Angehörigen die Einreise nach Palästina zu erwirken. Zwei Jahre später bringt ein Brief aus Deutschland die Gewißheit, daß ihre Eltern in ein KZ eingeliefert wurden – es ist das letzte Zeichen, das Ruth von ihnen erhält.

Deutschland 1973: Auf der Suche nach dem „realen Hintergrund" (S. 168) ihrer Erinnerungen besucht Ruth ihre ehemalige Heimatstadt. Sie wird konfrontiert mit den unterschiedlichsten Bemühungen, mit der Vergangenheit umzugehen. Sie begegnet jüdischen Überlebenden, spürt ihre Ängste vor einem neuen Antisemitismus, und sie findet Erika wieder, die ihr hilft, „eine Brücke zur Vergangenheit zu schlagen" (S. 175). Ruth erkennt, wie wichtig es war, sich durch diese Reise ihren Angstgefühlen zu stellen.

Ihr Rückflug wird überschattet durch die Nachricht von einem erneuten Kriegsausbruch in Israel.

2 Historischer Hintergrund

In den im Buch durch zwei Kapitelüberschriften gesetzten zeitlichen Rahmen (1927 und 1973) hat L. Loewenthal eine Fülle, fast Überfülle an historischen Informationen eingebracht. Schwerpunkte sind dabei die Entwicklungen im Deutschen Reich bis zur Emigration 1938 und das Palästina-Problem. Einige der Ereignisse werden von der Autorin nur erwähnt, oft sogar ohne Angabe des genauen Datums, bei anderen erklärt sie deren historische Ursachen, wobei sie teilweise unterschiedliche Standpunkte aufzeigt und damit der Komplexität gerecht zu werden versucht.

Die folgende Aufstellung gibt einen Überblick über die im Buch angesprochenen Themen:

– Versailler Vertrag (S. 17), Inflation (S. 9), wirtschaftlicher Aufschwung (S. 9). Börsenkrach in New York, Weltwirtschaftskrise (S. 16 f.), Machtübernahme (S. 14);
– Reichstagsbrand, Notverordnung, Ermächtigungsgesetz, Ausschaltung der Opposition (S. 15 ff., 22, 26, 34 f.);
– Unterstützung der Regierung durch die Wehrmacht (S. 34), Kirche (S. 44 ff., 49 f., 88);
– Wiederbewaffnung und Aufrüstung, wirtschaftlicher Aufschwung (S. 72);
– Annexion Österreichs (S. 117), Besetzung der Tschechoslowakei (S. 132);
– Kriegsausbruch 1939 (S. 131), Kriegsschauplatz Nordafrika (S. 163 ff.), Stalingrad, Landung der Alliierten 1943 und 1944, Kriegsende Mai 1945 (S. 166);
– Propaganda (S. 9, 20 ff.);

- Faschisierung der Schule (S. 20 ff., 51 ff., 68);
- Organisationen: SA, SS, Gestapo, BDM, HJ (S. 16, 20, 25, 30, 36, 40, 57, 60 f., 62 ff., 69 ff., 82, 132, 145, 148 ff.);
- NS-Ideologie: Frauenbild (S. 46, 59, 67), „Rassentheorie" (S. 20, 35, 45 f., 67, 148 ff.);
- Wissen der Bevölkerung um Geschehen (S. 20, 61, 98 f., 118);
- Antisemitismus, Sondergesetze, Verhaftungen, Deportationen, Ghettoisierung, KZ (S. 9, 20 ff., 30, 69 f., 101 f., 77ff., 132 f., 99 ff., 139, 146 ff., 166, 177 ff., 184 f.);
- Emigration (S. 17, 28, 32 ff., 66, 73, 75 f., 89 ff., 101, 106 ff., 179 ff.);
- Geschichte des Judentums, Glaubensinhalte, Pogrome (S. 7 f., 11 ff., 19, 30, 50 f., 56 f., 76, 86 ff., 109, 120, 143 f.);
- Jüdische Organisationen: Alyiath-Hanoar, American Joint Distribution Committee, Haganah, Irgun, Zionistische Bewegung (S. 89 ff., 92 ff., 102, 114, 109, 116, 135, 164);
- Paläsina: Zionismus, Balfour-Declaration, Mandatsgebiet, Einwanderungsproblematik, Weißbuch, Konflikte Araber – Juden, Kibbuzbewegung (S. 17, 33, 76, 113, 115 f., 124 ff., 128 ff., 135 ff., 139 ff., 157 ff., 183);
- Israel (S. 186 ff.).

3 Faschismusverständnis

Aus persönlicher Betroffenheit konzentriert sich Lise Loewenthal auf die Beschreibung des Antisemitismus, seiner Ursachen und Folgen als ein wichtiges Moment des deutschen Faschismus. Allerdings klammert sie andere Aspekte nicht aus, sondern zeigt mit unterschiedlichen stilistischen Mitteln sowie anhand verschiedener Personen ein – zumindest in Ansätzen – differenzierteres Bild. Mögliche Gründe für den Erfolg der Nationalsozialisten werden Georg Klein in den Mund gelegt: „Sie hatten einfach Glück! . . . Wenn es 1929 nicht den Börsenkrach . . . gegeben hätte, . . . wären auch in Deutschland die Verhältnisse nicht so katastrophal geworden. Wenn Hunger und Unzufriedenheit herrschen, dann gewinnen radikale Parteien rasch an Boden. Hitler konnte das Spiel mühelos gewinnen. Er hat der Großindustrie eingeredet, nur die nationalsozialistische Partei sei in der Lage, einen Schutzwall gegen Kommunismus und Gewerkschaft zu errichten. . . . Außerdem hat er das Militär für sich gewonnen . . ." (S. 16 f.). An diesem Ausschnitt lassen sich bereits wesentliche Punkte von Loewenthals Faschismusverständnis aufzeigen: die ökonomische Krise und – im Sinne der Bündnisthese (vgl. Mainzer 1983, S. 335 f.) – die Unterstützung durch traditionelle Eliten sowie die führende Rolle des Reichskanzlers. Auch in anderen Textstellen reduziert die Autorin den Nationalsozialismus zu einem „Hitlerismus": „. . . bald mußten alle erkennen, daß die Zeit inzwischen für Hitler gearbeitet hatte. In zwölf Monaten war es ihm gelungen, seine Diktatur an die Stelle der Weimarer Republik zu setzen . . . und das gesamte politische, wirtschaftliche, kulturelle und gesellschaftliche Leben unter seine Kontrolle zu bringen" (S. 26), „. . . Hitler . . ., der jetzt, . . . Alleinherrscher über Deutschland ist" (S. 35).

Zugleich wird deutlich, daß Loewenthal den Nationalsozialismus als ein totalitäres System ansieht, auch die folgenden Aussagen sind Kennzeichen der Totalitarismustheorie (vgl. Mainzer 1983, S. 332 ff.): „Die Geheime Staatspolizei hat . . . ihr Netz übers ganze Land gespannt. . . . Deutschland ist ein Polizeistaat geworden . . ." (S. 71 f.). Zu dieser Auffassung mögen die persönlichen Erfahrungen der Autorin beigetragen haben: zum einen die Enttäuschung des Vaters über einen fehlenden Widerstand („Ist es denn möglich, daß sich keiner dagegen wehrt?"; S. 72), zum anderen Dans Verhaftung, die das „Bewußtsein ihrer Ohnmacht" (S. 79) verstärkt.

Neben der Bündnis- und Totlitarismustheorie lassen sich weitere Erklärungsansätze nachweisen. So sieht sie vielfältige Gründe für die Unterstützung des Nationalsozialismus durch große Teile der Bevölkerung in der Steigerung des Nationalgefühls (vgl. S. 17, 72), in der Verbesserung der ökonomischen Situation (vgl. S. 27), der Befriedigung einer Sehnsucht nach (Unter-)Ordnung (vgl. S. 35) und in der Vermittlung von Selbstwertgefühl (vgl. S. 61, 35) – Aussagen, die sozialpsychologischen Deutungen zuzuordnen sind (vgl. Mainzer 1983, S. 348 ff.). Mehrere dieser Aspekte vermittelt die Autorin in der Person des SS-Angehörigen Hoffmann, indem sie seinen Werdegang verfolgt und seine schrittweise Identifikation mit den Aufgaben als KZ-Aufseher analysiert (vgl. S. 63 ff., 148 ff.).

Die Autorin nimmt – wie bereits angedeutet – besonders zum Phänomen des Antisemitismus Stellung. Es ist ihr ein Anliegen, seine historische Entwicklung und seine Irrationalität („Judenverfolgungen hatten . . . ihre Wurzeln in der Unaufgeklärtheit des einzelnen und in der Dumpfheit der Massen"; S. 10) sowie seine Auswirkungen differenziert darzustellen. Dabei fragt sie nach der Verantwortung und der Mitschuld sowohl von Gruppen (z. B. der Kirchen) als auch von einzelnen: „Bis zu welchem Punkt konnte sich ein Mensch für gut halten, und wann fing er an, schuldig zu werden?" (S. 99).

Antisemitismus ist – so weist die Autorin besonders in ihren letzten Kapiteln nach (vgl. S. 157 ff., 180 ff.) – ein ort- und zeitübergreifendes Phänomen, eine Rechtfertigung für die Gründung des Staates Israel (vgl. S. 76).

4 Literarische Gestaltung

Die Autorin hat die vielen, meist situationsorientierten Abschnitte ihres Buches in 16 Kapiteln zusammengefaßt, von denen nur das erste („Deutschland 1927") und das letzte („Deutschland 1973") Überschriften tragen.

Während in den ersten Teilen in stärkerem Maße die Familie Warburg und auch die Nachbartochter Eva berücksichtigt werden, steht – ihrer Entwicklung entsprechend – nach Dans Tod eindeutig Ruth innerhalb ihres Beziehungsgeflechtes im Mittelpunkt der Erzählung, allerdings wird am Ende die Familie Hoffmann erneut einbezogen.

Im Rahmen der chronologischen Abfolge sind die Schwerpunkte unterschiedlich gesetzt: die zeitlichen Abstände sowohl zwischen den einzelnen Kapiteln als auch zwischen den Abschnitten differieren sehr stark, so besteht z. B. bei den beiden ersten Kapiteln ein Unterschied von ungefähr sechs, bei den beiden letzten von fast dreißig Jahren. Fehlende Zeitangaben – besonders auffällig ausgerechnet in den Sequenzen, die genau datierbare politische Vorfälle einblenden – erschweren bei der eigentlich positiven Fülle an Informationen die Orientierung. Die Parallelität der Vorgänge muß deshalb oft mühevoll rekonstruiert werden.

Das Buch vergibt damit leider die Chance, den jugendlichen Lesern auch die exakten Daten zu vermitteln, manche Vorgänge erhalten eine Zeitlosigkeit, die ihnen nicht innewohnt. Genauere Kapitelüberschriften und eine beigefügte Zeittafel könnten evtl. den Text von einer Überfülle an Fakten und einem manchmal sehr belehrend wirkenden Ton entlasten.

Abgesehen von diesen Einblendungen, die das politische Geschehen auf eine distanzierte Ebene projizieren und den Spannungsbogen deutlich unterbrechen, verwendet die Autorin Dialoge, Tagebuchauszüge und Reflexionsphasen, durch die einerseits die Betroffenheit der Beteiligten wesentlich stärker zum Ausdruck kommt, andererseits Authentizität vermittelt wird.

Dazu trägt auch die Darstellung der Ereignisse aus unterschiedlichen Perspektiven bei, wodurch Lise Loewenthal Anregungen für vielfältige Diskussionen bietet.

Die Sprache ist dialektfrei; Begriffe der jüdischen Religion werden meistens im Text erklärt, in einigen Fällen allerdings erst in späteren Kapiteln. Hier wäre ein Glossar hilfreich, in das zudem Hinweise zu den erwähnten Organisationen aufgenommen werden könnten.

Die Verwendung des Imperfekts als Zeitform und der 3. Person als Personalform bewirken Abstand zum Geschehen, der jedoch in einigen Passagen durch die sensible Ausdrucksfähigkeit der Autorin aufgehoben wird – wobei leider manchmal eine gekünstelt wirkende Sprache in ihrer Affektivität an Trivialliteratur erinnert.

In diesem Zusammenhang ist auch der Einbandtext zu kritisieren, der einer Werbung für einen Kriminalroman ähnelt: „. . . wer Hitlerjungen in Uniform angreift, macht sich der Verhöhnung der Staatsgewalt schuldig. Für einen jungen Juden ist das tödlich".

Das Titelbild – die Portraitaufnahme eine jungen Mädchens, im Stil der Zwanziger Jahre – steht dazu in einem starken Kontrast. Ein Leseanreiz wird m. E. dadurch nicht gefördert, weil zu unterschiedliche Zielgruppen angesprochen sind, deren Erwartungen nicht erfüllt werden können.

5 Verknüpfung von Individual- und Gesellschaftsgeschichte

Innerhalb ihrer „verschiedenen Welten . . ., in denen Wörter eine unterschiedliche Bedeutung und Werte eine andere Größenordnung hatten" (S. 53), stellt Loewenthal mehrere Personen vor, deren Leben miteinander verbunden ist. Sie zeigt an ihrem Beispiel zum einen die wechselseitige Bedingtheit von Individuum und Gesellschaft auf, zum anderen, inwieweit die subjektive Einschätzung dieser Abhängigkeit das Handeln bestimmt, zu Aktivität oder Resignation führt.

Da ist zunächst Ruth, deren Lebensgestaltung – weil sie Jüdin ist – in besonderer Weise von der zeitgeschichtlichen Entwicklung bestimmt wird. Bereits als zehnjähriges Kind erfährt sie, wie sich politische Entscheidungen auf ihre Umgebung auswirken. Sie bemerkt die Veränderungen im Verhalten der Erwachsenen, später erleidet sie die Feindseligkeiten ihrer Mitschüler, und sie lernt, dieses – und auch die Verschlechterung der ökonomischen Situation ihrer Familie – auf den politischen Wechsel und den anwachsenden Antisemitismus zurückzuführen.

Die Autorin beschreibt überzeugend Momente, in denen Ruth sich mit den rassenideologischen Aussagen identifiziert und ihnen zu unterliegen droht, als sie sich mit dem „Typ des deutschen Mädchens . . ., der zum Ideal für alle geworden war" (S. 67) vergleicht: „Wie häßlich doch diese schwarzen Strähnen waren, die um ihr mageres Gesicht mit der viel zu langen Nase hingen! Und dieser plumpe Körper!" (S. 67). Ein individueller Pubertätskonflikt erhält hier durch den historischen Rahmen eine politisch-gesellschaftliche Dimension.

Ruth aber gibt nicht auf, sondern setzt immer wieder und so weit wie möglich – auch später in England – den Umständen ihre Willenskraft entgegen. Sie will sich nicht „so völlig vom Schicksal" (S. 67) bestimmen lassen, „kein Gummiball" sein, „den einer dem anderen zuwirft" (S. 113).

Auf der individuellen Ebene verwirklicht Ruth, was Loewenthal auf einer generellen als existentielles Anliegen der Juden ansieht, und Ruths Freund, Kurt L., so äußert: „Was wir heute brauchen, ist Aktivität! . . . Wir müssen zeigen, daß auch wir Stärke und Würde besitzen! . . . Und wenn uns die anderen Länder auch nicht haben wollen, dann gründen wir eben einen eigenen Staat! Ja, und wenn es sein muß, mit Gewalt! Die Welt muß endlich begreifen, daß wir das gleiche Recht auf Leben haben wie andere Völker!" (S. 76). Deutlich wird hier die Verknüpfung der jüdischen Identität mit der existentiellen Notwendigkeit eines jüdischen Staates.

Wie unterschiedlich – trotz des gleichen historischen Kontextes – die Beziehungen zwischen Individuum und Gesellschaft sein können, zeigt die Autorin, indem sie nicht nur die Geschichte der einzelnen Mitglieder der Familie Warburg schildert, sondern auch der Hauptperson Ruth die Nachbarstochter Erika gegenüberstellt.

Erikas familiärer Hintergrund bildet die Basis für eine zunächst systemkonforme Entwicklung, die jedoch durch die Freundschaft mit Dan unterbrochen wird. Sie lernt, die von ihrer Umgebung vertretenen Positionen zu hinterfragen, aber ihre Erfahrungen und ihr Wissen setzt sie – selbst als sie nach Dans Tod das Gefühl hat, „zu niemandem und zu nichts mehr zu gehören" (S. 85) – nicht in gesellschaftlich relevantes Handeln um. Zwar nimmt sie eine kritische Haltung gegenüber dem Antisemitismus als einem Symptom des Nationalsozialismus ein und zieht sich von ihrer Familie zurück, insbesondere vom Vater, dessen Funktion in der Lagerleitung sie wohl kennt, aber nicht in der gesellschaftlichen Konsequenz zu definieren vermag, letztendlich verharrt sie jedoch in Passivität und Resignation: „. . . ich muß . . . diesem Volk angehören, ohne die Möglichkeit, mich dagegen aufzulehnen!" (S. 43).

Lise Loewenthal versteht es, auch das Wiedersehen im Jahre 1973 sowohl auf der individuellen als auf der gesellschaftlichen Ebene zu deuten: Während die schon als Kind aktive Ruth die Notwendigkeit erkennt, sich mit der Vergangenheit auseinanderzusetzen, antwortet Erika auf die Frage nach ihrer Mutter: „Mit dem Ende des Nationalsozialismus und mit Papas Selbstmord brach für sie eine Welt zusammen. Sie ist seitdem sehr merkwürdig geworden. Ich weiß nicht, . . . ob sie einfach alles von sich wegschiebt. Wir reden nicht darüber" (S. 173) – Charakteristikum einer Generation?

6 Entwicklung der Hauptperson

Die zu Beginn der Erzählung fünfjährige Ruth wird vorgestellt als ein aufgewecktes, realitätsbezogenes Mädchen. Sie möchte teilnehmen an der Welt der Erwachsenen und fühlt sich betrogen, wenn ihre Fragen nicht angemessen beantwortet und ihre Wünsche nicht ernstgenommen werden: „Alles mußte unecht sein. Als sie kochen wollte, schenkte man ihr einen Puppenherd, in dem man kein Feuer machen konnte . . ." (S. 7). Wenn sie erst lesen kann, so hoffte sie, dann wird sie in der Bibliothik ihres Vaters Erklärungen für alle ihr noch geheimnisvollen Dinge finden.

Ruth darf, ebenso wie ihr Bruder, von ihrem elften Lebensjahr an dabeisein, wenn ihre Eltern Gäste empfangen. Sie ist eine aufmerksame Beobachterin und interessiert an den Gesprächen der Erwachsenen, auch wenn ihr manche Themen noch unverständlich bleiben.

Sie nimmt früh die Sorgen der Älteren wahr, hat ein Gespür für die Veränderungen in ihrer Umgebung und leidet persönlich darunter: „Nichts war mehr wir früher, auch nicht in der Schule. Immer öfter sagte eine Mitschülerin zu ihr ‚dreckige Jüdin', und viele Spielkameraden wandten sich von ihr ab" (S. 19). Den aufkommenden Antisemitismus erlebt sie von Anfang an als bedrohlich, und nach einer Unterrichtsstunde in Rassenkunde begreift sie die Ursache, als sie plötzlich das Gefühl hat, „den Mechanismus der Nazi-

Propaganda zu durchschauen. . . . Das also waren die Juden in den Augen der Deutschen: Schädlinge oder sogar Ungeheuer, gegen die man sich wehren mußte – und das gemeine Vorgehen der Nazis würde noch nicht einmal Gewissensbisse hervorrufen" (S. 22).

Ruth ist allerdings noch zu jung und eingebunden in die Anschauungen ihrer Eltern, um aus dieser Erkenntnis Konsequenzen zu ziehen. Doch obwohl sie sich fest vornimmt, „an die Worte ihres Vaters zu glauben, daß das Ganze nur ein böser Traum war . . ." (S. 24), beginnt mit den ökonomischen Veränderungen, der Trennung von der ihr vertrauten Umgebung, Ruths schmerzhafte Ablösung von der Vorstellungswelt ihrer Eltern. Es „schien, als hätte sie alle Heiterkeit ihrer Kinderzeit für immer verloren" (S. 24).

Besonders betroffen ist Ruth durch den Verweis von der Schule. Abgesehen davon, daß sie ehrgeizig ist und fürchtet, keinen Schulabschluß machen zu können, fühlt sie sich zu jung, um als Erwachsene zu gelten.

Dan, bereits Vertrauter ihrer Kindertage, wird ihr Vorbild, vor allem nach der Erkrankung des Vaters, als sie weiß, daß „nur noch die Kinder das Los der Familie ändern . . ." (S. 66) können. Als der Bruder stirbt, trägt Ruth die Verantwortung für die Familie allein.

Zu dieser Entschiedenheit in Ruths Verhalten hat auch Kurt L. beigetragen, der ihr die Idee der zionistischen Bewegung vermittelt und das Gefühl, dem Schicksal nicht ohnmächtig ausgeliefert zu sein. In allen Stationen ihres Lebens finden sich Freunde so wie er, die Ruth Anregungen geben und ihre Einstellung beeinflussen. Mit Hans W. diskutiert sie die Verführbarkeit der Menschen durch Ideale, durch Uri wird sie angeregt, über ihre Identität als Jüdin nachzudenken, von Ruben erfährt sie die Geschichte der jüdischen Einwanderung nach Palästina. Es sind im wesentlichen Jungenfreundschaften, die für Ruth von Bedeutung sind, an denen sie sich orientiert, wenn sie in Palästina von Schuldgefühlen und Heimweh erfaßt wird, Emotionen, die sie unterdrücken muß, damit sie „die Gegenwart . . . akzeptieren" (S. 142) kann. Dieses ist auch eine Voraussetzung für die Entwicklung zu einer bewußten Israelitin.

Mehr als 30 Jahre später kehrt Ruth, auf der Suche nach einem „Teil ihrer selbst" (S. 168), zu einem Besuch nach Deutschland zurück, wo sie „ihre Wurzeln wiederfinden" (S. 168) möchte. In der Konfrontation mit ihren Kindheitserlebnissen erfährt sie, daß „man sich nicht vor der Vergangenheit drücken" darf; denn „nichts würde sich ändern, wenn man aufhörte, in die Vergangenheit zu schauen, wenn man verlernte zu trauern" (S. 186).

7 Adressaten

Der Klappentext weist Loewenthals Roman als Lesestoff für „junge Erwachsene" aus. Grundsätzlich könnte dieser Vorgabe zugestimmt werden, jedoch nicht vorbehaltlos, denn vom Leser werden Fähigkeiten erwartet, die nicht unbedingt von einer altersbestimmten Reife abhängig sind.

„Shalom, Ruth, Shalom" ist ein vielschichtiges Buch, das für eine Auseinandersetzung mit dem Nationalsozialismus, vor allem dem Antisemitismus, eine aspektreiche Grundlage bietet – dann, wenn der Leser in der Lage ist, diese Fülle an Informationen und Stellungnahmen zu ordnen, sie zu überprüfen und zu bewerten, möglichst sogar, indem er weiteres Material auswertet, was in einigen Abschnitten im Hinblick auf exaktere Datierung sogar erforderlich ist.

Für eine wirksame Lektüre sind demnach Leseerfahrungen, Kritikfähigkeit und Sprachgefühl wesentliche Bedingungen, andernfalls besteht die Gefahr, daß aus dem Angebot alternativer Handlungsmuster persönliche Aussagen – wie z.B. die folgende eines deutschen Schulleiters im Kapitel „Deutschland 1973": „Antisemitismus gibt es unter den Jungen sicher nicht mehr" (S. 174) – nicht als solche erkannt werden und unkommentiert evtl. bestehende Vorurteile verfestigen! Für Jugendliche wird deshalb ein aufgeschlossener Gesprächspartner von Bedeutung sein.

Trotz seiner Schwächen hat Loewenthals Buch seinen Ort in der Schule, im Rahmen des problemorientierten Unterrichts, denn es vermittelt Denkanstöße zu einer weiterführenden Auseinandersetzung mit einer Vielfalt von Themen. Allerdings ist der Einsatz als Ganzschrift nicht anzuraten, es sollten vielmehr besondere Abschnitte ausgewählt werden, die z.B. durch ihren Inhalt oder die Art der Darstellung für den Schüler eine Herausforderung bedeuten, sich intensiver mit der Thematik zu beschäftigen; und das wäre bereits für die Sekundarstufe I möglich.

8 Kritische Würdigung

Unter Berücksichtigung der in den vorhergehenden Abschnitten festgestellten Schwächen kann das Buch „Shalom, Ruth, Shalom" mit Einschränkungen empfohlen werden.

Das Buch ist nicht ausdrücklich als Autobiographie verfaßt, möglicherweise ist darin die Ursache für den manchmal etwas schwierigen Zugang zu sehen; denn überzeugender, weil sie Betroffenheit auslösen, wirken die Passagen, in denen die Identifikation der Autorin mit der Hauptfigur zum Ausdruck kommt.

Die Autorin definiert mit der angezielten Multiperspektivität, mit ihrer um Differenzierung bemühten Faschismusdeutung, mit ihrem weit gesteckten Orts- und Zeitrahmen, der zugleich Geschichte als Prozeß sichtbar machen will, einen sehr hohen Selbstanspruch. Diesem wird sie aber keineswegs durchgängig gerecht. Eindrucksvolle, reflektierende Abschnitte gehen leider zu oft in der Fülle verloren, werden überlesen. So bedarf es – verstärkt im Hinblick auf den jüngeren Leser – einiger Orientierungshilfen, um das letztendlich differenzierte Bild der Autorin vom Nationalsozialismus erkennen und die Widersprüchlichkeiten als Ausdruck der Komplexität erfassen zu können. Gelingt dieses, dann fordert das Buch zu einer kritischen Diskussion heraus.

Melita Maschmann: Fazit. Mein Weg in der Hitler-Jugend

München (Deutscher Taschenbuch Verlag) 1979 (5. Aufl. 1983; 29. – 34. Tds.) (dtv 1427; 7,80 DM)
Zuerst erschienen unter dem Titel „Fazit. Kein Rechtfertigungsversuch" in der Deutschen Verlagsanstalt, Stuttgart 1963

Nora Bretfeld

1 Inhalt

In Form eines – nach eigenen Worten – nicht fingierten Briefes an eine jüdische Jugendfreundin versucht Melita Maschmann (Jahrgang 1918), ihren Weg in der Hitler-Jugend chronologisch nachzuzeichnen, sich ihrer ehemaligen Freundin zu erklären. Dabei werden Erfahrungsberichte und Erinnerungen mit heutiger Reflexion konfrontiert. Die Autorin war ab 1943 Referentin der BDM-Pressestelle in der Reichsjugendführung in Berlin, kann also als Angehörige der politischen Elite des NS bezeichnet werden.

Maschmann beginnt ihren Bericht mit dem Tag der Machtübernahme, schildert ihre Jugend und Karriere in der HJ und den Prozeß des Umdenkens nach dem Zusammenbruch des „Dritten Reiches".

Aufgewachsen in einer nationalistisch-revanchistischen Familie (die Eltern gehören der Deutschnationalen Partei an), fühlt sich die Fünfzehnjährige vor allem von den Parolen „Volksgemeinschaft" und „Beseitigung des Versailler Diktats" angezogen. Gegen den Widerstand der Eltern tritt sie im Frühjahr 1933 heimlich in den BDM ein. Die Enttäuschung über die Inhaltslosigkeit der Heimabende und die fehlenden Bildungsmöglichkeiten versucht sie durch Gründung eines „Elite-Clubs" zu überwinden. Der Zirkel, der sich mit Schriften des H. St. Chamberlain beschäftigt, wird von der Gauleiterin schnell als „Sonderbündelei" verurteilt und aufgelöst. Melita muß einsehen, daß sie „gegen den Geist einer Gemeinschaft gesündigt hatte, auf deren Abzeichen ausdrücklich stand: Nationalsozialistische Arbeiterjugend".

Als eine Gegenbewegung beginnt nun ihre Karriere in der HJ: sie erhält die Aufgabe, die Pressestelle im Kreisbereich des BDM zu übernehmen.

Die Autorin schildert ausführlich die Stationen ihres Werdegangs und die Entwicklung ihres politischen und ideologischen Bewußtseins. Deutlich wird die quasi-religiöse Vorstellung, die die junge Frau mit Deutschland und der „Volksgemeinschaft" verbindet: „. . . denn dein Leben hat jetzt einen Sinn, der unabhängig von dir selbst ist. Es ist nicht wichtig, daß du glücklich bist, aber es ist wichtig, daß du für Deutschland arbeitest" (S. 23). Immer mehr verzichtet sie auf persönliche Freiheit und Entfaltungsmöglichkeit: „Wir hatten gelernt, daß kein Opfer für Deutschland zu groß sei" (S. 45). Nach dem Abitur wird Melita zum Arbeitsdienst nach Ostpreußen einberufen. Harte körperliche Arbeit bis zur physischen Erschöpfung und ein Leben im

Lager, das als „Modell einer Volksgemeinschaft" geschildert wird, kennzeichnen diesen prägenden Lebensabschnitt. Nach dem Arbeitsdienst arbeitet Melita hauptberuflich in verschiedenen Presse- und Propagandaabteilungen des BDM, leitet ab 1939 die Pressearbeit der HJ im „Warthegau" und legt 1941 die Schriftleiterprüfung ab. Danach meldet sie sich freiwillig als „Mädelführerin in Probe" für den Arbeitsdienst in sogenannten Osteinsatzlagern, Lagern in polnischen Gebieten, in denen deutsche Bauern angesiedelt wurden. 1942 wird sie Lagerführerin. 1943 wird sie als Referentin in die BDM-Pressestelle nach Berlin gerufen.

In den letzten Monaten des Krieges arbeitet sie als Bahnhofskommandantin, Leiterin eines Soldatenerholungsheims und Hilfskrankenschwester im Feldlazarett. Das Ende des Krieges erlebt sie in Tirol, erst im Juli 1945 wird sie in Bad Reichenhall verhaftet.

Nach der Gefangenschaft beginnt die innere Ablösung vom Nationalsozialismus, die sich nach ihren Worten erst nach über zwölf Jahren endgültig vollzog.

Den größten Raum in dem 240 Seiten langen Brief nimmt die Schilderung der persönlichen Entwicklung in der HJ ein. Melita Maschmann versucht über ihren Bericht „nicht eine Entschuldigung, aber ein Verständnis zu finden, das die Voraussetzung schaffen könnte für einen dauernden Dialog" (S. 6). Sie legt Wert darauf, daß ihr Brief nicht der Rechtfertigung dienen solle. Vielmehr gehe es ihr darum, einen „langjährigen und mühsamen Prozeß innerer Neuorientierung zu schildern" (S. 242) (vgl. dazu die Kritik in Abschnitt 3).

2 Historischer Hintergrund

Melita Maschmann schildert besonders ausführlich das Leben und die Arbeit in der HJ und im Arbeitsdienst. Dabei berichtet sie über Organisation, Struktur und Arbeitsweise der Massenorganisationen. Alle darüber hinausgehenden Informationen über soziale und politische Zusammenhänge werden nur in bezug zur eigenen Biographie und mit dem Ziel vermittelt, *diese* möglichst genau aufzuschlüsseln und zu erklären. Wenige Ereignisse werden im nachhinein eingeblendet und mit der damaligen Situation der Verfasserin konfrontiert.

Der Erzählzeitraum liegt zwischen dem 10. 1. 1933 und einer zeitlich nicht bestimmten, jahrelangen Phase der Ablösung vom Nationalsozialismus nach 1945. Folgende Themen und Ereignisse werden (teilweise sehr kurz und ungenau) erwähnt:

- (im Rückblick): Abzug der alliierten Truppen aus dem Rheinland 1930 (S. 15 f.);
- „Machtergreifung" am 30.1.1933 (S. 7 – 9);
- Auflösung und Verbot der Bündischen Jugendverbände 1933 (S. 15 f.);
- die Nürnberger Gesetze von 1935 (S. 46);
- die Olympischen Spiele im Sommer 1936 (S. 30 f.);
- die „Reichskristallnacht" im November 1938 (S. 57 f.);

- der Kriegsausbruch 1939 (S. 59 – 63), im Zusammenhang damit die Sudetenkrise 1938 (S. 60) und die Ereignisse um den „Bromberger Blutsonntag" (S. 61 f.);
- der Einmarsch deutscher Truppen in die UdSSR 1941 (S. 96 f.);
- die Vertreibung der polnischen Bauern und die „Umsiedlungsaktionen" in Polen (S. 126 – 140);
- die Existenz von Ghettos für Juden (S. 81 f., 85 – 91);
- die Verwirrung in den letzten Kriegsmonaten (S. 163 – 190) und Hitlers Selbstmord (S. 187 f.);
- der Nürnberger Prozeß 1946 (S. 203);
- die Entnazifizierungsprozesse ab 1945 (S. 205 – 207, 208, 210).

Die Autorin setzt bei der Adressatin ihres „Briefes" wohl das Wissen über die historischen Fakten voraus, nur so läßt sich erklären, daß besonders alle Ereignisse, die mit Verfolgung und Ermordung der Juden im Zusammenhang stehen, nur gestreift oder ganz aus persönlicher Perspektive behandelt werden (S. 36 – 47, 81 f., 85 – 91, 153, 164, 185 f., 202). Der Leser ist auf Zusatz- und Hintergrundinformationen angewiesen.

3 Faschismusverständnis

Die Erklärung von historischen und gesellschaftlichen Phänomenen geschieht bei Maschmann aus der subjektiven *Erlebniswelt* heraus. Ihr Faschismusverständnis läßt sich deshalb nur indirekt erschließen.

Durch ihre Eltern, Mitglieder der Deutschnationalen Partei, wird Melita früh politisiert. Deutschland ist für sie ein Land, das durch den „Diktatfrieden von Versailles" politisch, wirtschaftlich und kulturell geschwächt ist und für dessen Einheit und Stärke man kämpfen müsse. Die antidemokratische und antisemitische Einstellung der Eltern macht sie empfänglich für die Versprechungen der NSDAP: Beseitigung der Arbeitslosigkeit, Beseitigung der politischen Zersplitterung (Volksgemeinschaftsgedanke) und der Folgen des „Versailler Diktats". Maschmann weist in diesem Zusammenhang auf die antidemokratischen, die Republik destabilisierenden Kräfte der Weimarer Zeit als Ursache für die Entstehung des NS hin (S. 10 – 15). Die Idee des „Volksgemeinschafts-Egalitarismus" (Bracher) wird von ihrer Umgebung als attraktive Gegen-„Ideologie" zum demokratischen Gleichheitsgedanken aufgenommen.

Wichtig ist die quasi-religiöse und mystifizierende Qualität, die bestimmte Schlüsselbegriffe für sie haben: „Keine Parole hat mich je so fasziniert wie die von der Volksgemeinschaft. . . . und am Abend des 30. Januar bekam sie einen magischen Glanz" (S. 8). Daneben wird deutlich, wie es dem System gelingt, Jugendlichen Sinn und Selbstwertgefühl zu vermitteln, indem es ihnen den Glauben vermittelt, für eine große Aufgabe gebraucht zu werden: „Ich wollte aus meinem kindlichen, engen Leben heraus und wollte mich an etwas binden, das groß und wesentlich war" (S. 9). Dabei wird beschrieben, daß im Orientierungsprozeß in der HJ die Sehnsucht nach Ich-Bestätigung und das Verlangen nach einer überindividuellen, sogar identitätsauflösenden Vereinigung mit anderen parallel stattfand: „Künftig kann es nie wieder eine solche Krise für dich geben, denn dein Leben hat jetzt einen Sinn, der unabhängig von dir selbst ist" (S. 23). Dieses Verlangen ermöglicht kontinuierlich die Unterdrückung von moralischen Zweifeln an der Richtigkeit des eigenen Handelns (z. B. im besetzten Polen).

Bedingt durch die Entfremdung von Schule und Eltern wird die HJ zum ausschließlichen Vermittler von Orientierung und Lebenssinn, und auch wenn diese „Leistung" in der nachträglichen Reflexion relativiert wird, bleibt ihre Bedeutung für die Entwicklung der Autorin herausragend. Die HJ und der Arbeitsdienst werden als gesellschaftlich isolierter Lebensraum beschrieben, deren Geschlossenheit auch durch Begegnung mit Unterdrückten nicht gefährdet wird.

In Hitler ist die „Kraft" und „Macht" des Dritten Reiches gebündelt und personifiziert („Der ‚politischen Genialität' des ‚Führers' schrieb ich alle Erfolge zu, die das ‚Dritte Reich' errungen hatte. . . . Hatte er nicht auch mein eigenes Leben sinnvoll gemacht, indem er mich zum Dienst für mein Volk verpflichtete?" (S. 189)). Da ist von Hitlers Machtanspruch (S. 76), seinem Machtrausch (S. 170), aber auch seinem verantwortungsbewußten und vernünftigen Handeln die Rede (S. 59 f.). Je mehr die Autorin über die Frage nach Schuld und Verantwortung reflektiert, desto häufiger dient die Figur Hitler der Entlastung: „. . . aber wir erkannten nicht, daß Hitler unseren Traum vom Reich verfälscht hatte. Er war besessen von wahnsinniger Machtgier, und er riß uns in einen brutalen Eroberungskrieg hinein, an dessen Ende Deutschland aufgehört hatte zu existieren, . . ." (S. 237). „Damals konnten wir uns nicht vorstellen, daß Schirach in Nürnberg mit Beweismaterial konfrontiert worden war, aus dem hervorging, daß Hitler in der Tat Millionen ermordet hatte" (S. 203).

Maschmann tendiert damit durchgängig zur Führertheorie, erklärt somit die Entstehung, Stabilisierung und die ungeheure Schuld des NS-Regimes mit der Ausstrahlung und dem alles beherrschenden Einfluß Hitlers: die Führertheorie als Verführungstheorie. Offensichtlich – das zeigt das letzte Zitat – geht Maschmann noch zum Zeitpunkt der Niederschrift ihrer Autobiographie davon aus, daß auch Baldur von Schirach zu den Verführten gehört. – Gegen alle feierliche Bekundung der Autorin („Fürchte nicht, daß ich mich rechtfertigen will"; S. 5) ist die unbewußte (aber eindeutige) Option für die Führer-/Verführungstheorie stets Rechtfertigung.

Ein Buch, das der *Form* nach als Brief an eine jüdische Jugendfreundin und der *Intention* nach als Rechtfertigungsversuch angelegt ist, kann den Problemen des Antisemitismus und der Judenvernichtung nicht ausweichen. Hinzu kommt, daß die Autorin während ihrer Tätigkeit im Warthegau mit der Entmenschlichung der Juden in den Ghettos von Kutno und Lodz hautnah konfrontiert worden ist. Hier wo sie das „Leid der Verfolgten" in „aller Unverhülltheit" vor sich hatte (S. 77), hätte sie – das sagt die Autorin 1963 rückblickend – eigentlich weiterfragen müssen. Aber die „Vormundschaft einer ‚Weltanschauung' " und die Angst vor Identitätsverlust standen dagegen: „Hätte ich weitergefragt, ich wäre unabweislich in Konflikte verstrickt worden, die den totalen Zusammenbruch meiner ‚Welt' bewirkt hätten. Offenbar setzten unsere unbewußten Seelenkräfte – . . . – alles daran, uns vor solchen Krisen zu bewahren" (S. 89). Das ist nachvollziehbar nach allem, was wir über Identitätsverlust wissen. Aber ist es im Argumentationszusammenhang der Autorin nachvollziehbar, wenn sie nach dem Erlöschen der Vormundschaft dieser Weltanschauung die Informationen der Amerikaner über die KZs „für maßlose Übertreibung, wenn nicht für glatte Erfindung" (S. 202) hält. Beleg für das Beharrungsvermögen von „Vormundschaft", für Abwehrmechanismen? Die Frage muß offen bleiben. Wichtiger dürfte sein, daß die Führertheorie auch in dieser Frage Entlastung bietet – eine säkularisierte Form der Lossprechung gewissermaßen.

4 Literarische Gestaltung

Das 242 Seiten umfassende Buch ist in 18 Kapitel ohne Überschriften gegliedert (Kapiteltrennung durch Zahlen). Es ist nicht als Kinder- und Jugendbuch konzipiert, mögliche Erwartungen dieser Lesergruppe an die Gestaltung (Lay-out, Fotos oder Einstreuung anderer Dokumente), aber auch in bezug auf den Inhalt, werden nicht erfüllt. Die Autorin erzählt – von einigen Rückblenden in die Kindheit abgesehen – chronologisch aus der Ich-Perspektive. Der Bericht wird immer wieder unterbrochen und ergänzt, entweder durch direkte Anrede an die Adressatin oder durch Kommentare und Gedanken aus heutiger Sicht. In den direkt an die Adressatin gerichteten Passagen stellt Maschmann das Unternehmen immer wieder in Frage („Vielleicht wirst du es als eine Zumutung empfinden, ihn lesen zu sollen? Diese Frage beunruhigt mich immer wieder" (S. 22), und ihre Befangenheit und Unsicherheit gegenüber der Schulfreundin wird deutlich. Abgesehen von diesen klar abgesetzten Einschüben sind Bericht und heutige Deutung oft schwer auseinanderzuhalten.

Maschmann kommt es auf Bericht *und* Analyse an, nicht darauf, eine spannende Geschichte zu erzählen. Es gibt Reflexionsabschnitte, die hohe Anforderungen – zumindest an junge Leser – stellen. Die Ich-Erzählerin steht kontinuierlich im Mittelpunkt des Berichts. Dies und die durchgehende Beziehung zur Adressatin erleichtern die gedankliche Orientierung und sorgen für Authentizität.

Die Identifikationsmöglichkeiten mit der Erzählerin sind begrenzt. Ihre Biographie ist für heutige Jugendliche sicher nur schwer nachvollziehbar. Praktisch mit ihrem Eintritt in die HJ mit fünfzehn Jahren beginnt eine Zeit des Aktionismus und der Selbstüberforderung im Dienst der überindividuellen, schwer greifbaren „Idee". Allgemeine Pubertätsprobleme, die eine Brükke zu heutigen jungen Lesern bilden könnten (Liebe, Sexualität, Konflikte mit den Eltern, Beziehungen zu Gleichaltrigen), werden ausgeklammert oder existieren für die Einzelgängerin (scheinbar) nicht.

Die sprachlichen Mittel sind einfach; störend sind die häufigen Sprachklischees und unangemessen Naturmetaphern. So beschreibt Maschmann, wie sie gegen Kriegsende nachts einen Bauern pflügen sieht: „Wie die einsamen Pflüger durch den von Mondlicht erhellten Nebel zogen, rührte mich ihr Tun ans Herz, daß ich weinen mußte. Ich empfand die irdische Unvergänglichkeit dieses Tuns, dem kein Untergang droht, wenn die Reiche stürzen, als einen Trost" (S. 176).

5 Verknüpfung von Individual- und Gesellschaftsgeschichte

Die Autorin erlebt den NS und ihre „innere Ablösung" vom „Dritten Reich" ausschließlich aus der eigenen Biographie heraus. Aus dieser engen Verknüpfung von Individual- und Gesellschaftsgeschichte ergibt sich folgendes Dilemma:

Die Zeit in der HJ und im Arbeitsdienst sind für Melita Maschmann zunächst positiv erlebter Teil einer wichtigen Phase ihres Lebens. Sie fühlt sich „in einen schweren und schönen Dienst hineingerufen, mit dem wir glaubten, unsere Pflicht gegenüber dem ‚Reich' zu erfüllen" (S. 76). Ihr Leben erfährt erst durch diesen Dienst seinen eigentlichen Sinn. Dies Erlebnis wird im nachhinein gebrochen durch die historische Erkenntnis, daß ihr Handeln Teil eines verbrecherischen Systems war, dessen personifiziertes Opfer die Adressatin ihres Briefes ist. Da „Gesellschaft" für sie eng an persönliche Beziehungen gebunden ist und sowohl in der Vergangenheit als auch gegenwärtig vorwiegend emotional erfahren und interpretiert wird, ist es ihr fast unmöglich, Distanz zur eigenen Lebensgeschichte zu entwickeln, die Voraussetzung für eine rationale Analyse wäre.

Die Emotionalität der Autorin verhindert auch in der „Ablösung" vom NS eine wirkliche Auseinandersetzung mit dem Phänomen. So schildert sie den Fackelzug am 30. 1. 1933 als quasi-religiöses Schlüsselerlebnis, aber auch die Abkehr vom NS vollzieht sich erlebnishaft-irrational: „Mir war zumute, als sei ich aus einer bösen Verzauberung aufgewacht, in der mich abscheuliche Gespenster und satanische Dämonen gepeinigt hatten. Jetzt würde ich wieder zu leben beginnen wie ein Mensch" (S. 190 f.).

6 Entwicklung der Hauptfigur

Bis zum Eintritt in den BDM mit fünfzehn Jahren bestimmen die Eltern Melitas Sozialisation. Sie berichtet allerdings nur im Zusammenhang mit politischer Beeinflussung über Mutter und Vater; eine tiefe emotionale Beziehung und ein Geborgenheitsgefühl scheint es nicht gegeben zu haben. Über den Tod der Eltern bei einem Bombenangriff wird relativ sachlich berichtet (S. 163 f.). Auch der heimliche Eintritt in die HJ scheint für Melita keine wirkliche Konfliktquelle für die Beziehung zu den Eltern zu sein.

Schule als Sozialisationsinstanz spielt vor und nach dem BDM-Beitritt eine untergeordnete Rolle. „Die HJ braucht Menschen mit einer soliden Ausbildung", sagt eine HJ-Führerin zu Melita (S. 29). Nur deswegen absolviert sie sie als Pflichtübung neben der HJ-Tätigkeit bis zum Abitur. Diese Arbeit muß vor den Eltern verheimlicht werden, als der Vater ihr wegen schlechter Zensuren jegliches politische Engagement verbietet: „Ich ging also gleichzeitig zur Schule und bemühte mich außerdem, ein Pensum zu schaffen, das normalerweise eine fleißige hauptberufliche Kraft beanspruchte" (S. 28). Auffällig ist, daß Melita keinen Austausch mit der Erwachsenengeneration hat. Das Erziehungsprinzip der Nazis, „Jugend führt Jugend" verwirklicht sich in ihr. Nur die Begegnung mit der Direktorin eines deutschen Gymnasiums in Lodz bleibt als einschneidendes Erlebnis haften und zeigt, wie sehr sie die Beziehung zu Älteren gebraucht hätte: „Ich sehe die Frau vor mir, die den Mut hatte, an meine geistige und ethische Selbständigkeit zu appellieren. . . . Sie kam später noch darauf zu sprechen, daß es ein Fehler sei, die religiöse Erziehung in Schule und Hitler-Jugend zu unterdrücken. Ich halte es für möglich, daß sie mich aus christlicher Überzeugung zu warnen versuchte, möchte es aber nicht behaupten. . . . Aber wo war ein Rat, dessen menschliche und geistige Überlegenheit uns half, reifer zu werden? Mußten wir alles aus uns selber schaffen" (S. 82)?

So sind also die HJ und später der Arbeitsdienst Melitas Familien- und Partnerschaftsersatz, Ort politischer und emotionaler Orientierung, Sinnvermittler und Kraftspender. Dabei wird deutlich, daß sie die Defizite dieser Lebensform – keine Orientierungsmöglichkeit an Älteren, fehlende Bildungschancen, Ungerechtigkeit und Verbrecherisches in der Ideologie – zwar erkennt oder „instinktiv" wahrnimmt, aber gleichzeitig von sich wegschiebt. Dafür ein Textbeispiel: „Die 1935 erlassenen Nürnberger Gesetze habe ich zum erstenmal gelesen, als ich 1941 eine Schulung in einem Arbeitsdienstlager darüber halten mußte. Vorher hatte ich mich mit einer sehr ungenauen Kenntnis ihres Inhalts begnügt. Es wird wohl so gewesen sein, daß ich es nicht genau wissen wollte, was sie enthielten" (S. 46).

Wie funktionierte nun die enge Bindung an den NS und die HJ? Ein wichtiger Faktor ist der blinde Aktionismus, in den Maschmann sich mit Eintritt in die HJ stürzt und der ein Innehalten und Reflektieren unmöglich macht: „Der Arbeitsfanatismus war eine Leidenschaft für viele von uns geworden. Wahrscheinlich schöpften wir eine Selbstbestätigung aus ihm die wir brauchten. . . . Warum haben wir uns in diesen Arbeitsfanatismus gestürzt? Sollte es dabei eine Rolle gespielt haben, daß wir keine Zeit zum Nachdenken haben wollten? Oder trifft die Umkehrung zu: Fanden wir keine Zeit zum Nachdenken, weil wir in einem ständigen Hetztempo arbeiteten (S. 94)? „Hitler hatte recht, dachte ich. Wir dürfen keine Minute mit unserer Kraft sparen" (S. 95). Arbeit erhält fast religiöse Bedeutung und einen Sinn an sich, ohne danach zu fragen, wofür sie gebraucht und mißbraucht wird.

Melita Maschmann gelangt vor allem über zwei Wege zur Erkenntnis: den der emotionalen Erfahrung und den der persönlichen Begegnung mit Menschen.

So glaubt sie zum Beispiel die Vernichtung der Juden erst, als sie Jahre nach Kriegsende (und nach der nicht akzeptierten Information durch die Amerikaner) persönlich mit Juden spricht, deren Familien in Auschwitz ermordet wurden (S. 230 f.).

Erstaunlich ist die Mobilisierung von Gefühlen einerseits und ihre erfolgreiche Verdrängung andererseits, wenn es um das Erkennen von Unrecht im System und im eigenen Handeln geht: „Das Elend bettelnder Kinder trieb mir ein Schluchzen in die Kehle. Aber ich biß die Zähne zusammen. Allmählich lernte ich es, meine ‚Privatgefühle' in solchen Situationen schnell und radikal auszuschalten" (S. 87). Eine intellektuelle Auseinandersetzung mit den Fundamenten des NS findet nicht statt und eventuell wahrgenommene Widersprüche mit der subjektiven Moral werden mit Rücksicht auf die überindividuelle Idee verdrängt.

Auffallend ist, wie sie die Bürokratie in der Partei, ihre banalen Schulungsversuche und die Mittelmäßigkeit ihrer Mitarbeiter kritisiert und ihre eigene Begeisterung für die Sache positiv dagegen setzt. Dadurch gelingt es ihr beispielsweise, die Wirklichkeit und die Konsequenzen der Rassenideologie zu verdrängen: „Ich konnte es mir sogar leisten, mich lustig über den ‚nordischen Rummel' zu machen, den ich zu den Kinderkrankheiten der nationalsozialistischen Bewegung rechnete" (S. 49).

Problematisch wird mit diesem Vorwissen Melita Maschmanns Abkehr vom NS. Sie findet nur begrenzt durch intellektuelles Abarbeiten oder eine rationale Selbstaufklärung statt (Helga Grebing im Nachwort zur Taschenbuchausgabe). Begegnungen mit demokratisch und christlich orientierten Menschen nach dem Krieg, die „verzeihende Liebe" (S. 231), die ihr von ehemaligen Feinden entgegengebracht wird, ermöglichen den Beginn einer zwölfjährigen Phase der „Ablösung" vom NS. So schreibt sie über ein Gespräch mit einer Äbtissin: „Die Schuld, die ich – so wie sie (d.h. die Äbtissin) die Dinge sah – objektiv auf mich geladen hatte, war getilgt und wie niemals dagewesen" (S. 217). Ich möchte nicht bezweifeln, daß die Autorin wirklich versucht hat, ihre Jugend im NS und die Mechanismen, nach denen sie geformt und mißbraucht wurde, zu verstehen und sich davon zu befreien. Nur bezweifle ich, ob ihr das wirklich gelungen ist. Wenn sie sich am Ende des Briefes auf Allgemeinplätze zurückzieht, wird deutlich, daß es für sie eben doch keine klar erkenn- und benennbaren Ursachen für die Entstehung und Stabilisierung des NS und im Grunde auch keine wirkliche persönliche Schuld gibt. Letztlich verweist der Brief an die jüdische Jugendfreundin mit seiner impliziten Faschismustheorie (Führer-/Verführungstheorie) auf einen „Ausbruch in die Unbelangbarkeit" (Marquard; vgl. hier noch einmal die Ausführungen im Abschnitt „Faschismusverständnis).

7 Adressaten

Für Menschen in Maschmanns Generation – vielleicht sogar selbst betroffen durch eine ähnliche Lebensgeschichte – ist das Buch sicher Zeugnis für den mutigen und selbstentblößenden Versuch der Bewältigung. Ohne über diese Leistung respektlos hinwegzugehen möchte ich bezweifeln, ob „Fazit" sich als Lektüre für Jugendliche eignet. Wenn man in Kauf nimmt, daß dieses Buch vielleicht das einzige literarische Zeugnis über den NS für junge Leser bleiben könnte, wäre die Lektüre ohne ausführliche Zusatzinformationen sowohl über Maschmanns Lebensbereich als auch die Gegenwelt der Unterdrückten meiner Meinung nach sogar gefährlich, weil verharmlosend.

Sehr fruchtbar könnte ich mir die ausführliche Behandlung des Themas anhand von mehreren autobiographischen Zeugnissen und Dokumentationsmaterial vorstellen, z. B. im Zusammenhang mit dem „Gegenbuch" von Margarete Hannsmann: „Der helle Tag bricht an". Dies könnte wohl mit Lesern der Sekundarstufe II, also etwa ab 16 Jahren, gelingen.

8 Kritische Würdigung

Als Leserin, die die Chance gehabt hat, mehr und andere Informationen über den NS zu erhalten, als in Maschmanns Buch vermittelt werden, habe ich das Buch – trotz positiver Teilaspekte – mehr mit wachsender Verärgerung als mit Gewinn gelesen.

Ob ein junger Leser über die individuelle Wahrheit der Melita Maschmann hinaus ein Stück von der widersprüchlichen und komplexen Wahrheit „Nationalsozialismus" erfahren wird, ist fraglich, zumal die eindeutige Trennung von damaligem Geschehen und heutiger distanzierter Beobachtung nicht klar genug vollzogen wird. Ich glaube, es gibt erhellendere Bücher für Jugendliche zu dem Thema.

9 Das Buch im Urteil des Lesers

In ihrem Buch „Fazit" setzt sich Melita Maschmann u. a. mit der Frage auseinander, was sie bewog, jahrelang am Nationalsozialismus festzuhalten, obwohl sie dessen negative Seiten erkannt hatte, aber nicht wahrhaben wollte. Das ist ein Punkt, den auch dieses Buch mir kaum verdeutlichen kann. Es ist mir unbegreiflich, wie damals ein Mensch, der Hitlers „Mein Kampf" gelesen hatte, ihm immer blind vertrauen und sagen konnte: „Hitler wird schon wissen, warum er so handelt, er will doch nur das Beste für unser Volk."

Ich glaube, daß es damals vielen Menschen so erging wie Melita Maschmann, wenn sie sagt, daß sie zu hartherzig, zu feige und zu geschmeichelt von ihrer Führungsrolle gewesen sei, um zu erkennen, daß sie selbst half, ein menschenunwürdiges Verbrechen zu begehen.

Die Briefform erscheint mir als sehr geeignet für solch ein Buch, denn sie regt mit der direkten Ansprache mehr noch als andere Formen jeden Leser zum Nachdenken an. Besonders ältere Leser, die den Nationalsozialismus selbst miterlebt haben, werden durch diese Ansprache stark mit den Fragen, die die Autorin bewegten und noch bewegen, konfrontiert. Melita Maschmann sagt zwar, daß dieses Buch ein Fazit und keine Rechtfertigung sein soll, aber an manchen Stellen empfinde ich es zumindest als Rechtfertigungsversuch.

Trotz allem hat mich dieses Buch als Warnung vor dem Faschismus sehr angesprochen, denn es zeigt, wie schnell auch klar denkende Menschen dem Faschismus verfallen können. Es ist meiner Meinung nach besonders für Jugendliche eindrucksvoll, weil Melitta Maschmann sehr persönlich und lebendig ihre eigene Jugend „zu Wort kommen läßt".
Schülerin, 15 Jahre

Jona Oberski: Kinderjahre

Novelle. Wien/Hamburg (Zsolnoy Verlag) 1980 (19,80 DM)
Das Buch erscheint im März 1986 als Taschenbuch bei Heyne, München (5,80). Die niederländische Originalausgabe erschien unter dem Titel „Kinderjaren" bei Uitgeverij BZZTOH, Den Haag 1978. Die Seitenangaben der Rezension beziehen sich auf die deutsche Erstausgabe.

Sebastian Nübling

1 Inhalt

Jona Oberski schildert in seinem Buch „Kinderjahre" die Erlebnisse eines kleinen jüdischen Jungen zwischen dem vierten und siebten Lebensjahr, der während der nationalsozialistischen Besetzung der Niederlande mit seinen Eltern in das Konzentrationslager Bergen-Belsen deportiert wird. Der Vater kommt im Lager um, die Mutter stirbt kurz nach der Befreiung in einem Krankenhaus. Das Buch endet mit der Rückkehr des Jungen in seine Heimatstadt Amsterdam, wo er von Pflegeeltern aufgenommen wird.

Der Erzählzeitraum umfaßt die Jahre 1942 – 1945. Der Ich-Erzähler ist der kleine Junge, aus dessen Sicht die Ereignisse beschrieben werden. Er trägt im Buch keinen Namen. „Kinderjahre" ist in vier Abschnitte mit je 4 – 7 Kapiteln unterteilt. Es gibt keine durchgängige Handlung, sondern Oberski beschreibt in jedem Kapitel ein Ereignis, wobei ganz Alltägliches neben höchst Dramatischem steht.

Der erste Abschnitt beginnt mit der Rückkehr des Jungen und seiner Mutter aus dem Lager Westerbork, wohin sie irrtümlich verschickt worden waren. Wieder zu Hause schildert der Autor mehrere Begebenheiten, die das glückliche Zusammenleben der Familie veranschaulichen („Der Hampelmann"; S. 11 ff.). Sehr schnell wird dem Leser bewußt, daß es sich um einen erst vierjährigen Jungen handelt, der stark von der liebevollen Zuwendung seiner Eltern, besonders von der Mutter abhängig ist. Eine erste Irritation stellt sich ein, als der Junge vom Sohn des Kaufmanns mit „Jude" beschimpft wird (S. 15). Auf die Beschwerde des Vaters reagiert der Kaufmann mit der Weigerung, ihm weiterhin Lebensmittel zu verkaufen.

Die sich verschlechternden Bedingungen beunruhigen die Eltern sehr. Sie versuchen ihre Angst vor dem Kind zu verbergen. Eines Nachts wird die ganze Familie von einem Soldaten abgeholt. Der Junge wird aus dem Schlaf gerissen, sie müssen sehr schnell ihre Sachen packen. Der Soldat treibt sie immer wieder zur Eile an und bringt sie zu einer Sammelstelle. Es erfolgt die erneute und diesmal endgültige Einweisung in das Lager Westerbork (S. 32), wo die Eltern einen Ausreiseantrag stellen. Sie hoffen, nach Palästina ausreisen zu dürfen. Doch diese Hoffnung erweist sich bald als trügerisch, denn nach einer kurzen Zeit im Lager Westerbork wird die Familie in das

Konzentrationslager Bergen-Belsen deportiert (S. 45). Um den Jungen nicht mit der für ihn unverständlichen Wahrheit konfrontieren zu müssen, lassen die Eltern ihn in dem Glauben, daß man sich auf der Reise nach Palästina befinde und daß Bergen-Belsen nur eine Station dieser Reise sei.

Der dritte Abschnitt (S. 53 – 100) schildert das Leben im KZ. Im Unterschied zu Westerbork muß die Familie in Bergen-Belsen getrennt leben. Der Vater wird bei der Ankunft einem Arbeitskommando zugeteilt, der Junge bleibt bei der Mutter. Als die Mutter einen Aufseher besticht und ein Treffen mit ihrem Mann arrangiert, erkennt der Junge ihn kaum wieder. Der Vater ist kahlgeschoren, abgemagert und so geschwächt, daß er sich seinen Sohn nicht wie früher auf die Schultern setzen kann. Wenig später wird der Vater schwer krank und kommt in die Krankenbaracke. Weil es kaum Medikamente gibt, kann ihm nicht geholfen werden. Im Kapitel „Schatten" (S. 78 ff.) soll der Junge seine Mutter sofort in die Krankenbaracke schicken, da sein Vater im Sterben liegt. Es ist ihm nicht bewußt, welche Bedeutung dieser Auftrag hat, und er vergißt ihn bei einem Spiel. Die Mutter wird von Trude, einer Freundin, benachrichtigt, und der Junge besteht darauf, beim Tod des Vaters dabeisein zu dürfen, mit der Begründung, daß anderen Kindern dies auch erlaubt worden wäre. Während die Mutter mit dem Arzt spricht, sieht der Junge den Vater sterben: „Aber dann geschah etwas Seltsames: er bekam den Mund nicht mehr zu. Er wollte zwar etwas sagen, aber es ging nicht. Man hörte seinen Atem, aber es kam kein Wort. Ich drehte mich um und lief zum Fußende des Bettes. Der Doktor stand mit dem Rükken zu mir. Ich hörte Mutters Stimme von der anderen Seite, aber ich konnte sie nicht sehen. Ich stieß ihn zur Seite und zog an Mutters Kleidern, weil sie mir nicht zuhören wollte. Ich schrie, mein Vater wolle etwas sagen, aber es ging nicht, weil er den Mund nicht zukriegte, und daß sie ihm helfen müsse. Der Doktor drehte sich um und sagte: ‚Es ist vorbei' " (S. 87).

Der Junge will sich bei den anderen Kindern im Lager eine Position erkämpfen. Um in die Runde der Größeren aufgenommen zu werden, muß er eine Mutprobe ablegen: er soll allein in eine von den Kindern „Tropenhaus" genannte Baracke gehen (S. 91). Er betritt die Baracke und befindet sich im Totenhaus. Unter den vielen Leichen versucht er seinen Vater zu finden und meint, ihn auch gesehen zu haben, nackt und ohne Laken, als ihn die größeren Kinder rausholen und zu seiner Mutter bringen. Der Junge macht ihr Vorwürfe, wie sie es zulassen konnte, daß man den Vater nackt zu den anderen Leichen geworfen hat.

Der dritte Abschnitt endet mit dem Abtransport in ein Vernichtungslager. Auf der Fahrt wird die Mutter schwer krank. Nachdem sie vierzehn Tage unterwegs sind, bleibt der Zug auf offener Strecke stehen. Ein paar Stunden später kommen Soldaten: es sind Russen, die die Menschen befreien. Der Zug wird nach Tröbitz gebracht, wo die Mutter in ein Krankenhaus eingeliefert wird. Der Junge wird mit Trude in der Stadt einquartiert. Bei einem Besuch im Krankenhaus erlebt er die Mutter als Verrückte, die mit Gegenständen um sich wirft und jeden beschuldigt, sie umbringen zu wollen. Erst als die Mutter sich beruhigt hat, erkennt der Junge sie wieder. Wenig später stirbt die Mutter. Als Trude dem Jungen von ihrem Tod erzählt, bekommt er einen Anfall und wird so krank, daß Trude um sein Leben fürchtet. Nach seiner Genesung kehrt Trude mit ihm nach Amsterdam zurück und bringt ihn zu Pflegeeltern.

Das letzte Kapitel (S. 146) „Tante Lisa" – so soll er seine Pflegemutter nennen – schildert eine Folge der traumatischen Erlebnisse des Jungen: Aus Angst vor einer ansteckenden Krankheit hatte seine Mutter ihm im Lager verboten, Fremde auf den Mund zu küssen. Als Tante Lisa ihn in den Arm nimmt und auf den Mund küßt, reagiert er sehr heftig: „Meine Beine zappelten. Meine Hände griffen nach dem Teller und schmissen ihn auf den Boden. Ich trat drauf, ich weinte und schrie: ‚Du hast mich auf den Mund geküßt. Jetzt muß ich sterben. Das hat meine Mutter selbst gesagt.' Erbrochenes füllte meinen Mund" (S. 147).

Dieses Ereignis und die Widmung am Ende des Buches: „Für meine Pflegeeltern, die eine ganze Menge mit mir auszustehen hatten" geben einen Ausblick auf die Schwierigkeiten, mit denen der Junge zu kämpfen haben wird, um die schrecklichen Erfahrungen aus den Lagern zu bewältigen.

2 Historischer Hintergrund

Die Handlung spielt in den Jahren 1942 – 1945. Die Tatsache, daß in Europa Krieg herrscht, tritt nur in zwei Ereignissen in die Erzählung ein:

- Die Lagerinsassen in Westerbork müssen sich bei Luftangriffen auf Amsterdam in den Baracken unter den Betten in Sicherheit bringen (S. 45).
- Bei der Befreiung durch russische Soldaten werden die deutschen Wachmannschaften gefangengenommen und in Kolonnen abgeführt (S. 117 ff.).

Da Oberski streng aus der Perspektive des jüdischen Jungen erzählt, beschränkt sich die Schilderung historischer Fakten hauptsächlich auf die Auswirkungen der nationalsozialistischen Herrschaft auf sein Leben und das seiner Umgebung. Folgende Sachinformationen sind im Text enthalten:

- nichtjüdische Geschäfte dürfen an Juden nicht mehr verkaufen (S. 19);
- Kennzeichnung der Juden durch den gelben Stern (S. 28);
- plötzliches Abholen mitten in der Nacht und Transport in ein Lager (S. 32 ff.);
- Deportation aus dem Heimatland Holland in ein deutsches Konzentrationslager (S. 47);
- tagelanger Transport unter menschenunwürdigen Bedingungen in Bahnwaggons (S. 49);
- Trennung der Familie im KZ (S. 53);
- mangelhafte medizinische Versorgung im Lager (S. 78);
- Abtransport in ein Vernichtungslager kurz vor der Befreiung (S. 101).

Diese Informationen sind zum großen Teil nur angedeutet oder versteckt im Text enthalten, was in der Erzählperspektive von „Kinderjahre" begründet ist: Ein kleiner Junge kann die geschichtlichen Zusammenhänge nicht verstehen, sondern spürt nur die Folgen der historischen Situation für seinen Lebensbereich. Informationen erhält der Leser nur aus Gesprächen der Erwachsenen, die von dem Jungen wiedergegeben werden. Das Buch besitzt leider keinen Anhang, der die historischen Fakten ausführlich darstellt und Zusammenhänge erläutert.

3 Faschismusverständnis

Das Faschismusverständnis in Oberskis Buch läßt sich nicht direkt erschließen, denn „Kinderjahre" beschreibt nicht den Faschismus, sondern das Spezifikum des deutschen Nationalsozialismus: den Antisemitismus und Völkermord an den Juden.

Oberski gibt keine Antworten auf die Fragen nach den Gründen und Ursachen des Antisemitismus. Der Grund für das Aussparen dieser Ursachen ist meiner Meinung nach darin zu finden, daß ein 4 – 7jähriger Junge im Zentrum der Handlung steht, der die antisemitische Ideologie der Nationalsozialisten nicht verstehen kann. Seine Eltern wissen nicht, wie sie ihrem Sohn das Unfaßbare ihrer Situation verständlich machen sollen und beruhigen ihn auf dem Transport ins KZ mit der „Geschichte", daß sie sich auf der Reise nach Palästina befänden oder vertrösten ihn mit seinen Fragen auf später, „wenn du größer bist".

Nur an wenigen Stellen im Text werden Personen geschildert, die mit der Verfolgung und Bewachung der Juden zu tun haben. Sie werden auf zwei verschiedene Weisen dargestellt:

1 Oberski beschreibt Personen, bei denen er zwischen Mensch und Funktion unterscheidet. Er zeigt „normale" Menschen, die Schreckliches tun: Der Soldat, der die Familie mitten in der Nacht abholt und mit gebrüllten Kommandos zu immer größerer Eile antreibt, trägt den Koffer der Mutter, der für sie zu schwer ist (S. 35). – Beim Transport ins Vernichtungslager hält der Zug auf offener Strecke. Die Häftlinge dürfen sich unter Bewachung nach draußen begeben. Ein Soldat scherzt mit Trude und erlaubt ihr und dem Jungen, länger als die anderen im Freien zu bleiben. Auf Trudes Frage, wo sie sich befände, antwortet er: „Wo ihr seid, darf ich nicht sagen, aber es ist aus" (S. 114).
   Diese Soldaten erfüllen eine fürchterliche Aufgabe, aber Oberski gibt ihnen auch menschliche Züge. Durch diese Darstellung gelingt es ihm, den Blick des Lesers auf den Widerspruch in diesen Menschen zu lenken: Obwohl sie Menschen sind, handeln sie unmenschlich.

2 Im Konzentrationslager herrscht die totale Überwachung. Von den Wachttürmen, die das Lager umschließen, wird auf die Juden geschossen, wenn sie in kleinen Gruppen zusammenstehen. Die Mutter erklärt ihrem Sohn diese Situation: „Er sieht dich überall. Und wenn er dich mal nicht sieht, so gibt es bestimmt einen anderen Wachtposten, der dich sehen kann" (S. 75).
   Diese Situation der dauernden Beobachtung und Gefährdung wird nicht als etwas von Gott Gegebenes begriffen, sondern auf die Lagerwächter zurückgeführt. Die Mutter zeigt dem Jungen, daß in jedem Wachtturm ein Mensch steht, der sein Gewehr auf die Lagerinsassen richtet.

Oberski bewertet das Verhalten dieser Menschen nicht, sondern bleibt bei der nüchternen Beschreibung, die jedoch im Leser die Frage entstehen läßt, wie Menschen zu solchen Taten fähig werden und wie Menschen beschaffen sein müssen, um so zu handeln.

Eine Teilantwort auf diese Frage kann die sozialpsychologische Erklärungsweise des Faschismus geben (vgl. dazu Mainzer 1985, S. 348 – 350).

Die Hauptvertreter dieser Theorie – Adorno, Fromm und Reich – prägten den Begriff „autoritärer Charakter", womit sie einen psychischen Zustand bezeichnen, der durch zwei Hauptmerkmale gekennzeichnet ist: die Bewunderung von Macht und Autorität und das Streben, sich ihr zu unterwerfen einerseits und andererseits der eigene Machthunger und der Wille, sich andere Menschen gefügig zu machen. Die äußeren Zwänge werden vom „autoritären Charakter" als Schicksal, Naturgesetz, Wille des Herrn, menschliche Bestimmung oder Pflicht begriffen, auf jeden Fall als eine höhere Macht, der sich das Individuum zu unterwerfen hat. Im Gegensatz dazu steht die oben unter 2 beschriebene Situation, in der die Mutter ihrem Sohn erklärt, daß *Menschen* und nicht „das Schicksal" für das Elend der Juden verantwortlich sind.

Nicht nur Deutsche sind es bei Oberski, die sich an den Juden versündigt haben. Am Beispiel des Kaufmanns, der es ablehnt, Waren an Juden zu verkaufen, gibt der Autor indirekt Hinweise auf die faschistische Bewegung (nach ihrem Leiter Mussert-Bewegung genannt) in den Niederlanden. Im Vergleich zu den beiden großen Volksparteien war sie allerdings recht unbedeutend. Deshalb entspricht es auch durchaus der geschichtlichen Wirklichkeit, wenn in den Jugendbüchern, die die Niederlande als Handlungsort haben (vgl. etwa Asscher-Pinkhof, Reiss), die Oppposition gegen den deutschen Faschismus und die Hilfsbereitschaft gegenüber den Juden besonders betont werden.

4 Literarische Gestaltung

„Kinderjahre" hat einen Umfang von 148 großbedruckten Seiten. Es ist in 4 Abschnitte mit insgesamt 21 Kapiteln unterteilt. Jedes Kapitel umfaßt 4 – 15 Seiten und trägt eine Überschrift, die das beschriebene Ereignis mit einem Begriff kennzeichnet (Irrtum, Der Hampelmann, Schatten, Tropenhaus, Krankheit . . .). Die Gliederung und die Tatsache, daß das Buch eine einsträngige Handlung aufweist und mit sehr wenigen Personen auskommt, schaffen eine klare Struktur, die lesemotivierend wirkt und das Lesen angenehm macht.

Oberski gelingt es, einen dramatischen Spannungsbogen zu schaffen,obwohl er keine durchgängige Handlung beschreibt, sondern Ereignisse chronologisch aneinanderreiht. Die zeitlichen Abstände zwischen den einzelnen Kapiteln sind unterschiedlich lang – zu Beginn des Buches noch weit auseinanderliegend, verkürzen sich die Abstände im Verlauf der Handlung. Je rascher die Ereignisse aufeinander folgen, desto höher steigt die Spannung, bis sie im Kapitel „Krankheit" (S. 138 ff.) ihren Höhepunkt findet. Diese Entwicklung wird durch den knappen, meistens nur auf Subjekt – Prädikat – Objekt beschränkten Satzbau gefördert, der eine große Dynamisierung des Geschehens mit sich bringt. Die Knappheit der Sprache findet ihre inhaltliche Entsprechung in der Beschränkung auf die Darstellung weniger, aber markanter Ereignisse. Da Oberski ausschließlich in der Ich-Form und nur aus der Perspektive des Jungen erzählt, ist das Prinzip der Reihung eine gute literarische Umsetzung des Erinnerungsvermögens von Kindern, die sich eher einzelne Ereignisse vergegenwärtigen, als längere, miteinander verbundene Handlungen. Daß die berichteten Ereignisse keine Einzelstücke bleiben, sondern sich zu einem Gesamtbild zusammenfügen, ist dem Sog zu verdanken, den die Strenge der literarischen From erzeugt. Der Leser wird förmlich mitgerissen, es gibt kaum Inseln, auf denen er sich dem Strom des Geschehens entziehen kann.

Obwohl Oberski in der Vergangenheitsform schreibt, ist es ihm mit der Sprache gelungen, dem Leser glaubhaft zu machen, daß ein Kind seine Erlebnisse im Augenblick des Geschehens und nicht ein Erwachsener rückblikkend seine Kindheit beschreibt. Kurze knappe Sätze charakterisieren diese Sprache. Oberski benutzt keine bildhaften ausschmückenden Adjektive, um eine Situation zu erfassen, sondern reiht Beobachtungen aneinander: „Es war dunkel. Die Wände waren aus Holz. Es roch fremd. Es klang, als wären noch mehr Leute da. Mutter hob meinen Kopf und schob ihren Arm darunter. Sie zog mich an sich. Sie küßte mich auf die Wange" (S. 7). Trotz dieser eher analytisch beschreibenden Sprache geht von ihr eine starke emotionale Wirkung aus, eben weil durch die sprachliche Umsetzung einer additiven Wahrnehmungsweise, die hauptsächlich Kindern zu eigen ist, der Leser immer wieder daran erinnert wird, daß ein kleiner Junge der Erzähler ist.

„Kinderjahre" erweckt den Eindruck einer authentischen Geschichte, einer Autobiographie, was durch die Schlußwidmung: „Für meine Pflegeeltern, die eine ganze Menge mit mir auszustehen hatten" unterstützt wird. Im Untertitel heißt das Buch aber: Novelle. Ich vermute, daß „Novelle" nicht darauf zu beziehen ist, daß „Kinderjahre" eine fiktive Geschichte erzählt, sondern daß Oberski damit deutlich machen will, daß er seine persönliche Geschichte bearbeitet und ihr eine Form gegeben hat. Diese Form mag für den Autor ein Mittel sein, um Distanz zur eigenen Vergangenheit zu erhalten, den Leser zieht gerade die Präzision der literarischen Gestaltung in den Bann eines erschütternden Schicksals.

5 Verknüpfungen von Individual- und Gesellschaftsgeschichte

Angesichts der nur spärlich in den Text eingearbeiteten historischen Fakten und der Konzentration der Handlung auf das Leben des Jungen und seiner Familie scheint „Kinderjahre" eine rein individuelle Geschichte zu erzählen. Aber das Buch beschreibt viele Situationen, in denen gezeigt wird, daß aus einer Masse von Menschen (an Sammelstellen, bei Massentransporten, in Massenunterkünften in den Lagern usw.) eine Familie herausgegriffen wurde, deren Lebensweg, exemplarisch für andere, verfolgt wird. Die besondere Situation, in der diese Familie lebt, wird bestimmt durch das entscheidende Phänomen der nationalsolzialistischen Herrschaft: den Völkermord an den

Juden. Das Unrecht, das diesem Volk angetan wurde, ist hier beispielhaft beschrieben, wobei das ganze Ausmaß der Judenverfolgung – die Ermordung einer ganzen Bevölkerungsgruppe – noch nicht einmal erwähnt wird. Das Einzelschicksal, das vielen Menschen ähnlich widerfahren ist – Gefangennahme, Deportation, Inhaftierung in Konzentrationslagern, Konfrontation mit Hunger und Tod, Verlust von Familienangehörigen – wurde in seiner Summe zum schrecklichen Leidensweg eines ganzen Volkes.

Mehr noch als die Erwachsenen stehen die wehrlosen Kinder der Verfolgung und der Gewalt ratlos gegenüber. Ohne die Erklärungen der Erwachsenen bleiben ihnen die Ursachen und Hintergründe ihrer Situation verschlossen. Dieses Unverständnis wird in „Kinderjahre" durch das Alter des kleinen Jungen verstärkt: er könnte Erklärungen seiner Eltern gar nicht verstehen, weil ein 4 – 7jähriges Kind kaum in der Lage ist, solch schreckliche Zusammenhänge zu begreifen.

Der Leser wird nicht nur durch das Schicksal des Jungen ergriffen, er muß auch die Bedrängnis der Eltern verstehen, die ihrem Sohn nicht erklären können, was ihm und ihnen widerfährt. Insofern ist das Buch nicht nur ein Beispiel für die Lage der Juden im Dritten Reich, sondern es steht auch exemplarisch für Kinderelend. Die emotionale Betroffenheit, die sich beim Lesen von „Kinderjahre" einstellt, zwingt den Leser, nach all dem zu fragen, was dem Jungen unverständlich bleibt: nach den Schuldigen, nach den Ursachen, den Hintergründen, der Entstehungsgeschichte eines Systems, das ein solches Unrecht verübt hat.

6 Entwicklung der Hauptfigur

„Ich kletterte auf Mutters Schoß. Ich legte den Arm um ihren Hals. Sie drückte mich an sich. Vater kam zu uns. ‚Wir machen einen Kreis aus Köpfen', sagte er. ‚So können wir uns alle drei zugleich einen Kuß geben.' Und das taten wir" (S. 19).

Diese Textstelle, die Beschreibung einer nahezu idealen Kinderzeit, charakterisiert sehr gut das Klima, in dem der Junge in der Familie aufwächst. Wie alle Kinder in seinem Alter, ist er stark von der Zuneigung der Eltern abhängig. Da der Vater arbeitet und der Junge zwangsläufig mehr Zeit mit der Mutter verbringt, ist die Beziehung zu ihr intensiver. Aber beide Elternteile erfüllen sein Bedürfnis nach körperlicher Zuwendung und gehen auf alle seine Fragen ein. Sie versuchen ihn davor zu behüten, schlecht behandelt zu werden, weil er Jude ist und verbergen ihre Zukunftsangst vor ihm.

Die Geschichte von „Kinderjahre" ist die Geschichte der radikalen Veränderung der Lebensumstände dieser Familie. Die Normen und Wertvorstellungen, die die Eltern ihrem Sohn vermittelt haben, prallen im Lagerleben auf eine Wirklichkeit, in der sie keine Gültigkeit besitzen. Ein Beispiel: Der Lagerkoch erlaubt den Kindern, die Töpfe leer zu kratzen. Da dafür kein Besteck vorhanden ist, und der Junge zu Hause gelernt hat, daß er nicht mit den Fingern essen soll, rührt er nichts an, obwohl er, wie die anderen Kinder auch, am Rande des Verhungerns steht (S. 59). Die Deportation in das Konzentrationslager Bergen-Belsen bringt die Trennung vom Vater. Für den Jungen wird nun neben der Mutter eine zweite Sozialisationsinstanz wichtig: die Altersgruppe. Sein Hauptziel ist es jetzt, die Anerkennung und Achtung der Kinder im Lager, insbesondere die der „Größeren" zu erringen. Er beginnt selbständiger zu handeln, die Bindung an die Mutter lockert sich. Der Tod des Vaters, den er miterleben will, um die anderen Kinder zu beeindrucken, erschüttert ihn kaum, da er sich über die Bedeutung von Sterben und Tod überhaupt nicht im klaren ist. Erst das von den größeren Kindern als Mutprobe geforderte Betreten des Totenhauses versetzt ihm einen Schock, der sich in Beschuldigungen der Mutter äußert. An dieser Stelle bricht zum ersten Mal in die letzte intakte Welt, die Beziehung zur Mutter, etwas Unbekanntes ein: „Und ich schrie, daß sie wohl verrückt sei, ihn (den Vater; S. N.) so ohne Laken dort hinwerfen zu lassen . . . und daß ich es gemein fand, und daß es ihre Schuld sei, daß er so nackt bei den Leichen liege" (S. 98).

Der Verlust der Mutter hinterläßt weitaus größere Spuren bei dem inzwischen siebenjährigen Jungen. Die Nachricht von ihrem Tod löst in ihm die Erkenntnis aus, daß er für immer von seiner Mutter getrennt sein wird, und er reagiert mit unkontrollierter Aggression: „Auf der Tischdecke stand ein Glas mit Blumen. Ich packte das Glas und schmiß es zu Boden. Ich trampelte auf den Blumen herum und zerrte das Tischtuch vom Tisch. Ich schlug damit nach dem Glas. Ich warf den Tisch um und trat dagegen. Ich schrie Trude an, sie sei ein böses Weib und ich sei kein kleines Kind mehr. Ich zitterte und fing an zu weinen. Ich sagte . . . es sei ihre Schuld, wenn Mutter jetzt tot war und ihre Schuld, daß ich jetzt nicht mehr zu ihr konnte. Ich versuchte noch mehr zu sagen, aber es ging nicht. Ich fiel hin" (S. 136 f.). Er fällt in eine tiefe Bewußtlosigkeit, aus der er erst nach fünf Tagen wieder erwacht.

Trude, eine Freundin seiner Mutter, bringt ihn nach Amsterdam. Diese Fahrt erlebt er sehr bewußt als Heimkehr. Er wird von Pflegeeltern aufgenommen, was bedeutet, daß er sich auch von Trude trennen muß. Er hat nun alle ihm vertrauten Personen verloren und steht mit acht Jahren vor der Situation, sich ein neues Leben aufbauen zu müssen. Daß er immer nur im Augenblick lebte und nicht in die Zukunft sah, gab ihm die Kraft, zu überleben. Doch steht er jetzt an einem Punkt, wo er an seine Zukunft denken muß.

Der Schluß des Buches und der fast programmatische letzte Satz: „Ich fing an sauberzumachen" läßt den Leser ahnen, wie die traumatischen Kindheitserlebnisse das weitere Leben des Jungen beeinflussen werden und mit welchen Schwierigkeiten er zu kämpfen haben wird, um sein seelisches Gleichgewicht wieder zu erlangen.

7 Adressaten

Das Buch gibt keine umfangreichen und detaillierten historischen Informationen und sollte daher erst von Kindern gelesen werden, die schon gewisse Vorkenntnisse über die Zeit des Nationalsozialismus besitzen. Der einfache, spannende Sprachstil und der klare Aufbau des Buches könnten schon jüngere Kinder ansprechen, jedoch fordert die Lektüre die Fähigkeit, die Problematik der Gesetzgebung gegen die Juden und die Auswirkungen dieser Gesetze auf das Leben und die Psyche eines kleinen Jungen verstehen zu können. Aus diesem Grund eignet sich „Kinderjahre" für Jugendliche ab dem 12. Lebensjahr. Das Buch macht Jugendliche und Erwachsene gleichermaßen betroffen und empfiehlt sich zur gemeinsamen Lektüre von Eltern und Kindern.

8 Kritische Würdigung

Der Schluß des Buches und die Widmung „Für meine Pflegeeltern, die eine ganze Menge mit mir auszustehen hatten" legen die Folgerung nahe, daß Oberski hier einen schrecklichen Teil seiner eigenen Kindheit aufgearbeitet hat. Zur Auseinandersetzung mit der Vergangenheit kann das Buch auch den Leser anregen, weil es hautnah erlebbar macht, was es hieß, als Jude im Deutschland des Dritten Reiches aufwachsen und leben zu müssen. Der kindlich nüchterne Sprachstil und die Besonderheit von „Kinderjahre", auch die entsetzlichsten und tragischsten Ereignisse kommentarlos aus der Perspektive des naiv beobachtenden Kindes zu schildern, macht seine Lektüre zu einem Leseerlebnis ersten Ranges.

Das Buch erschüttert den Leser, aber nicht auf eine dumpfe, sentimentale Weise, sondern auf eine Art, die Gefühl und Verstand gleichermaßen anspricht. In dieser Beziehung erweist es sich als Vorteil, daß das Buch keine detaillierten Zeit- und Ortsangaben besitzt, denn hier wächst es über die Schilderung einer historischen Situation hinaus und schärft das Gerechtigkeitsempfinden des Lesers.

„Kinderjahre ist nicht nur ein äußerst spannendes Buch, sondern ein Buch, das den Leser zum Nachdenken zwingt, und ihn auffordert, sich Fragen zu stellen über ein dunkles Kapitel dunkler Geschichte. Es ist eines der besten Bücher, die ich bisher gelesen habe, und es ist dem Buch von Asscher-Pinkhof, das ja ebenfalls das Schicksal holländischer Juden in Bergen-Belsen behandelt (vgl. die Rezension von Bretfeld), weit vorzuziehen. Ich kann nur hoffen, daß es möglichst viele Leser findet. Deshalb ist es sehr zu begrüßen, daß es nun auch als Taschenbuch vorliegt.

9 Das Buch im Urteil des Lesers

Uns haben die im Tagebuchstil geschriebenen Geschichten über die jüdische Familie sehr gefallen. Sie sind spannend und so erzählt, daß man gut die Ängste der Hauptfigur und seiner Familie nachvollziehen kann. Die Hoffnung und das Bangen darum, daß die Flucht der Familie nach Palästina gelingt, läßt einen das Buch nicht vorher aus der Hand legen, ehe man das Ende weiß ....
Schülerinnen, 14 u. 16 Jahre

Hans Peter Richter: Die Zeit der jungen Soldaten

München (Deutscher Taschenbuch Verlag) 1983 (dtv pocket Bd. 7831) (6,80 DM). Zuerst erschienen im Thienemann Verlag, Stuttgart 1980

Mechthild Damm/Ernst Cloer

0 Vorbemerkung

Hans Peter Richter hat zuvor bereits die Bücher „Damals war es Friedrich" (1969) und „Wir waren dabei" (1977) geschrieben (vgl. die Analysen in Bd. I). Beide Bücher gehören zu denjenigen, die im deutschen Sprachraum besonders hohe Auflagen bekommen haben und die in viele Sprachen übersetzt worden sind. Das Buch „Wir waren dabei" trägt die Intention eines autobiographischen Berichts und umfaßt den Zeitraum 1933 bis 1942. Das hier zu besprechende Buch „Die Zeit der jungen Soldaten" ist gewissermaßen die Fortsetzung des Buches „Wir waren dabei"; es behandelt die Kriegsjahre 1942 – 1945, in denen der Ich-Erzähler Soldat war.

1 Inhalt

Das Buch „Die Zeit der jungen Soldaten" ist ein persönlicher Bericht („Was ich sah und was ich tat", sagt der Autor in einer Vorbemerkung) über Erlebnisse während des Zweiten Weltkrieges. Mit zwei Hinweisen muß dem Abschnitt 4 (Literarische Gestaltung) vorgegriffen werden: Das 142 Seiten umfassende Buch hat 100 (nicht numerierte) kurze Kapitel; jedes hat in sich einen Spannungsbogen. Die größeren Abschnitte erschließen sich nur bei sehr genauer Lektüre. Das wird noch dadurch erschwert, daß die Lokalisierung und zeitliche Einordnung der Erlebnisse aus Gründen, über die in Abschnitt 4 noch nachzudenken sein wird, vom Autor weitgehend vermieden worden sind. Bei sorgfältiger Lektüre lassen sich in den 100 Kapiteln acht größere Erzähleinheiten ausmachen.

In einer ersten (S. 9 – 28) begegnet der Ich-Erzähler im Alter von 14 – 17 Jahren in den Kriegsjahren 1939 – 1942. In kurzen Episoden werden die Alltagswirklichkeit in der Familie (Lebensmittelkarten, die Nächte im Luftschutzkeller, der Tod eines nahen Verwandten bei einem Bombenangriff, der unmenschliche Umgang mit Fremdarbeitern, die positive Einstellung des Großvaters zum NS u.a.), die Indoktrination in der Schule und die Aufgaben der HJ bei den Aufräumungsarbeiten nach den Bombenangriffen und bei der Betreuung von Truppentransporten geschildert.

Mit 17 Jahren – zum frühestmöglichen Zeitpunkt – meldet sich der Erzähler nach langen Auseinandersetzungen mit dem Vater freiwillig und zieht zur Grundausbildung in die Kaserne ein (S. 28 – 44). Von diesem Zeitpunkt an wird der Leser vornehmlich mit den Lebensumständen des Militärs konfrontiert. In diesem Abschnitt stehen die Schikane, Willkür und der Sadismus der Ausbilder einerseits und die Desensibilisierung und Brutalisierung der Soldaten (Übungen des Nahkampfes mit dem Bajonett; vgl. S. 42 f.) andererseits im Vordergrund. Obwohl der Ich-Erzähler selbst sehr unter dieser Schikane zu leiden hat, beendet er diese Ausbildung mit dem sehnlichen Wunsch, Offizier zu werden.

Nach einem kurzen Heimaturlaub, bei dem er erneut mit den Leiden der Zivilbevölkerung konfrontiert wird (S. 45 – 49), fährt der Erzähler zu einem ersten Fronteinsatz (spärliche Hinweise verweisen auf die Ostfront), erlebt die Brutalität der Soldaten seiner Einheit (Leichenfledderung, Initiationsrituale: er wird zum Schnapstrinken gezwungen) und verliert nach einer schweren Verwundung seinen linken Arm (S. 49 – 66).

Nach der Armamputation ist alle Hoffnung auf eine Offizierslaufbahn erloschen, der Ich-Erzähler befürchtet sogar die Entlassung aus der Armee, erhält aber zu seiner größten Überraschung die Einweisung in eine Kriegsschule zur Offiziersausbildung (S. 66 – 83). Hier wiederholen sich – teilweise sogar verschärft – der Sadismus und die Schikane der Erstausbildung. Andererseits aber machen die Offiziersanwärter (etwa bei Einsatzübungen mit jungen Soldaten, bei der Aufnahme ins Offizierskasino und im „Erfolg" bei jungen Frauen) die Erfahrung, zur Elite zu gehören. Dieses Bewußtsein wird für den Ich-Erzähler übermächtig und verführerisch. Es macht ihn auch bereit, die Normen der absoluten Befehlshierarchie zu akzeptieren. Beim Taktikunterricht am Sandkasten hatte er anfangs mit der Verantwortung des einzelnen Offiziers „für seine Leute" argumentiert. Nun lernt er zu akzeptieren: „Merken Sie sich grundsätzlich", der Oberleutnant beherrschte sich mühsam, „Sie haben nie eigenmächtig zu denken . . ." (S. 70).

Die Einheit, die der junge armaputierte Offizier für den Einsatz an der Westfront (S. 88 – 102) zusammenstellt, besteht aus „Beute-Germanen", aus Männern, die untereinander ausschließlich polnisch sprechen. Schon auf dem Zugtransport an die Front erleidet die Einheit durch Feuerüberfälle große Verluste. Am Einsatzort angekommen ruft der Kommandeut die Offiziere zur Instruktion zusammen: „Sie kennen Ihre Leute. Es ist nicht das beste Material, . . . Ihre Pflicht, meine Herren, ist es, diesen Leuten vorzuleben und vorzusterben! . . . Doch erst zum Nächstliegenden: Sie führen sofort einen Fingernagelappell durch" (S. 94 f.). Aber auf diese Weise läßt sich das Chaos nicht mehr bändigen. Plünderei der Soldaten ist an der Tagesordnung (S. 96 f.). Überall Absetzbewegungen vor den übermächtig werdenden Alliierten. Der Ich-Erzähler kann in letzter Minute mit einem Panzer aus einem Kessel entkommen. Das ungebändigte Chaos spiegelt sich in ständigem Ortswechsel. Wir finden den Ich-Erzähler für einige Wochen in Dänemark; er leidet unter der abweisenden Distanz der Bevölkerung (S. 104 – 110). Wir finden ihn noch einmal zu einem kurzen Heimaturlaub bei seiner Mutter, die wegen der Vermißtmeldung des Vaters verzweifelt ist (S. 110 f.). Erneut wird er an die bereits zusammenbrechende Ostfront geschickt (S. 111 – 122).

Flüchtlingstrecks und Soldaten versuchen die wenigen Ostseehäfen zu erreichen, die eine Rettung mit dem Schiff erhoffen lassen. Dem Ich-Erzähler gelingt die Flucht auf einem völlig überladenen Schiff. Es ist sein 20. Geburtstag.

2 Historischer Hintergrund

Die Erzählung handelt von den Jahren des Zweiten Weltkriegs. Die zeitliche Einordnung ist nur schwer möglich. Ein Anhaltspunkt ist die Meldung des Siebzehnjährigen zum Militärdienst (S. 27 f.). Kombiniert man dieses Alter mit dem im Vorspann genannten Geburtsjahr des Autors, so beginnt der Hauptteil des Buches im Jahre 1942. Es mag mit dem Erzählzeitraum zusammenhängen, daß die Gründe für den Krieg ausgeblendet bleiben; aber auch die Hintergründe des NS-Herrschaftssystems, seine Außen- und Innenpolitik werden nicht angesprochen.

Vielmehr versucht der Autor, die Lebenswelten, in denen er als Siebzehn- bis Zwanzigjähriger mehr „gelebt wurde" als lebte, aus seinem damaligen Wahrnehmungs- und Erfahrungshorizont heraus zu beschreiben.

Da sind einmal die Leiden der deutschen Zivilbevölkerung:
— ständiger Luftalarm und das Leben im Luftschutzkeller (S. 9 f. u.ö.);
— Tod naher Verwandter und Verlust des gesamten Eigentums bei Luftangriffen (S. 19 f.);
— psychische Zerstörung von Müttern und Ehefrauen durch Todes- und Vermißtenmeldungen (S. 110 f.).
Das ist der Alltag der Jugendlichen im Nationalsozialismus:
— Kinderlandverschickung nach Osten in Verbindung mit Auslandsdeutschtum und Kulturimperialismus (S. 20 f.);
— Indoktrination in der Schule am Beispiel der Siegesfeiern (S. 14 f.);
— HJ- und BDM-Einsätze an der „Heimatfront" (Bahnhofsdienst; Aufräumungsarbeiten nach Bombenangriffen; S. 12 f., 15 ff., 23 f.).
Da sind Hinweise auf die NS-Rassenpolitik und die „Behandlung der Ostvölker":
— Umgang mit „Fremdarbeitern" (S. 17 f.);
— russische Frauen als „Freiwild" (S. 58 f., 114 f.);
— Behandlung polnischer Bauern (S. 73 f.);
— Einschätzung der sog. „Beute-Germanen" (S. 93 f.);
— KZ (S. 138 f.).
Eindeutig im Zentrum der Erzählung steht der Alltag in der Kaserne und an der Front:
— Demütigung, Entwürdigung und „Formierung des Bewußtseins" durch die Schikana und den Sadismus der Ausbilder (S. 28 – 35, 37 – 44);
— Desensibilisierung und Brutalisierung durch Nahkampfübungen mit dem Bajonett (S. 42 f.);
— Brutalitäten von Soldaten (Leichenfledderung; S. 51 f.);
— „Initiationsriten": unter Gewaltanwendung zum Mitsaufen gezwungen werden (S. 54 f.);
— Lebens- und Operationsbedingungen in einem Frontlazarett (S. 55 – 58);
— Mobilisierung durch Auszeichnungen (Verwundetenabzeichen, Nahkampfspange u.a.; S. 59 ff.);
— Bereicherung der Soldaten in den besetzten Ländern (S. 96 f., 113 f., 119 f.);
— Entsetzen des „totalen Krieges" (S. 115 f., 132 – 135).

3 Faschismusverständnis

Man kann wohl verallgemeinernd zu Richters Buch sagen: Es handelt weniger über den/die „großen" Führer des NS und ihre Untaten als vielmehr über die Frage der Verführbarkeit. „Nazifizierung" (Scholtz) und Mobilisierung sind die Themen des Buches. Und hier entfaltet der Autor ein differenziertes Bild, das sich dem Leser allerdings aufgrund der Erzählform nicht leicht erschließt.

Da werden wichtige *Institutionen und Formen der Nazifizierung* vorgestellt: Der Ich-Erzähler besucht eine Schule, in der die Siegesfeiern eine große Rolle spielen. Als besonders begabter Schüler wird er dadurch ausgezeichnet (und gleichzeitig integriert), daß er vor der gesamten Schulgemeinde die Wehrmachtsberichte (auswendig) „verkünden" darf (S. 14 f.). Die Institution Kinderlandverschickung trennt ihn für Wochen von seinen Eltern und führt ihn mit einem ideologisch überzeugten Lehrer in das „Grenzlanddeutschtum": „Wir wollen versuchen", sagt der Lehrer, „den Leuten das wiederzugeben, was sie so lange haben entbehren müssen: die deutsche Kultur" (S. 21). Es sind nicht zuletzt die eingeübten Sprachmuster, die zunehmend seine Wahrnehmung von „Herrenrasse" und „Untermensch" bestimmen. Und dies gelingt vor einem Familienhintergrund, der einen keineswegs kriegsbegeisterten Vater zeigt (S. 27 f.), ein wichtiger Hinweis darauf, daß es dem System in vielen Fällen gelungen ist, durch die konkurrierenden Institutionen die Familie zu destabilisieren und ihren Einfluß zu minimieren.

Das System hielt für junge Menschen wie den Ich-Erzähler, die zu Beginn des Krieges 14 und am Ende etwa 20 Jahre alt waren, *vielfältige Anreize* bereit. In der HJ – das sagen in ähnlicher Weise auch Margarete Hannsmann, Renate Finckh, Melita Maschmann und Gräfin Schönfeldt in ihren Autobiographien – konnte man die Erfahrung des Gebrauchtwerdens machen. Vor allem nach Kriegsbeginn, als Mädchen und Jungen in verantwortlichen Einsatzdiensten Erwachsenenaufgaben übernehmen mußten. Für den Ich-Erzähler – aus einfachen sozialen Verhältnissen stammend – eröffnete der NS Aufstiegsmöglichkeiten innerhalb der militärischen Hierarchie. Der Historiker Broszat sieht in dieser Überwindung vorindustrieller sozialer Hierarchien den entscheidenden „Mobilitätsappeal" des NS. Und er hat zusammen mit der Volksgemeinschaftsparole gerade für kleinbürgerliche Schichten, für Angestellte und die jungen Ingenieure und Techniker die Attraktivität des NS ausgemacht.

Gleichwohl wird sich jeder Leser des Buches fragen: Wie kann ein junger Mensch die Demütigungen und Entwürdigungen ertragen, die der Ich-Erzähler durch seine Ausbilder erleiden mußte (vgl. die Ungeheuerlichkeiten S. 28 – 35, 37 – 44)? Die sozial-psychologischen Erklärungsversuche könnten hier Aufschluß geben. Einerseits war ja die zeitweise Unterstellung unter den absoluten Gehorsam die Voraussetzung für den sozialen Aufstieg (der materielle Anreiz). Andererseits war das zeitweise Ertragen von Demütigungen mit der Perspektive verbunden, sehr bald selbst Macht über andere ausüben zu können (der immaterielle Anreiz). Diese Erfahrung kann der soeben zum Feldwebel ernannte Ich-Erzähler beim Besuch des Vaters in einer Nachbarkaserne machen: „Dann erschien der Unteroffizier vom Dienst, . . . Er war ein Mann mit grauem Schnurrbart . . . Eben wollte er beginnen zu brüllen . . . Da sah er mich . . . und verließ rückwärtsgehend die Stube. Ich war 18 Jahre alt" (S. 73). Adorno hat diesen sado-masochistischen Typus so gekennzeichnet: „Wer hart ist gegen sich, der erkauft sich das Recht, auch hart gegen andere zu sein . . ." (Adorno: Stichworte. Frankfurt 1969, S. 93). Zu den zuvor genannten Mitteln einer Stabilisierung des absoluten Gehorsams tritt in der Erzählung ein weiteres hinzu: Überbleibsel individueller Eigenheiten und Widerständigkeiten werden durch „Initiationsriten" getilgt: „Er drückte mir den Becher in die Hand. ‚Das trinkst du jetzt aus!' . . . Mir ekelte vor dem Schnaps . . . ‚Wer Offizier werden will, muß in allem Vorbild sein. – Auch im Saufen!" (S. 54 f.). Warum, so fragt Adorno, läßt ein Mensch sich solchen Schmerz antun? Als „Preis dafür, daß er sich als Dazugehöriger, als einer des Kollektivs fühlen darf" (Adorno. a.a.O., S. 92 f.).

4 Literarische Gestaltung

Die Erzählung ist als Autobiographie unter dem Anspruch der Authentizität geschrieben. In kurzen Episoden, in denen die Erzählperspektive des Ich-Erzählers konsequent beibehalten wird, werden Erfahrungen geschildert, die „junge Soldaten" während des Krieges machen konnten. Die episodenhafte Darstellung kann für einen ungeübten Leser eine Erleichterung sein; auch ist das Beschreiben der Ereignisse in kurzen Szenen eine gute Möglichkeit, die Phantasie des Lesers anzuregen. Die Kehrseite ist die fehlende Geschlossenheit der Erzählung.

Die einzelnen Erzähleinheiten – es sind 100 auf 142 Seiten – sind jeweils von einem inneren Spannungsbogen gehalten. Fast jede in sich geschlossene Einheit lädt zum Verweilen ein und fordert zur Reflexion auf. Häufig – nicht immer – ist es der letzte Satz, der diese Reflexion auslöst. Da ist beispielsweise jene Erzähleinheit, in der die Patrouille einen gerade gefallenen russischen Soldaten entdeckt. Einer aus der Patrouille will dem Toten die Juchtenstiefel ausziehen: „Der Gefreite zerrte. . . . ‚Man müßte ihm die Knochen brechen', überlegte der Gefreite, . . . Wütend warf der Gefreite das Bein des Gefallenen auf die Erde." Sich umschauend – so endet der Abschnitt – sagt der Gefreite: „Schade um die schönen Stiefel" (S. 52). Übergreifend umspannt ein äußerer Spannungsbogen die Erzählung, so daß der Leser neugierig auf die folgenden Ereignisse bleibt; er will wissen, wie es mit dem Ich-Erzähler weitergeht. Diese Neugier auf das Weiterlesen wird von den Jugendlichen, denen wir das Buch zur Beurteilung gegeben haben, ausdrücklich bestätigt – und dies, obwohl das Umfeld des Erzählers kaum ausgeführt ist, obwohl der Leser kaum die Möglichkeit hat, sich ein genaues Bild von den Personen und Orten der Handlung zu machen und es generell schwer ist, die Ereignisse zeitlich einzuordnen und zu lokalisieren.

Die Überzeichung der Situation einerseits und die nicht detailliert ausgeführte Beschreibung der Personen andererseits präsentieren dem Leser weniger Individuen als vielmehr Typen: den Typus des Kommandeurs, des Feldwebels, des einfachen Gefreiten, des die Offiziere anhimmelnden BDM-Mädels usw. Die Nähe zum Klischee ist dabei zwangsläufig nicht ganz vermeidbar. Mag sein, daß der Autor so etwas wie ein Generationenportrait liefern will. Er hat ja seinem Buch nicht den Titel „Meine Zeit als junger Soldat", sondern „Die Zeit der jungen Soldaten" gegeben. Es ist nicht die sog. „Brücke"-Generation der bei Kriegsende Vierzehnjährigen (vgl. den Wicki-Film). Es ist auch nicht die mittlere und ältere Soldatengeneration, von der Boszat sagt, daß mit der Niederlage bei Stalingrad ihre Mobilisierung ein Ende gefunden habe. Es ist die Generation, die durch eine partiell gelungene ideologische Integration ihre Begeisterung durchaus über das Jahr 1942 hinaus aufrechterhalten hat.

Auch das Titelbild des Buches, das sich in seiner Bedeutung erst nach dem Lesen des Buches voll erschließt, sagt etwas zu diesem Generationsportrait. In den Vordergrund einer Schwarz-Weiß-Fotografie eines Soldatenfriedhofes ist das Gesicht eines jungen Soldaten einkomponiert. Die Uniform, der bis zu den Augenbrauen reichende Stahlhelm, ein hochgezogener Schal, die erstarrten Gesichtszüge, die fast geschlossenen Augen, die keinen Ausdruck preisgeben – sie alle verweisen auf jene Generation, die in besonderer Weise mißbraucht worden ist.

Der Autor liefert dem Leser innerhalb der Episoden keinen Bewertungsmaßstab. Er hält sich mit Belehrungen wohltuend zurück. Die Episoden enden stets da, wo das Nachdenken beginnen könnte/müßte. Dieses Nachdenken wird ganz in die Verantwortung des Lesers gegeben. Der Autor liefert allerdings die Anstöße und das Material für das Nachdenken und die Nachdenklichkeit; er tut es durch die nüchterne Beschreibung der Unmenschlichkeiten des Krieges. Vielleicht sind es gerade diese dem Leser zugesprochene Verantwortung und die Zurückhaltung in der Bewertung, die das generell positive Leserurteil begründet haben (vgl. die exemplarischen Stellungnahmen in Abschnitt 9).

5 Verknüpfung von Individual- und Gesellschaftsgeschichte

In der Erzählung stehen die Erlebnisperspektive und der Erfahrungsraum des Ich-Erzählers im Mittelpunkt. Dieser Erfahrungsraum ist eng und ideologisch sehr geschlossen. In seiner Schule wird er begeistert und geprägt durch Lehrer, die vom deutschen Sendungsbewußtsein tief überzeugt sind. In der jugendlichen Altersgruppe herrscht ein kollektives Bewußtsein, das nach Bewährung an der Front drängt. Die Einbindung in den absoluten Gehorsam der Befehlshierarchie des militärischen Systems gelingt offensichtlich nicht zuletzt durch die Ermöglichung des sozialen Aufstiegs. Es ist der enge Erfahrungsraum eines jungen Menschen, dem in allen entscheidenden Sozialisationsinstanzen Erwachsene begegnet sind, die „funktioniert" haben, die keine Anstöße zur Distanz und Resistenz gegeben haben. Dieser enge und ideologisch geschlossene Erfahrungsraum zusammen mit der offensichtlich erfolgreich gelungenen Vermittlung von nahen und mittleren Perspektiven (den „Grenzlanddeutschen" die deutsche Kultur zurückbringen; Offizier werden u.a.) haben den Ich-Erzähler ganz in dem engen Gedankenkreis der kleinen „Gesellschaften" festgehalten, haben den Blick für die großen Zusammenhänge – vor allem in der Endphase des Krieges, beim Kampf um das bare Überleben – versperrt.

6 Entwicklung der Hauptfigur

Abgesehen vom Aufstieg im militärischen Rang macht die Hauptperson keine Entwicklung im eigentlichen Sinne durch. Anfangs lernt man den Ich-Erzähler als HJ-Mitglied kennen, das Hilfsdienste bei der Versorgung von Truppentransporten oder beim Aufräumen nach Bombenangriffen leistet. Man begleitet ihn während der Ausbildung zum Soldaten, später an der Front und schließlich – nach einem langen Lazarettaufenthalt und einer Armamputation – in der Offiziersausbildung. Im Grunde wird er dabei nur älter.

Über Gedanken und Gefühle des Ich-Erzälers erfahren wir wenig. Die Gefühle des Mitleids, der Zärtlichkeit werden vom Rollenleitbild der Härte zugedeckt. Nicht von ungefähr begegnet im Buch stets eine von der Liebe losgelöste Sexualität (vgl. S. 58 f., 87 f., 117 ff., 121 f.). Gebraucht hingegen werden die negativen Gefühle, der Haß ist wichtig für die Sicherung der Feindbilder. Und er ist nicht nur Propagandaziel, sondern Gegenstand des handelnden Umgangs (vgl. die brutalen Nahkampfübungen mit dem aufgepflanzten Bajonett S. 42 f.). Nicht nur die positiven Gefühle werden systematisch abgetötet; auch die Reste selbständigen Denkens werden dem Ich-Erzähler in der Formationserziehung der schulischen Erziehung (S. 14 f., 20 f.), der HJ-Erziehung (S. 15 f., 25 f.) und der soldatischen Ausbildung (bes. S. 69 f.) systematisch ausgetrieben. Ja, wenn man denn gemäß einer langen pädagogischen Tradition unter Entwicklung vor allem die Befähigung zu eigener sittlicher Entscheidung versteht, dann gibt es beim Ich-Erzähler nicht nur keinen Fortschritt, dann gibt es einen (erzwungenen) Rückschritt. „Was ich sah und was ich tat", sagt Hans Peter Richter in einem Vorwort, „hielt ich für gerechtfertigt, weil niemand offen widersprach". Es gibt nur wenige Autobiographen, denen keinerlei unterstützende Hilfe zur Resistenz zuteil geworden ist; aber daß es solche gegeben hat, will dieses Buch zeigen.

Entwicklung konnte es in der Selbstdeutung des Ich-Erzählers erst nach der Befreiung geben. Die Entwicklung, die er genommen hat, bringt der Autor durch die Zitate zum Ausdruck, durch die er seine hundert Episoden eingerahmt hat. Es sind die vielleicht berühmtesten Vertreter des Pazifismus. Dem Bericht vorangestellt hat er das Wort des Erasmus von Rotterdam: „Der Krieg gefällt nur jenen, die ihn nicht kennen". Und an das Ende seines

Buches hat er Benjamin Franklins Satz gesetzt: „There never was a good war or a bad peace". So ist denn dieses Buch Hans Peter Richters ein Anti-Kriegs-Buch. Das wird es nicht erst durch die Rahmenzitate, wie die Stellungnahmen der jugendlichen Leser zeigen.

7 Adressaten

Das Buch kann nur dann einem jugendlichen Leser empfohlen werden, wenn er sich bereits in die politischen und gesellschaftsgeschichtlichen Zusammenhänge des Nationalsozialismus eingearbeitet hat. Wenn diese Voraussetzungen gegeben sind, dann kann das Buch dem Leser wichtige Einsichten vermitteln in Zusammenhänge der Verführbarkeit, der Formationserziehung im militärischen System, in die Methoden der Desensibilisierung und Brutalisierung (vgl. oben die Abschnitte 2, 3).

8 Kritische Würdigung

„Die Zeit der jungen Soldaten" ist ein spannendes Buch. Obwohl es keinen multiperspektivischen Ansatz hat, sondern den Nationalsozialismus allein aus der Perspektive der überzeugten Nationalsozialisten bzw. Mitläufer präsentiert, liefert es – gerade in der nüchternen Beschreibung der Formationserziehung des militärischen Systems und der Greuel des totalen Krieges – vielfältige Angebote zur Reflexion und zur eigenständigen Entfaltung des moralischen Urteils. Die Erzählung kann als Dokument für das letztlich unpolitische Denken eines jungen Menschen verstanden werden, der die Wertordnung dieses Systems, in dem er lebt, nicht durchschaut. So erscheinen dann die Herrschaftsstrukturen als etwas schicksalhaft Gegebenes und Unabwendbares. Dort insbesondere liegen die Grenzen des Buches und die Aufgaben einer begleitenden politischen Bildung.

9 Das Buch im Urteil des Lesers

a) „Dieses Buch hat mir sehr gut gefallen. Es ist spannend geschrieben und man kann das Geschehen richtig miterleben. Mir ist durch dieses Buch deutlich geworden, warum damals so viele Jugendliche an die Front gehen wollten. Abenteuerlust und Probleme mit den Eltern werden ausschlaggebende Gründe gewesen sein, denn der Schrecken des Krieges wurde ihnen erst später bewußt. Das Buch macht sehr gut deutlich, daß viele Menschen damals nicht aufgrund innerer Überzeugung, sondern unter dem Zwang der politischen Verhältnisse und der Öffentlichkeit gehandelt haben."
Junge, 16 Jahre

b) „Hans Peter Richter beschreibt sein Leben im Krieg. Das Buch ist sehr verständlich geschrieben. Das Buch regt sehr zum Nachdenken an, weil es viele Fragen aufwirft, Fragen wie z.B.: Was geschah mit anderen Soldaten? Wie konnte das alles geschehen?

Das Buch ist so gut geschrieben, daß man sich mit der Person identifizieren kann. Man spürt den Schmerz, die Angst, die Freude und das Leid. Der Inhalt ist irgendwie erschreckend. Hier wird klar, wie sinnlos und brutal der Krieg ist. Aber nicht nur der Krieg an der Front. Ausbilder nützen ihre Macht aus, lassen ihren Frust an den Soldaten aus. Es wird auch beschrieben, wie es in Deutschland zuging: panische Angst, immer mit einem Ohr warten, ob nicht die Sirenen losheulen, und dann nichts wie ab in den Bunker! Oder wie Siebzehnjährige vom Vater die Unterschrift verlangen, um „endlich" mitkämpfen zu können. So kam auch H.P. Richter in die Kaserne. Als 17jähriger ging er in den Krieg, als 20jähriger kam er zurück. Als gesunder junger Mann ging er in den Krieg, als Krüppel kam er zurück. Als Unwissender ging er in den Krieg, als ein Mensch, der die Wahrheit am eigenen Leib erfuhr, kam er zurück. Viele kamen nicht zurück."

Junge, 15 Jahre

Eva Maria Schmidt: Ein kleines Lächeln

Reutlingen (Ennslin & Laiblin) 1983 (18,00 DM)

Bärbel Nowitzki

1 Inhalt

Eva Maria Schmidts Buch trägt autobiographische Züge. Hauptperson der Erzählung ist die zwölfjährige Nike (Berenike) Behrendt, die mit ihren Eltern in Tharandt, einer kleinen Stadt in der Nähe Dresdens, lebt. Ihr Vater ist Mitglied der NSDAP und als Offizier im Krieg; ihre Mutter ist in der Frauenschaft organisiert, Nike selbst im Jungmädelbund. Der Erzählzeitraum erstreckt sich von Februar 1945 bis Oktober 1947. Den Schluß des Buches bildet ein als Nachwort bezeichnetes Kapitel („Zwanzig Jahre später"), in dem die inzwischen erwachsene Nike nach zwanzig Jahren Tharandt besucht. Es handelt sich dabei also nicht um eine Nachbemerkung der Autorin.

Zu Beginn der Erzählung sind Nike die Schrecken und Auswirkungen des Krieges noch nicht unmittelbar bewußt. Sie ist nicht direkt betroffen wie ihre Freundin Rose, deren Vater gefallen ist. Das ändert sich langsam, als sie und ihre Mutter durch eine Karte von Nikes Vater erfahren, daß er mit Erfrierungen und Verletzungen im Gesicht in einem Lazarett zwischen Wien und Linz liegt. Nikes Freund, der sechzehnjährige Gert, Führer einer Kameradschaft, wird als Flakhelfer zum Einsatz abkommandiert. Mit der Bombardierung und Zerstörung Dresdens am 13. Februar 1945 rückt das Kriegsgeschehen bedrohlich nahe heran. Als die Frauen und Mädchen (Frauenschaft, BDM, Jungmädel) am darauffolgenden Morgen die Flüchtlinge aus Dresden versorgen, erreichen Nike und ihre Mutter die Schreckensmeldungen aus der zerstörten Stadt (S. 20 ff.). In den folgenden Wochen geht es vor allem um die Bewältigung der alltäglichen Dinge, wie die Beschaffung von Lebensmitteln usw. Nikes Mutter erwartet ein Kind, von dem der Vater noch nichts weiß.

Als sowjetische Truppen die Elbe erreicht haben, entschließt sich die Mutter zur Flucht (S. 51). Unterwegs erfahren sie von der bedingungslosen Kapitulation. Sie werden in einem „Rot-Kreuz-Heim für bombengefährdete Mütter mit Kleinkindern" in Erlabrunn im Erzgebirge aufgenommen. Durch geflüchtete Soldaten, die ihre Frauen und Kinder aus dem Heim abholen, erfährt Nikes Mutter, daß Sachsen von der sowjetischen Armee besetzt wurde.

Dennoch kehrt sie Anfang Juni mit Nike nach Tharandt zurück: „Lieber zurückgehen als nur geduldet zu sein" (S. 64). Da die Wohnung vorübergehend beschlagnahmt und von einem Dolmetscher bewohnt worden war, ist sie nicht restlos geplündert. Von den zurückgebliebenen Frauen und

Nachbarn erfahren sie vom Einmarsch der russischen Soldaten, von Greueltaten und zahllosen Vergewaltigungen. Nike läßt sich von ihrer Freundin die Ereignisse während ihrer Abwesenheit erzählen. Gerts Mutter stirbt an den Folgen einer Abtreibung. Im Oktober 1945 wird Nikes Bruder geboren (S. 96). Die Schule beginnt wieder. Im Dezember kommt ein Brief vom Vater an. Er ist in einem Lazarett eines Gefangenenlagers in Niederbayern. Seine Zehen sind amputiert, er hat ein Auge verloren. Nikes Mutter versucht, ihn in ihren Briefen von einer Rückkehr nach Tharandt abzubringen.

Im September 1946 begeht Nikes Freundin Selbstmord. Sie stürzt sich vor Nikes Augen von einem Felsvorsprung, dem Lieblingsplatz der beiden Mädchen. Nike gelingt es nicht mehr, sie festzuhalten. Rose konnte es nicht verwinden, daß ein russischer Offizier ihre Mutter regelmäßig besuchte.

Gert, der aus einem Gefangenenlager geflohen ist, kommt im Juni 1947 zurück.

Da Nikes Vater für seine Familie keine Zuzugsgenehmigung nach Bayern bekommt, müssen sie versuchen, illegal über die Grenze zu gelangen. Die Flucht gelingt, nach drei Tagen kommen sie Mitte September 1947 beim Vater in Kitzingen an (S. 143). Es folgen die ersten Wochen in Kitzingen, mit der langsamen Annäherung an den Vater, der Eingewöhnung in die neue Umgebung, ersten Versuchen, das Vergangene zu begreifen und zu bewältigen, mit dem Ereignis des Verdrängens: „Ich will alles vergessen. . . . Ich kann alles verkraften. Auch das, was mir nicht einmal Vati erklären kann" (S. 155).

2 Historischer Hintergrund

Die Erzählung umfaßt den Zeitraum von Februar 1945 bis Oktober 1947. Die aufgenommenen Informationen aus der politischen und sozialen G-schichte beziehen sich hauptsächlich auf diese Zeitspanne. In Form von Rückblenden werden einige Ereignisse aus der Zeit vor dem Erzählzeitraum miteinbezogen.

U.a. werden erwähnt:

- Stalingrad/Untergang der 6. Armee (S. 8, 11, 49, 55, 122);
- Hitlers „Machtergreifung" 1933 (S. 26);
- Goebbels' Sportpalastrede („Wollt ihr den totalen Krieg?") Februar 1943 (S. 54);
- Bombardierung und Zerstörung Dresdens am 13.2.1945 (S. 19, 21, 23, 26, 131 f.);
- Konferenz in Jalta (S. 40);
- Tod Hitlers (Rundfunknachticht, S. 49);
- Selbstmord Goebbels' (S. 55);
- Bedingungslose Kapitulation (S. 55);
- Wiedergutmachung, Kriegsschuld (S. 95);
- Morgenthau-Plan (S. 96);
- Aufteilung Deutschlands in Besatzungszonen (S. 96);
- „Antifa-Schulung", FDJ (S. 132);

– Entnazifizierung (S. 132, 139, 150, 156);
– Massenmord an den Juden (S. 154 f.), KZ (S. 75, 154).

Aus der Alltags- und Gesellschaftsgeschichte:
– NS-Reichsideologie („Ein Volk – ein Reich – ein Führer") (S. 11);
– Jugendorganisationen HJ, BDM, Jungmädel (S. 10, 11, 17);
– Napola (Nationalpolitische Erziehungsanstalt) (S. 40);
– Hoffen auf die „Wunderwaffen" (S. 12, 18, 36, 38, 55);
– Versorgung der Flüchtlinge aus Dresden (S. 22 f.);
– Fliegerangriff auf Freital bei Dresden (S. 42 ff.);
– Flucht vor den „Russen" (S. 52 ff.);
– Greueltaten sowjetrussischer Soldaten, Vergewaltigungen (S. 73 f., 107);
– Einquartierung (S. 112);
– Nahrungsbeschaffung, Lebensmittelzuteilung (S. 90 f., 108, 123);
– Familienzusammenführung (S. 114);
– Flucht aus einem Gefangenenlager (S. 132);
– Flucht in die amerikanische Zone (S. 142).

Die genannten Ereignisse und Begriffe werden häufig nur erwähnt und nicht näher erläutert. Fast immer werden diese aus der Perspektive Nikes und ihrer Freunde, als Gerücht oder aus der naiven Sichtweise unkritischer Erwachsener wiedergegeben. Vieles bleibt deswegen abstrakt. Ungenaue oder unrichtige Informationen werden von der Autorin nicht ergänzt oder revidiert. So wird z.B. der Tod Hitlers in Form einer Rundfunkmeldung in die Erzählung eingebaut. Dort heißt es, daß er „bis zum letzten Atemzug gegen den Bolschewismus kämpfend gefallen" ist (S. 49). Daß er Selbstmord begangen hat, erfährt der Leser nicht.

3 Faschismusverständnis

Das Leben während der letzten Kriegswochen und der Nachkriegsjahre bis Ende 1947 bildet den thematischen Schwerpunkt in Eva Maria Schmidts Erzählung. Wie es aber überhaupt zum Krieg gekommen ist, wird nicht erwähnt. Über den NS erfährt der Leser, daß es die Partei gab und den Führer, daß viele Frauen in der Frauenschaft, Jungen und Mädchen in der HJ und im BDM organisiert waren. Wie Parteiarbeit aussah, was Parteizugehörigkeit bedeutete, kommt nicht zum Ausdruck, nur, daß es nach dem Krieg etwas Schlechtes und Schlimmes ist, das bestraft wird. NS bleibt abstrakter Begriff. Ursachen der NS-Herrschaft werden nicht angesprochen, Opfer und Gegner des NS-Regimes nur am Rande erwähnt. Über den neuen Bürgermeister Tharandts wird z.B. gesagt: „Er heißt Blümenich und war nie in der Partei, sondern immer dagegen. Darüber spricht man lieber nicht. Irgendwie hat er sich durchgemogelt, sonst wäre er doch in ein KZ gekommen" (S. 75). Von Antisemitismus ist nur einmal und erst gegen Ende des Buches die Rede. Nike fragt ihren Vater, ob es stimme, daß „schrecklich viele Juden getötet wurden" (S. 154), ob er das gewußt und was er dagegen getan habe. Der Vater antwortet, daß er nichts getan, es „nicht einmal gewußt" habe und sich frage, wie es möglich gewesen sei, von einem Massenmord nichts zu wissen. Er gibt folgende Antwort: „Man wollte sie aussiedeln. In einen eigenen Staat, einen Judenstaat. Aber unsere Feinde nahmen sie nicht auf. Die hatten kein Interesse an ihnen. So kamen sie in Lager. Das ist alles, was ich weiß. Es muß so gewesen sein. Denn es gibt Beweise: die Verbrennungsöfen" (S. 155). Die „Erklärung" bleibt so stehen. Das Thema scheint damit erledigt zu sein.

Die in der Erzählung enthaltenen Äußerungen über Hitler lassen auf eine naiv-personalistische Deutungsweise des NS als „Hitlerismus" schließen. In der Wahrnehmung der Zwölfjährigen liest sich das so: „Die Russen stehen bei Spandau. Spandau ist nahe bei Berlin, und dort ist der Führer. In seinem Befehlsbunker in der Reichskanzlei leitet er die Abwehrkämpfe" (S. 38). Auch die Erwachsenen, die um sie sind, sind Anhänger dieser „Führertheorie", die ja zugleich eine „Verführungstheorie" ist und jeglichen Zugang zur Frage der politischen Mitverantwortung und Schuld im Ansatz versperrt. Der alte Friedhofswärter, mit dem sich Nike nach dem Selbstmord ihrer Freundin Rose oft unterhält, sagt das so: „Schuld daran ist der verfluchte Kerl. Der Hitler Adolf .... Schluß hätte er machen sollen, der Adolf. Nach Stalingrad war's vorbei. Bloß gesagt haben die uns das nicht. Und wir dachten, der macht das schon. So sind wir ihm auf den Leim gegangen" (S. 122). Alle späteren Stammtisch-Klischees sind hier bereits vorweggenommen: „Manches bei den Nazis war gut" (S. 83), hätte Hitler nur nach Stalingrad die richtigen Konsequenzen gezogen! – Die Zerschlagung der Verfassung und der demokratischen Grundrechte, der Genozid als die große Schuld des deutschen Faschismus – all das bleibt ausgeblendet oder so randständig in diesem Buch, daß es nicht verwundern kann, daß sich für die stellungsnehmende Hauptschülerin (vgl. Abschnitt 9) die Freundschaft von Nike und Gert ganz in den Vordergrund drängt.

Es muß ja keineswegs gegen die Qualität eines autobiographischen Jugendbuches sprechen, wenn die Ereignisse so wiedergegeben werden, wie sie sich der Hauptperson *damals* präsentiert haben und wie sie sie *damals* wahrgenommen und sich angeeignet hat. Auch wenn das keine „Geschichtsschreibung mit anderen Mitteln" ist, der heutige Leser kann daran Wichtiges lernen – etwa über den erfolgreichen Indoktrinationsprozeß in einem bestimmten Zeitgeistgefüge. – Nur, wenn dieselbe Autorin ein gesondertes Nachwort anfügt, die auktoriale Ebene gewissermaßen besonders akzentuiert, dann müßte man dort aufklärende Hinweise an den jugendlichen Leser erwarten. Diese fehlen; statt dessen ein neues Klischee-Bündel: Beim Besuch in der Geburtsstadt Tharandt zwanzig Jahre später (1977) heißt die Sidonienstraße nun Liebknechtstraße („aber was bedeutet ein Name", kommentiert die Autorin), verweigert die jetzige Bewohnerin des Geburtshauses unwirsch die Hausbesichtigung, hat die Straße nach Freital „nichts als Schlaglöcher, und das zwanzig Jahre nach dem Krieg" (S. 159 f.). Da ist keine Entwicklung des politischen Bewußtseins; wie sollte sie beim jugendlichen Leser durch dieses Buch zustandekommen?

4 Literarische Gestaltung

Das Buch umfaßt 160 Seiten, die in 36 unterschiedlich lange Kapitel (1 1/2 bis 9 1/2 Seiten) gegliedert sind. Die oft in die Kapitelüberschriften aufgenommenen Zeitangaben kennzeichnen Zeitsprünge innerhalb der chronologisch fortschreitenden Erzählung. Sie ist in der dritten Person geschrieben, reich an Dialogen, inneren Monologen und erlebter Rede. Der chronologische Handlungsablauf im Präsens wird durch Rückblenden, Reflexionen und Vorausdeutungen unterbrochen. Der Satzbau ist einfach, die Sprache anschaulich, durch Umgangssprache geprägt. Der Sprachduktus erinnert sehr stark an den der Unterhaltungs- und Trivialliteratur.

Die Geschehnisse werden überwiegend aus der Erlebnisperspektive Nikes geschildert. Daneben kommt aber auch die Sichtweise der Mutter in den Blick. Häufig ergänzen diese beiden Perspektiven einander. Auf diese Weise erfährt der Leser, wie sie sich gegenseitig einschätzen und die Dinge wahrnehmen. Oft wechselt die Perspektive dabei unmittelbar und ist mit einem Wechsel in die Ichform verbunden (keine direkte Rede), z.B.: „Wenn Agnes den ruhigen Atemzügen ihrer Tochter lauscht, ist sie beinahe glücklich. Bald wird sie zwei Kinder haben. Nike sollte ein Junge werden, Nike benahm sich wie in Junge. . . . Und immer Geschrei und ein bißchen Revolution. Aber jetzt bin ich ein gutes, braves Kind, was Mutti? Ich helfe dir gerne, weil es dir nicht gut geht" (S. 77). Die genannten Stilmittel lassen die Erzählung lebendig wirken und erleichtern die Identifikationsmöglichkeiten. Einen durchgängigen Spannungsbogen weist die Erzählung allerdings nicht auf; sie ist etwas langatmig.

Märchenhafte Elemente sind in die Erzählung eingebaut, so ist immer wieder von guten Feen die Rede (bezeichnet werden damit hilfsbereite Personen), ein Feuersalamander wird zum Omen, um den Namen Berenike rankt sich eine Geschichte von einem „fernen Sternennebel", dem „Haupthaar der Berenike", Nike bedeutet Siegbringerin. Möglicherweise meint die Autorin, Kinder damit besonders ansprechen zu können. M.E. tragen diese Märchenanklänge zu einer Verharmlosung bei. Der Name Nike z.B. impliziert ein „Siegen", ein Überwinden aller Widrigkeiten, in dem Sinne von „alles wird wieder gut".

5 Verknüpfung von Individual- und Gesellschaftsgeschichte

Die Individualgeschichte steht eindeutig im Vordergrund. Nikes Alltag ist jedoch von den in die Erzählung aufgenommenen sozialen und politischen Ereignissen mehr oder weniger geprägt. Diese werden so wiedergegeben, wie sie sich der Hauptperson *damals* dargestellt haben und wie sie sie sich *damals* angeeignet hat. Da viele Ereignisse der politischen Geschichte nur beiläufig erwähnt werden, bleiben sie für den Leser abstrakt. Dort hingegen, wo sich die Ereignisse unmittelbar auf Nikes Leben auswirken, ist die Individualgeschichte mit der Gesellschaftsgeschichte glaubwürdig vermittelt. Das gilt z.B. für die Zerstörung Dresdens, die sie zwar nicht direkt vor Ort miterlebt, deren Auswirkungen sie aber zu spüren bekommt. Das gelingt auch bezüglich des Lebens unter der russischen Besatzungsmacht, wobei keineswegs nur die Ausschreitungen der russischen Soldaten, sondern auch ihre Kinderliebe gezeigt wird (vgl. z.B. S. 83 f.).

6 Entwicklung der Hauptperson

Zu Beginn der Erzählung ist Nike 12 Jahre alt. Zu ihren Eltern hat sie ein gutes Verhältnis. Der Vater ist Parteimitglied, die Mutter in der Frauenschaft. Seit ihrem 10. Lebensjahr ist Nike im Jungmädelbund: „Sie hatte es nicht erwarten können, auch dabei zu sein" (S. 17). Wichtig für sie ist das Gemeinschafts- und Kameradschaftsgefühl und -erlebnis, gemeinsames Wandern, Singen, Heimnachmittage. HJ-Riten und NS-Parolen werden unreflektiert übernommen. Als ihr Freund als Flakhelfer zum Einsatz kommt, wird ihr plötzlich klar, daß alles nicht nur Spiel ist, daß daraus Ernst wird. Sie erfährt, daß ihr Vater verwundet wurde, und beginnt, an einem Sieg zu zweifeln. Auf der Flucht ins Erzgebirge denkt sie über den „totalen Krieg" nach: „Hatten sie ihn wirklich gewollt und was verstanden sie unter dem totalen Krieg? Nike hatte die Rede damals im Radio gehört. Während sie durch das Frühlingsland fährt, meint sie, die aufputschende, kreischende Stimme wieder zu vernehmen, und hält sich die Ohren zu" (S. 54). Aber sie fragt nicht weiter, warum es überhaupt Krieg gegeben hat, wie es dazu gekommen ist.

Bei ihrem Vater in Kitzingen fällt ihr ein Flugblatt in die Hände, auf dem steht, daß die Deutschen betrogen worden seien und daß der Krieg unnötig gewesen sei. Sie fragt ihren Vater nach der Wahrheit. Er antwortet nur ausweichend: „Sie warfen es über unseren Linien, über der Front ab. Sie wollten uns warnen, unsere Feinde, die Alliierten. Uns zur Ergebung bereitmachen. Alle tun das: den Feind beeinflussen. Auch wir warfen unsere ‚Weichkocher', so nannten es die Soldaten, über den feindlichen Fronten ab. . . . Wahrheit, mein Kind, Wahrheit, wer kennt die schon. Nicht im Frieden und noch weniger im Krieg, wo es allen um alles geht" (S. 153). Mit dieser Antwort und der auf ihre Fragen nach der Judenvernichtung (vgl. 3) scheint sie sich zufrieden zu geben. Sie versucht, das Vergangene zu verdrängen. „Ich will alles vergessen. . . . Ich kann alles verkraften. Auch das, was mir nicht einmal Vati erklären kann" (S. 155). „Einmal werden die Feinde uns verzeihen, und nie wieder wird es Krieg geben. Niemals wieder . . ." (S. 158).

Damit wird jeder weiteren Reflexion und Auseinandersetzung von vornherein ausgewichen, eine aktive Aufklärung politischer und gesellschaftlicher Hintergründe und Zusammenhänge gar nicht erst versucht. NS wird auf den Krieg reduziert, nach Ursachen des Krieges und des NS wird nicht gefragt.

Die Erzählung beginnt mit einem Schulaufsatz zum Thema Heimat – darin schreibt Nike: „Ich werde meine Heimat hoffentlich nie verlassen müssen" (S. 16) – und endet mit dem Besuch der 34jährigen Nike in der früheren Heimatstadt Tharandt. Der Verlust der Heimat steht im Vordergrund. Er scheint das einschneidenste Erlebnis für Nike zu sein. „Alle schlimmen Erlebnisse hatte Nike bisher, wie jeder gesund empfindende und zuversichtliche junge Mensch, überstanden. Sie war nach Roses Tod sogar wieder glücklich gewesen. Mit Gert. Mit der Mutter und deren unerschütterlicher Hoffnung. Mit der Fröhlichkeit des kleinen Bruders. Aber jetzt und hier, im ‚freien Deutschland' . . ., wird Nike klar, was wirklich geschehen ist: Sie hat ihre Heimat verloren und das für immer" (S. 147). Nicht nur, daß hier der Verlust der Heimat über alles andere gestellt wird, die sprachliche Formulierung „gesund empfindend" – auffällig an nationalsozialistisches Vokabular erinnernd – impliziert darüber hinaus die Auffassung, andere Reaktionen als normal anzusehen.

Eine Entwicklung Nikes ist nicht erkennbar. Vage Zweifel und Fragen bleiben im Ansatz stecken. Ihr Wahnehmungshorizont erweitert sich nicht. Ob sie Distanz zum NS gewonnen hat, ist mehr als fraglich, da keine eigentliche Auseinandersetzung stattfindet. Auf unreflektiertes Internalisieren nationalsozialistischen Gedankenguts folgt unreflektierte Verdrängung.

7 Adressaten

Identifikationsmöglichkeiten bieten sich in erster Linie mit der 12- bis 14 jährigen Nike. Deren intensive Jugendfreundschaften mit Rose und Gert liefern vielerlei Bezüge zu entwicklungsbedingten Ängsten und Freuden von Heranwachsenden. – Andererseits ist dieses Buch keine Geschichtsschreibung über den Nationalsozialismus „mit anderen Mitteln", allenfalls eine „Mentalitätsgeschichte mit anderen Mitteln". Der Lektüre des Buches sollte daher auf jeden Fall eine Beschäftigung mit dem NS vorausgegangen sein, da sonst ein verkürztes und verfälschendes Bild entstehen muß.

8 Kritische Würdigung

Der Autorin gelingt es zum Teil recht gut, das Alltagsleben in den Jahren 1945 bis 1947 anschaulich wiederzugeben. Sie zeigt in ihrem Buch, wie ein 12- bis 14jähriges Mädchen die Ereignisse dieser Zeit wahrgenommen hat. Bedenklich ist allerdings, daß sich die Autorin distanz- und kritiklos auf diese – vor allem in bezug auf die politischen und gesellschaftlichen Hintergründe – sehr begrenzte Wahrnehmungsebene beschränkt. Andere Sichtweisen kommen nicht in den Blick. Weder werden ungenaue Informationen von der Autorin erläutert und ergänzt, noch werden falsche Informationen, die

die Hauptperson so erhalten hat, revidiert. Der gesamte Erzählduktus, insbesondere auch das implizite Faschismusverständnis suggerieren dem Leser den Nationalsozialismus als etwas schicksalhaft Hereingebrochenes, vermitteln den Eindruck des hilflosen Ausgeliefertseins, versperren den Weg zu den Fragen des widerständigen politischen Handelns.

Die Chance der Auseinandersetzung mit den Erklärungs- und Bewältigungsversuchen, mit Verdrängungs- und Entlastungsmechanismen in den Nachkriegsjahren, nutzt die Autorin nicht. Sie läßt dementsprechende stereotype, verharmlosende Äußerungen über den NS unkommentiert stehen. Angesichts dessen und der Nicht-Entwicklung der Hauptperson trägt die Erzählung nicht zu einer Aufklärung über den NS bei, sondern bewirkt eher das Gegenteil.

9 Das Buch im Urteil des Lesers

Ich habe dieses Buch gelesen und finde es ganz toll. Die Schriftstellerin hat das Buch sehr gut geschrieben, man kann sich gut in die Lage von Nike Behrendt versetzen.

Nur eines wußte ich am Ende meines Buches nicht, was mit Gert passiert ist! Diese Frage wurde mir nicht beantwortet. Ich meine, es müßte ein bißchen besser geschildert werden, was mit Gert am Ende passiert (Nikes Freund).

In diesem Buch gibt es eine Stelle wo ich mich gut dran erinnern kann: „Als Nike mit ihrem Vater abends draußen war und sie an dem Fluß vorbei gingen, wo die beiden für einige Sterne einen Namen hatten."

Einen Wunsch habe ich an das Buch, es müßte weiter gehen!

Schülerin, 15 Jahre

Sigmar Schollack: Das Mädchen aus Harrys Straße

Mit (17) Zeichnungen von Horst Rudolph. Berlin West (Elefanten Press Verlag) 1980 (10,80 DM)

Udo Meyer

1 Inhalt

Die Erzählung spielt 1942 in Berlin, im Zeitraum einer Woche. Harry ist zu dieser Zeit in der vierten Klasse und lebt nahe Friedrichshain, dort wo die zentrale Luftabwehr stationiert ist.

Vermutlich trägt die Erzählung autobiographische Züge, da der Autor Schollack, der heute in der DDR lebt, die Zeit des NS im Alter seiner Buchfiguren noch selbst miterlebt hat. Auch er ging damals in Berlin zur Schule. Die Erzählung setzt ein, als Harry zu seinem besten Freund Klaus Wolter unterwegs ist, um mit ihm Bombensplitter zu suchen. Im Treppenhaus der Wolters will er einem Mädchen helfen, das gestürzt ist. Das Mädchen jedoch will sich nicht helfen lassen und läuft erschrocken davon. Harry kann gerade noch erkennen, daß sie einen Judenstern trägt, also ein „Feind" sein muß, wie es auch seine Klassenlehrerin und Klaus sagen.

Von Klaus hört Harry auch zum ersten Mal, daß alle Juden in Lager geschickt werden sollen, wo „sie arbeiten müssen, bis sie umfallen" (S. 14). Harry will ja glauben, daß die Juden die „Feinde Deutschlands" sind. Aber dieses kleine Mädchen – ein Feind? Erste Zweifel werden in Harry wach, die noch bestärkt werden, als er seine Eltern nach den „Arbeitslagern" fragt. Er merkt, daß sie den Juden nicht feindlich gesonnen sind, aber aus Angst Harrys Fragen ausweichen.

Hieran sieht man, wie wichtig die Sozialisationsinstanz „Eltern" für die geistig-moralische Entwicklung der Kinder ist.

In einem Tagtraum spielt Harry mit dem kleinen Judenmädchen Miriam Wasserstein und erkennt immer mehr, wie unsinnig es ist, in ihr einen Feind zu sehen.

Bei einer Jungvolkversammlung nimmt Harry seinen ganzen Mut zusammen und fragt den Fähnleinführer, ob und weshalb *alle* Juden „fortgeschickt" würden. Harry ärgert, daß der Fähnleinführer bei seiner Antwort die Juden mit Ungeziefer vergleicht, und über die Aussage: „das ganze Judenpack der Welt gehört zusammen" (S. 25), beginnt Harry nachzudenken. „Alle Juden sind Verschwörer", hat der FäFü gesagt. Auch daß sie alle zusammenhalten. Aber wenn das stimmt, dann müßten die Juden den Engländern doch das Bombenwerfen verbieten. Das dürft ihr nicht, müßten sie sagen. So eine Bombe könnte auch die Miriam Wasserstein treffen oder ihre Eltern . . ." (S. 36). Er fragt sich nun, ob die Engländer die Bomben vielleicht nur werfen, um sich zu wehren, und beginnt teilweise die Nazi-Propagandalügen zu durchschauen. Gleichzeitig distanziert er sich immer stärker von seinem Freund Klaus.

Als Harry daheim im Keller einen „herrenlosen Verschlag" (S. 38) entdeckt, reift in ihm der Entschluß heran, Miriam dort zu verstecken. Er will ihr seinen Plan mitteilen und verabredet sich mit ihr im Vorübergehen, da es ja verboten ist, sich mit Juden zu unterhalten. Um Miriam etwas mitzubringen stiehlt Harry seinen Eltern ein paar Lebensmittelkarten. Seine Mutter bemerkt den Diebstahl und Harry bekommt Stubenarrest. Als Klaus zu Besuch kommt und vorschlägt, wegen der Marken doch Miriam anzuzeigen, wird die Kluft zwischen ihnen endgültig unüberbrückbar. Der Vater, der ahnt, für wen die Marken bestimmt waren, zeigt Verständnis und versucht den Stubenarrest aufzuheben, was jedoch am Widerstand der Mutter scheitert.

Trotz des Stubenarrestes steht Harry zum verabredeten Zeitpunkt an der Straße, mit den Marken in der Hand und wartet auf Miriam. Nachdem er über eine Stunde umsonst gestanden hat, geht er zu ihr nach Hause, findet aber die Wohnungstür der Wassersteins versiegelt vor. Die Wassersteins sind deportiert worden.

2 Historischer Hintergrund

Vorgeschichte und Entstehung des NS-Regimes und des II. Weltkrieges werden in Schollaks Buch nicht angesprochen, da der Autor allein aus dem historischen Bewußtsein der Hauptperson, des 9 jährigen Harry heraus erzählt. An historischen Begebenheiten erfährt der Leser nur, was Harry, im Zeitraum der Woche, in der das Buch spielt, selbst miterlebt oder von anderen hört. So erfährt der Leser:

- vom Beginn des Bombenkrieges britischer Bomber auf deutsche Städte (S. 7, 9, 33);
- vom allgemeinen Antisemitismus eines großen Teils der deutschen Bevölkerung (S. 9, 18, 30);
- vom Beginn der „Endlösung der Judenfrage", d.h., er erfährt von der Deportation deutscher Juden in „Arbeitslager" (S. 18, 25, 56);
- von der Lebensmittelknappheit und der Rationierung von Nahrungsmitteln durch Lebensmittelkarten (S. 14, 46);
- von der durchorganisierten deutschen Jugend, speziell des Jungvolks und deren hierarchischer Ordnung (S. 24 f.);
- andeutungsweise vom Vormarsch der deutschen Truppen im Osten (S. 28).

Schollak zeigt auch, wie der Krieg sogar in die Freizeit der Kinder einzugreifen vermag. Statt Briefmarken oder Bierdeckel zu sammeln, sammeln Harry und Klaus Bombensplitter und versuchen jeweils, den anderen mit ihrer Sammlung zu übertrumpfen. Dem Krieg ist es gelungen, sogar das Spiel der Kinder zu pervertieren.

3 Faschismusverständnis

Auf die Entstehungsgeschichte des nationalsozialistischen Terrorregimes geht Schollak nicht ein. Er will dem Leser keine Faschismustheorien näherbringen, sondern eine Auseinandersetzung mit der antisemitischen Rassenideologie anregen. Die Auswirkungen des NS auf Juden und Nicht-Juden sollen veranschaulicht werden.

Da ist zum einen das Judenmädchen Miriam, das durch die antisemitischen Parolen völlig verstört ist. Sie selbst versteht nicht, weshalb sie und andere Juden dermaßen diskriminiert und verfolgt werden, erkennt aber, daß es gefährlich für Nicht-Juden ist, mit ihr zu reden. „Du darfst nicht mit mir sprechen, das ist verboten!" (S. 44) Sich selbst jedoch vermag sie nicht zu schützen, sie wird mit ihrer Familie deportiert. Die „Endlösung der Judenfrage" hat begonnen.

Dann wäre noch Klaus zu nennen, der die Propaganda vollkommen internalisiert hat und in den Juden das „Unglück Deutschlands" sieht, wie wohl viele andere Deutsche auch. An Klaus will Schollak zeigen, wie wichtig der Einfluß der Eltern auf die Kinder ist. Sein Vater ist überzeugter Nationalsozialist!

Da ist Harry in einer besseren Situation. Seine Eltern gehören zwar nicht zur Gruppe der offen Widerständigen, aber sie helfen ihrem Sohn Distanz zu finden. Sie glauben den Propagandalügen der Nazis nicht, aus Angst vor Repressionen wagen sie jedoch auch nicht, offen dagegen anzugehen. Als der Vater sagt, „es sind Menschen wie wir", bittet Harrys Mutter den Vater, doch stille zu sein: „Du weißt was geschieht, wenn er das seinem Klaus erzählt" (S. 19). Auch die Schule erscheint als eindeutiges Propagandainstrument, was Lehrer Schmiele und Lehrerin Winkler unter Beweis stellen. Die Jungvolksammlung, die in der Schule stattfindet, kann diesen Eindruck nur noch bestärken.

4 Literarische Gestaltung

Das nur 50 Seiten umfassende Buch Schollaks, wovon noch etwa 15 Seiten aussagekräftige Schwarz-weiß-Illustrationen sind, ist in zehn Abschnitte von zwei bis sieben Seiten Länge eingeteilt. Historische Vorkenntnisse über die NS-Zeit sind keine Voraussetzung für die Lektüre des Buches. Es erzählt in chronologischer Form über eine Woche im Leben der Hauptfigur Harry, die sein weiteres Leben und Erleben wohl verändert haben wird.

Das Buch bietet eine gute Identifikationsmöglichkeit mit dem positiven Helden Harry, da die wörtliche Rede häufig benutzt wird, das Buch im Präsens geschrieben ist und besonders Harrys persönliche Probleme mit und Betroffenheit von der NS-Rassenideologie sehr authentisch behandelt werden. Die beiden Tagtraumsequenzen können die mögliche Identifikation nur noch verstärken.

Durch die Kürze des Buches und dessen Einteilung in sehr kurze Abschnitte, die häufige Anwendung der wörtlichen Rede, durch kurze Sätze mit einfachem Sprachmuster, den großen Schrifttyp und nicht zuletzt durch die Auflockerung des Buches durch eine Vielzahl von Zeichnungen soll und kann das Buch besonders Leser jüngeren Alters ansprechen.

5 Verknüpfung von Individual- und Gesellschaftsgeschichte

Nur einige relevante gesellschaftliche Probleme der NS-Zeit werden auch individuell sichtbar und dringen in Harrys überschaubaren Lebensraum, der durch Familie, Freunde, Schule und Jungvolk begrenzt ist. Da ist die Angst der Eltern, denunziert zu werden, wenn sie das Regime oder dessen Ideologie kritisieren. Da ist die in jeden Lebensbereich hineinreichende Indoktrination, die an Harry deutlich wird. Unter Freunden, im Jungvolk, in der Schule, ja selbst im Luftschutzkeller wird versucht, die Bevölkerung im Sinne der Herrschenden zu manipulieren. Auch die allgemeine Lebensmittelknappheit trifft natürlich jeden individuell in Form der Lebensmittelrationierung.

Da das Buch aber hauptsächlich die Rassenideologie der Nazis betrachtet, werden natürlich hier besonders individuelle verschiedene Sichtweisen deutlich. So die Eltern Harrys, die die Rassenideologie ablehnen, Menschen wie Klaus, die Lehrerin oder der Fähnleinführer, die das rassistische Gedankengut einfach unkritisch übernehmen und Miriam Wasserstein, die den Verfolgungen und Demütigungen der Nazis und Teilen der Bevölkerung vollkommen hilflos gegenübersteht.

Wie Harry sich weiterentwickelt und welche Konsequenzen er aus dem Erlebten der Woche gezogen hat, in der das Buch spielt, bleibt der Phantasie des Lesers überlassen.

6 Entwicklung der Hauptperson

Der Leser erfährt nicht, welche Einstellung zur Rassenideologie des NS Harry vor seiner Begegnung mit Miriam Wasserstein hat. Erst das persönliche Zusammentreffen mit ihr und Klaus' Bemerkung: „Die hat Glück, daß sie kein Wort gesagt hat, sonst hätte die was erlebt!" (S. 9) und das abwertend gesprochene Wort „Judenmädchen" scheinen Harry zum ersten Mal betroffen zu machen. Als er bemerkt, daß seine Eltern die Juden als „Menschen wie wir" ansehen, ist der Widerspruch deutlich. Klaus, der „leider nie spinnt, bei dem immer stimmt, was er sagt" (S. 19) behauptet das Gegenteil von dem, was Harrys Eltern meinen. Als dann ein Fähnleinführer die Juden mit Ungeziefer vergleicht, beginnt Harry über die Juden nachzudenken.

Als engliche Luftaufklärer über Berlin fliegen, muß er mit seiner Klasse den Luftschutzkeller aufsuchen. Hier überlegt er, daß die Engländer die Bomben vielleicht nur werfen, um sich zu wehren und er beginnt im Rahmen seiner Möglichkeiten, die Propagandalügen zu durchschauen: „Ganz dumm erlogen ist die Sache mit der Verschwörung, denn wenn die Juden so mächtig sind, wie alle sagen, würden die Engländer gewiß auf sie hören!" (S. 36) Harry geht sogar so weit, daß er Miriam, um sie zu schützen, bei sich im Keller verstecken will, was jedoch eine Hoffnung bleibt, da die Wassersteins schon deportiert sind, als Harry seinen Plan Miriam mitteilen will.

Besonders hervorzuheben ist, daß bei Harry diese Entwicklung durch die persönliche Betroffenheit in der Begegnung mit Miriam beginnt und durch die nicht-rassistisch eingestellten Eltern weiter gefördert wird. Klaus hat es durch die Einstellung seiner Eltern zum Nationalsozialismus bedeutend schwerer, den Staat und dessen Ideologie kritischer zu betrachten. So macht er auch keinen Entwicklungsprozeß durch, von Anfang bis Ende des Buches ist er gefangen und begeistert von der NS-Ideologie.

7 Adressaten

Durch die bereits in Punkt 4 beschriebenen Merkmale des Buches wie Kürze, häufige Auflockerung durch Zeichnungen, einfachen Satzbau und dadurch, daß keine Vorkenntnisse über den NS verlangt werden, halte ich das Buch, wie auch vom Verlag empfohlen, für Kinder ab dem 8. Lebensjahr geeignet. Damit gehört Schollaks Buch neben Johanna Reiss' „Und im Fenster der Himmel" (vgl. die Besprechung in Bd. I) und Jaap ter Haars „Oleg oder die belagerte Stadt" (vgl. die Rezension in diesem Band) zu denjenigen, die als Einstieg in den Gesamtzusammenhang Nationalsozialismus schon für das Grundschulalter besonders geeignet sind. Sie ergänzen sich auch insofern sehr gut, als die unterschiedlichen Handlungsorte (Berlin, Niederlande, Leningrad) unterschiedlich Betroffene in den Blick nehmen.

8 Kritische Würdigung

Das Buch läßt beim unwissenden Leser viele Fragen offen. Wohin sind die Wassersteins? Was ist mit ihnen geschehen und was wird weiter mit ihnen geschehen?

Das Interesse an der Judenverfolgung in der NS-Zeit und allgemein an dieser Zeit dürfte geweckt worden sein.

Ich halte es für äußerst wichtig, daß der Leser kompetente Ansprechpartner hat, die seine Fragen beantworten können. Ohne sie ist dieses Buch m.E. wertlos, mit den Ansprechpartnern halte ich es für äußerst gelungen. Denn durch Schollaks Herausarbeitung des positiven Helden Harry wird beim Leser eine emotionale Anteilnahme mit den Verfolgten des NS geweckt. Durch die so entstehende Abneigung gegen den NS-Staat halte ich dieses Buch für Lehrer oder Eltern, die ihren Schülern oder Kindern so früh wie möglich die positive Auseinandersetzung mit dem NS ermöglichen wollen, für sehr geeignet.

Besonders in der heutigen Zeit, da der Rechtsradikalismus seine Stoßrichtung verschiebt und statt der Juden nun Türken und andere Ausländer als Sündenbock fungieren, wenn auch mit anderen Konsequenzen.

9 Das Buch im Urteil des Lesers

Dieses Buch ist sowohl für den Leseanfänger als auch für ältere Leser geeignet. Es zeigt, daß Harry sich nicht von anderen (dem Fähnleinführer, seinem Freund Klaus) beeinflussen läßt, andere Menschen als Menschen zweiter Klasse auzusehen. Harry folgt seinem inneren Gefühl und seiner Sympathie für Miriam. Ich ziehe aus dem Buch die Lehre, daß es wohl nicht zu einer Judenvernichtung und den KZs gekommen wäre, wenn alle so gefühlt hätten wie der kleine Harry.
Schülerin, 15 Jahre

Bodo Schulenburg: Tanja

Geschichte eines Mädchens aus Leningrad während der neunhunderttägigen Blockade

Berlin West (Elefanten Press Verlag) 1981 (EP 74) (10,80 DM)

Ernst Cloer

0 Vorbemerkung

In den großen Lexika (Brockhaus-Enzyklopädie, Meyers Lexikon) werden die ungeheuren Verluste der Leningrader Zivilbevölkerung in der Zeit der neunhunderttägigen Belagerung der Stadt mit keiner Zeile gewürdigt. Ich habe deshalb dem anderen in diesem Band vorgestellten Kinderbuch über die Belagerung der Stadt Leningrad (vgl. Jaap ter Haar: Oleg oder die belagerte Stadt) in der Borbemerkung einige wichtige Informationen vorangestellt, auf die ausdrücklich verwiesen wird.

Dem Buch „Tanja" von Bodo Schulenburg ist ein einfach geschriebenes Vorwort von H.-J. Pölking vorangestellt, das einen kurzen historischen Überblick über die Geschichte der Sowjetunion, des deutschen Faschismus und seines Angriffes auf die Sowjetunion liefern will (S. 4 – 15). Dieses in Teilen sehr gelungene Vorwort ist in zentralen Passagen so eng an dem 1933 von der Komintern kanonisierten Faschismusverständnis (Faschismus als Diktatur der imperialistischen Elemente des Finanzkapitals) orientiert, daß gegenüber seinen Vereinseitigungen ausdrückliche Bedenken anzumelden sind (vgl. dazu die Kritik in den Abschnitten 2 und 3). Diese Kritik bezieht sich jedoch nicht auf die Erzählung von Bodo Schulenburg. Es bietet sich an, die Erzählungen von Jaap ter Haar und Schulenburg in Beziehung zueinander zu bringen. Das reiche fotographische Dokumentationsmaterial bei Schulenburg bedeutet eine hilfreiche Ergänzung zum Verständnis der ter Haar'schen Erzählung.

1 Inhalt

Der Autor Schulenburg sagt in seinem Nachwort: „Eine traurige Geschichte. Ich kann sie nicht anders schreiben. Denn: es ist eine wahre Geschichte! Seht das Tagebuch Tanjas. Und ihr Foto" (S. 56).

Schulenburg erzählt die Geschichte der zehnjährigen Tanja, die am 1. Juli 1944 – wenige Monate nach der Beendigung der Belagerung Leningrads – in einem Krankenhaus verstorben ist. Er erzählt die Geschichte Tanjas anhand des später aufgefundenen Tagebuches, aus dem sechs ganzseitige Faksimile-Abdrücke (S. 27, 33, 39, 47, 49, 53) aufgenommen sind – sechs Tagebuchseiten aus dem kurzen Zeitraum zwischen dem 28.12.1941 und dem

13.5.1942, auf denen jeweils der Tod der nächsten Angehörigen (der Großmutter und Mutter, der Geschwister Shenja und Leka und der Onkel Wasja und Ljoscha) notiert ist. Diese sechs Faksimiles aus Tanjas Tagebuch zusammen mit den 15 in den Text hineingesetzten Fotos aus dem Alltagsleben der belagerten Stadt verleihen dem Buch einen besonderen Grad von Authentizität und stehen – wohl nur auf den ersten Blick – in einer eigenartigen Spannung zu den märchenhaft klingenden Überschriften der acht kurzen Kapitel.

Das erste (S. 17 – 19) und das achte Kapitel (S. 54) bilden gewissermaßen den Rahmen. Sie zeigen jene Tanja, die vor der Belagerung Leningrads in ihren Träumen über die geliebte Stadt fliegen kann. Mit ihr verfolgen wir die Wahrzeichen der Stadt: die Flüsse und Kanäle mit ihren 600 Brücken, das Zar-Peter-Denkmal, zu dem noch heute alle Jungvermählten zu einem Erinnerungsfoto fahren, die breite Newa, auf die Zar Peter blickt, den Winterpalast, das Lenin-Denkmal vor dem Smolny-Palast, die Kirowwerke, in denen Tanjas Onkel Wasja Traktoren baut. Und sie träumt im „Fluge" immer wieder das Märchen vom „goldenen Fischlein" (so ist das erste Kapitel überschrieben). Puschkin – der von den Leningradern besonders verehrte russische Dichter – hat es geschrieben.

In diese kindliche Geborgenheit bricht der Krieg ein. Leningrad ist „die verwandelte Stadt" (so die Überschrift des zweiten Kapitels). Der hellgrüne Winterpalast erhält einen „grauen Tarnmantel", das Reiterstandbild des Zaren Peter wird mit Sandsäcken gesichert, überall werden Straßensperren errichtet. Tanjas Vater – zur Armee einberufen – führt noch einmal ein langes Abschiedsgespräch mit seiner ältesten Tochter, übergibt ihr die Mitverantwortung für die jüngeren Geschwister und sagt, sie solle alles, was sie erlebt, aufschreiben. Das erste, was sie nach dem Abschied des Vaters ihrem Tagebuch anvertrauen muß: „Ich kann nicht mehr fliegen" (S. 21).

Das dritte Kapitel („Das Märchen vom rollenden Brot") erzählt – wie alle nachfolgenden – von den elementaren Erfahrungen der Eingeschlossenen, von Hunger, Kälte und Tod. Es erzählt, wie Tanja schon um drei Uhr in der Frühe aufbrechen muß, um sich in der Schlange anzustellen. Manchmal bekommen die Kinder ein loses Stückchen Brot zugesteckt. Hier in der Schlange hat sie Zeit, sich das Essen auszumalen: „Ich schlucke es in kleinen Stückchen. Nein! Ich behalte den Brocken im Mund. Zerdrücke ihn mit der Zunge und schmecke zuerst den Brotsaft" (S. 24). Aber Tanja darf dabei nicht an ihre Schwester Shenja denken, die schon seit Tagen sehr schwach ist. Als sie heimkommt, wartet Shenja nicht mehr auf das Brot. Tanja schreibt in ihr Tagebuch: „Shenja starb am 28.12. um 12.30 morgens, 1941" (S. 26)

Das vierte Kapitel (S. 28 – 33) erzählt von einer anderen Aufgabe, die die Kinder übernehmen mußten: von der Brandwache. Auf dem Dachboden mußten die Kinder Wache halten, mußten mit langen Zangen die Brandbomben vom Dach stoßen. Hier beim Warten hat Tanja Zeit, an die Großmutter zu denken, zu der sie ein so inniges Verhältnis hat und mit der sie vor einigen Tagen im Puschkin-Theater gewesen ist. Ein Clown hatte Späße gemacht, aber die Kinder waren stumm geblieben. Und Großmutter hatte gesagt: „Ach, meine Lieben, meine Kinder, es ist nicht zu ertragen, . . ., ihr habt das Lachen verlernt" (S. 31). Von heute an wird Großmutter die Kinder nicht mehr trösten können. Beim Holzholen wird sie von einer Granate getroffen. Tanja schreibt in ihr Tagebuch: „Großmutter ist gestorben. 25. Januar, 3.00 Uhr mittags, 1942" (S. 32 f.).

Ein Transport mit Mandarinen aus Georgien ist angekündigt. Er soll über den Ladogasee kommen, über die „Straße des Lebens" (vgl. Kap. 5). Tanja wartet sehnsüchtig auf diese Zauberfrucht, auf dieses „Wunderkraut", mit dem sie das so schwach gewordene Brüderchen Leka zu retten hofft. Tanja rennt mit der Frucht heim. Aber das Wunderkraut hilft nur noch für eine kurze Zeit. Zwei Wochen später muß sie in ihr Tagebuch schreiben: „Leka starb am 17.3. um 5.00 morgens, 1942" (S. 38 f.).

Nun sind die beiden jüngeren Geschwister, die der Vater ihr so ausdrücklich ans Herz gelegt hatte, tot. Die Großmutter, die wichtigste Bezugsperson, ist tot. Geblieben sind ihr die Mutter – aber die ist als Lehrerin den ganzen Tag fort – und Onkel Wasja. Für ein zehnjähriges Mädchen ein wunderbarer Onkel: einer, der die Märchen Puschkins so gut erzählen kann, der Tanja zum Träumen und Fliegen ermuntert hat, der Rosen züchtet und mitten in diesem schrecklichen Kriegswinter 1941/42 – auf die trockenen dornigen Stengel zeigend – zu Tanja sagt: „Sie werden blühen, wirst sehen" (S. 41). Aber auch Onkel Wasja, der Lebenslustige, bekommt die Hungerkrankheit, kann die schwere Arbeit in den Kirowwerken nicht mehr tun. Nun ist er auf Tanjas Botendienste angewiesen. Als sie am 13. April die Vollmacht für die Lebensmittelmarken bei ihm holen will, ist das Haus von einer Bombe total zerstört. Und Tanja schreibt in ihr Tagebuch: „Onkel Wasja starb am 13. April, 2.00 Uhr nachts, 1942" (S. 46 f.).

Nun ist ihr nur noch die Mama geblieben, die als Lehrerin frühmorgens das Haus verläßt und spätabends nach stundenlangem Fußmarsch todmüde heimkehrt. Der Arzt hat mit ihr geschimpft: „Ihr Herz ist müde, Frau Sawitschew" (S. 51). Aber Tanjas Mutter sagt: „ . . ., wenn die Kinder nicht lernen, nicht arbeiten, sterben sie". Und Sauberkeit und Schönheit sind wichtig für das Überleben. Deshalb sagt die Mutter zu Tanja: „Wasch dich, Tanja, . . . sieh in den Spiegel . . . . Dort, wo die Hausfrau nicht in den Spiegel sieht, Tanjuschka, ist der Spiegel verhängt. Und der Tod ist im Haus" (S. 50). Und als der harte Winter vorüber ist und die Alten, die überlebt haben, die Stühle vor die Häuser stellen, da muß Tanja – dem alten Volksbrauch folgend – die Spiegel verhängen. Und sie schreibt in ihr Tagebuch: „Mama, am 13. Mai um 7.30 Uhr morgens. – Die Sawitschews sind tot. Alle sind tot. Übriggeblieben ist allein Tanja" (S. 52).

2 Historischer Hintergrund

Das Buch von Bodo Schulenburg gliedert sich in drei Teile: ein Vorwort von Hermann-Joseph Pölking (S. 4 – 16), die Erzählung „Tanja" (S. 17 – 54) und ein Nachwort von Schulenburg (S. 56 f.). Alle drei Teile geben in je unterschiedlicher Weise Auskunft über den historischen Hintergrund.

Das Nachwort weist noch einmal nachdrücklich darauf hin, daß die Geschichte von Tanja keine fiktive Geschichte ist. Das Titelfoto zeigt die zehnjährige Tanja, die in weniger als fünf Monaten alle ihre Angehörigen verloren hat und die nach der neunhunderttägigen Blockade im Juli 1944 an den Folgen langjähriger Entbehrungen verstorben ist. Und das Nachwort betont darüber hinaus: Das, was über Tanjas Familie erzählt wird, trifft auf viele der 3,3 Millionen Bewohner Leningrads zu: „Viele Menschen verhungerten, sie starben still und oft unbemerkt. Sie brachen auf der Straße zusammen, ohne daß ihnen geholfen werden konnte" (S. 56). Es waren mehr als 1,2 Millionen.

Bereits im zweiten Kapitel der Erzählung macht Schulenburg eine klare Aussage über die politischen Machtinteressen als Ursache für den Leidensweg dieser Stadt: „Die deutschen Faschisten haben das Sowjetland überfallen, marschieren auf Leningrad zu, legen einen Ring an Panzern, Minen, Kanonen um Tanjas Stadt, wollen sie erobern. Lenins Stadt soll verschwinden" (S. 21). Das eigentliche Thema in Schulenburgs Erzählung „Tanja" (S. 17 – 54) sind die Leiden und das Ausgeliefertsein der Zivilbevölkerung in der eingeschlossenen Stadt. Hunger, Kälte und Tod als die alles überlagernden Grunderfahrungen werden exemplarisch am Leidensweg Tanjas verdeutlicht. Aber auch die Kraft zum Widerstand, der Mut der Alten und Jungen, die Hoffnung und Zuversicht gegen alle Hoffnungslosigkeit, die sich nicht zuletzt aus den Sinndimensionen der russischen Literatur speisen, werden an Tanja und ihren engsten Bezugspersonen deutlich. Diese Hoffnung, diese weite Perspektive („Wirst sehen", sagt Onkel Wasja immer wieder, „zuerst vertreiben wir die Faschisten. Dann machen wir unser Leningrad wieder schön"; S. 43) spielt in der Erzählung „Tanja" eine viel größere Rolle als in ter Haars Buch „Oleg oder die belagerte Stadt". Diese Hoffnung ist es auch, die für den Leser den Leidensdruck, den diese traurigen Einzelschicksale bei ihm auslösen, aushaltbar macht. Daß Tanjas Schicksal und das Schicksal der Familie Sawitschew kein Ausnahmeschicksal, daß es vielmehr typisch war, wird an den in den Text einkomponierten, meist ganzseitigen Schwarz-weiß Fotos besonders deutlich. Sie setzen den Alltag in der eingeschlossenen Stadt in hervorragender Weise ins Bild und fordern zu sorgfältiger Betrachtung auf. Sie zeigen z.B.:

- die Lebensbedingungen der russischen Soldaten in diesem eisigen Winter 1941/42 (S. 16);
- den Barrikadenbau in Leningrad (S. 21 f.);
- flüchtende Mütter mit Kindern nach Bombenangriffen (S. 31, 37, 45 f., 55);
- die Bedingungen des Wasserholens (S. 29);
- den Transport verstorbener Angehöriger auf einem Schlitten (S. 25);

- Gruppen von Toten auf den Straßen, für deren Bestattung die Angehörigen in der sich verschärfenden Hungerkrise keine Zeit und Kraft mehr hatten (S. 42);
- Lastwagenkolonnen auf dem Ladogasee, der „Straße des Lebens" (S. 35).

Die umfangreichsten Informationen über den historischen Hintergrund versucht Hermann-Joseph Pölking in seinem „Vorwort", das leider gar nicht als solches gekennzeichnet und das für den jugendlichen Leser nicht deutlich genug von der eigentlichen Erzählung abgesetzt ist. Pölking „erzählt" Geschichte nach Art früherer Schulgeschichtsbücher (Lehrer fühlen sich an Hans Ebeling erinnert). Er stellt seinem Vorwort (S. 4 – 15) die Inschrift vom Leningrader Mahnmal für die 1,2 Millionen Toten voran: „Wisse ein jeder – niemand ist vergessen, und nichts ist vergessen" (S. 4). Dieses „nichts ist vergessen" ist realistischer und ehrlicher als der harmonisierende Schluß in Jaap ter Haars Buch (vgl. die Rezension in diesem Band). Und da viele Erwachsene in unserem Land – wie Pölking zu Recht unterstellt – den Krieg vergessen „wollen", wendet er sich in folgender Weise an die Leser: „Vielleicht wollt Ihr wissen, warum Krieg war? Warum die Menschen der Sowjetunion sich verteidigen mußten und wollten? Wer Schuld war am Krieg" (S. 5)? Es ist sicherlich verdienstvoll, daß Pölking diese Zusammenhänge weit ausholend (er beginnt mit dem Ersten Weltkrieg) und in einer Sprache, die zehnjährigen Kindern gemäß ist, aufzuhellen versucht hat. Aber bedeutet schon die Adressatenorientierung den Zwang zu Vereinfachungen, so wird dieses Problem noch verdoppelt durch eine ange Anlehnung Pölkings an die offizielle Lesart der Länder des real existierenden Sozialismus (wohlgemerkt nicht an deren Geschichtswissenschaft; die ist „mancher Orts" entschieden differenzierter). Die Entstehung des Chauvinismus, Nationalismus und des Ersten Weltkrieges wird weitgehend erstursächlich auf die Interessen der „Reichen, die viel zu gewinnen hatten" zurückgeführt (S. 6); der Faschismus und die Faschisten werden als Instrument in der Hand der „Besitzer von großen Konzernen, von Stahlfabriken" usw. definiert (S. 11).

In einem solchen Deutungskontext erscheint dann die Sowjetunion als kontinuierlich friedensorientiert, wird keine Unterscheidung zwischen Leninscher und Stalinscher Periode vorgenommen, muß dann natürlich auch der Hinweis auf das geheime Zusatzprotokoll des Deutsch-Sowjetischen Nichtangriffspaktes vom 23.8.1939 unterbleiben, in dem Stalin sich mit Hitler auf eine politisch-territoriale Umgestaltung der zum polnischen und zu den baltischen Staaten gehörenden Gebiete zwecks „Abgrenzung der beiderseitigen Interessensphären" geeinigt hatte. Angesichts der unter Chrustschow begonnenen Aufarbeitung der Verbrechen der Stalin-Ära ist es schon problematisch verkürzend, wenn diese Periode dann so gekennzeichnet wird: „Unter großen Schwierigkeiten hatten die Menschen in der Sowjetunion ihr Land nach den Verwüstungen der Kämpfe vor und nach der Revolution aufgebaut. . . . Der Hunger war vertrieben. Vor der Zukunft hatten die Menschen keine Furcht. Nur Frieden brauchte man" (S. 13 f.).

3 Faschismusverständnis

Die entscheidenden Aussagen zum Faschismusverständnis finden sich wiederum im Vorwort von Hermann-Joseph Pölking. Auch sie sind problematisch verkürzend und müssen in ihrer Verkürzung nicht zuletzt deshalb bewußt gemacht werden, weil die Erzählung „Tanja" von Schulenburg insgesamt als sehr gelungen angesehen werden kann.

Eine erste Schlüsselstelle bei Pölking lautet so: „Besitzer von großen Konzernen, von Stahlfabriken und Bergwerken, von Zeitungen und reiche Landbesitzer unterstützen diese Faschisten mit Geld. Sie sahen in dieser ‚nationalsozialistischen' Partei und ihrem Führer Adolf Hitler eine Kraft, mit der sie ihre Gegner, die den Frieden und ein anderes Leben wollten, endgültig schlagen könnten. Und sie würden im nächsten Krieg wieder viel Geld verdienen" (S. 11). Hier werden die Faschisten gewissermaßen als Instrument in der Hand des Großkapitals gesehen. Mit anderen Worten: der Erfolg des deutschen Faschismus wird nicht etwa im Sinne eines Bündnisses zwischen Großkapital und NSDAP – also im Sinne der sog. Bündnistheorie – gedeutet, sondern eher in Anlehnung an die auf die Definition der Komintern von 1933 zurückgehende dogmatisch-kommunistische Definition vom Faschismus als einem reaktionären, chauvinistischen und imperialistischen Element des Großkapitals (vgl. detaillierter den Beitrag von Mainzer in Band 1). Innerhalb dieser „Diktatur des Großkapitals" wuchs nun nach Pölking den Faschisten eine doppelte Aufgabe zu: einmal sollten sie für eine Totalität der Herrschaft, für die Unterbindung aller Meinungsvielfalt Sorge tragen: „Deutschland verwandelten sie in ein riesiges Gefängnis. Jeder wurde mit Gefängnis, Folter und Tod bedroht, der eine andere Meinung hatte oder anders war" (S. 11). Zum anderen waren die Faschisten „Instrument" für die Massenmobilisierung durch Verführung: „Die Menschen wurden betäubt mit prachtvollen Aufmärschen, mit angeberischen Prunkbauten und mit Lügen und Verdrehungen, die von morgens bis abends, in der Schule, im Kino, aus dem Radio, auf den Straßen und bei der Arbeit die Menschen glauben machte, neue herrliche Zeiten seien angebrochen" (S. 11).

Damit keine Mißverständnisse entstehen: der Zusammenhang zwischen Kapitalismus und Faschismus soll keineswegs geleugnet werden; aber – mit Ernst Bloch gesprochen – der Faschismus hat „längere Wurzeln" als den Kapitalismus. Und genauso, wie gegen die Isolierung der These vom Faschismus als Diktatur des Großkapitals Einwände vorzutragen sind, müssen die Grenzen und Einseitigkeiten der Totalitarismustheorie und der Verführungsthese aufgezeit werden. Letztere sind überhaupt nicht in der Lage, einerseits die breiten Bewegungen von Resistenz und andererseits den „Mobilitätsappeal" (Broszat), den der Faschismus in bestimmten Bevölkerungsgruppen auch ohne „Verführung" gehabt hat, zu erklären.

Abschließend muß noch kritisch auf einen Satz aus Schulenburgs Nachwort eingegangen werden: „Es gibt noch viele Tagebücher Tanjas. Heute! Faschisten leben dort, wo Menschen hungern, gequält und ermordet werden" (S. 57). Wo in dieser Weise der Faschismusbegriff ausgeweitet wird, verliert er seine analytische Präzision und Klarheit. Auf die Gefahren dieser Ausweitung weisen inzwischen gleicherweise bürgerliche wie marxistische Historiker hin. Von Faschismus sollte nur dann gesprochen werden, wenn Systeme den schrankenlosen und totalen Terror und die auf Dauer gestellte terroristische Unterdrückung aller oppositionellen und kritischen Kräfte zum Herrschaftsprinzip machen und wenn sich dies mit einer national-imperialen Sendungs*ideologie* sowie einer imperialistischen *Praxis* verbindet. Für den deutschen Faschismus in der Zeit des NS waren darüber hinaus spezifisch eine – wie Bracher treffend formuliert hat – „völkisch-antisemitische Integrationsideologie" und der „Volksgemeinschafts-Egalitarismus", der von den Nazis dem „Klassenkampf-Sozialismus" propagandistisch gegenübergestellt wurde.

4 Literarische Gestaltung

Die Vorderseite des Buches zeigt ganzseitig das Gesicht eines etwa zehnjährigen Mädchens. Darüber steht: Tanja. Aus dem Nachwort wissen wir, daß es ein authentisches Foto der Hauptperson ist. Das Foto ist in warmen Farben (Tiefbraun-Weiß-Kontrast) gedruckt. Das Mädchen schaut die Betrachter mit großen, dunklen Augen entspannt und vertrauensvoll an. Wer die Erzählung gelesen hat, weiß, daß es sich nur um ein Foto aus der Zeit vor der Einkesselung Leningrads handeln kann – ein Foto von jener Tanja, die noch unbeschwert träumen und „fliegen" kann, die in den festen Beziehungen zu ihren wichtigsten Bezugspersonen (den Eltern, Geschwistern, Onkel Wasja und allen voran der Großmutter) urvertrauensvoll geborgen ist. Das Foto kann für Leser ein wichtiger Leseanreiz sein, wird aber möglicherweise nach dem Lesen der Erzählung erneut (und dann vertieft) Gegenstand einer einfühlenden und teilnehmenden Betrachtung werden. Nach dem Lesen weiß der Leser: diese Tanja wird wenige Monate, nachdem dieses Foto einer glücklichen Kindheit entstanden ist, Vollwaise sein; und nach dem Lesen des Nachwortes weiß er: drei Jahre nach Aufnahme dieses Fotos ist diese Tanja an den Folgen langjähriger Entbehrungen gestorben. Insofern gibt dieses Protraitfoto zusammen mit den authentischen Auszügen aus Tanjas Tagebuch und den 15 Fotographien aus dem Alltagsleben der belagerten Stadt dem kindlichen Leser möglicherweise noch größere Identifikationsmöglichkeiten als die fiktive Geschichte über Oleg und Nadja (vgl. das Buch von Jaap ter Haar). Andererseits zeigen diese Fotos mit dokumentarischen Charakter eine so grausame Realität, daß man – wie es auch Nora Bretfeld in der Besprechung des Buches „Sternkinder" von Asscher-Pinkhof getan hat – fragen muß, ob man kindliche Leser mit den Ungeheuerlichkeiten konfrontieren darf. Ohne diese Frage hier erschöpfend beantworten zu können, sei wenigstens dies gesagt: Die Erzählung Tanja gleicht in ihrer Erzählstruktur und der Präsentation der handelnden Figuren dem Märchen. Da sind die Angreifer (die Bösen) und die Angegriffenen (die Guten). Diese Polarisierung eindeutiger moralischer Positionen/Personen beherrscht das kindliche Denken des Grundschulalters. Und sie ist für Bruno Bettelheim, der sich in seinem Buch „Kinder brauchen Märchen" ausführlich mit der Frage der Grausamkeit beschäftigt hat, wichtig für die Entwicklung des moralischen Urteils beim Kinde. Ein entscheidender Satz in diesem Buch lautet: „Nicht die Tatsache, daß die Tugend (im Märchen; E.C.) am Ende siegt, fördert die Moral, sondern daß der Held für das Kind (den Leser; E.C.) am attraktivsten ist". Tanja ist die Heldin; und sie ist für die Leser attraktiv in dem, was sie sagt und tut. Ihr möchte man wohl gleichen. Aber daß die Tugend am Ende nicht siegt, daß Tanja nicht überlebt, bedeutet für die Alterstufe, für die das Buch geschrieben ist, eine sehr hohe Anforderung. Die Erzählung endet zwar mit einem optimistischen Ausblick. Aber der ist orientiert auf die anonymen Überlebenden der Stadt; er läßt sich für die kindlichen Leser nicht „festmachen" an dem liebgewonnenen Identifikationsobjekt oder einer der anderen Personen, die in der Erzählung plastisch werden. Schulenburg würde wohl einwenden: „Es ist eine wahre Geschichte. Ich kann sie nicht anders schreiben" (S. 56).

Die entscheidende weiterführende Frage müßte allerdings sein, ob das Scheitern der Hauptperson beim Leser notwendigerweise nur ohnmächtige Wut und lähmende Traurigkeit oder nicht vielmehr auch eine hohe Sensibilität und Parteilichkeit für die Opfer dieses eindeutig durch die Deutschen verursachten Leides auslösen könnte. Dann könnte das Buch eine Hilfe sein für ehrliches Erinnern, auch für die Entfaltung sozialer Phantasie — etwa unter der Frage: Wie ist es den Nationalsozialisten gelungen, Feindbilder aufzubauen, die große Teile des Volkes und der Armee für diesen „Kreuzzug gegen den Bolschewismus" als den „vom Juden organisierten und geführten Kampf des Untermenschen" (so Himmler 1935) zu mobilisieren? Wie steht es heute mit unseren Feindbildern?

Die Sprache des Autors ist sehr einfach. Er erzählt in kurzen Hauptsätzen chronologisch entlang den Eintragungen im Tagebuch Tanjas. Dominant ist das Präsens. Reflexionen und Rückblenden sind vermieden. Die Erzählweise ist — wenn man das so sagen darf — „typisch russisch". Sie ist durchsetzt mit Bildworten und Anspielungen aus allen russischen Erwachsenen und Kindern bekannten Puschkin-Märchen (z.B.: Zar Saltan; Goldenes Fischlein). Diese Märchen erhalten in Schulenburgs Erzählung unterschiedliche Funktionen. Tanja, auf dem Dachboden Brandwache haltend, erträumt sich — ausgehend von dem Märchen vom Zaren Saltan — ihr eigenes „Inselland Bujan" (vgl. S. 28). Hier bei Tanja, die noch bei Kräften ist, zeigt sich die befreiende Kraft der Phantasie: sie kann sich gegen alle unheile Welt eine eigene Welt schaffen und daraus neue Kraft schöpfen. Die Schwester Shenja dagegen, von der Hungerkrankheit schon ganz geschwächt, mag nur noch das Märchen vom rollenden Brot hören (S. 23 f.). Hier verliert die Literatur ihre befreiende Kraft. Das könnte für heutige Kinder wichtig sein zu erkennen: Es gibt materielle Bedingungen, die eine der wichtigsten Eigenschaften normalen Kindseins, die Kraft der Phantasie, verschütten.

5 Verknüpfung von Individual- und Gesellschaftsgeschichte

Ganz den Wahrnehmungsmöglichkeiten der Altersstufe der Hauptperson gemäß konzentriert sich die Erzählung auf die „kleine Gesellschaft", auf die Familie. In diesen Bezügen gelingt es dem Autor in überzeugender Weise, die Leiden der eingekesselten Stadt (die Versorgungsnöte, Hunger, Kälte und Tod) an den Hauptpersonen deutlich werden zu lassen. Die einkomponierten Fotographien zeigen, daß die Leiden der Hauptpersonen typisch sind für die ganze „städtische Gesellschaft". Pölkings Vorwort schließlich versucht, die Geschichte Tanjas in den größeren Zusammenhang der politischen und Gesellschaftsgeschichte zu stellen. Aufgrund der in den Abschnitten 2 und 3 nachgewiesenen Einseitigkeiten und Verkürzungen in diesem Vorwort müssen hier die begleitenden Gespräche in Familie und Schule Korrekturen setzen.

6 Entwicklung der Hauptperson

Das Buch „Tanja" erzählt von einem zehnjährigen Mädchen, das in der Erzählung viereinhalb Monate älter wird. Keine Zeitspanne für Entwicklung! Entwicklung ist auch nicht das Thema der Erzählung. Zwei andere pädagogisch wichtige Fragen stehen im Vordergrund:

1. Welche Bedürfnis- und Lebensperspektiven kann ein Kind unter den Bedingungen der Einkesselung noch entwickeln? Gilt in dieser extrem engen ökologischen Nische noch Johann Heinrich Pestalozzis dialektischer anthropologischer Grund-Satz: „Soviel sah ich bald: die Umstände machen den Menschen. Aber ich sah ebenso bald: der Mensch macht die Umstände; er hat eine Kraft in sich selbst, selbige vielfältig nach seinem Willen zu lenken"? Kann man noch sagen: Tanja lebt? Oder muß man nicht vielmehr sagen: diese Tanja wird gelebt?
2. Wie kann man es sich erklären, daß es angesichts der Bedingungen, unter denen dieses Kind lebt, nicht zum psychischen Zusammenbruch, zur Zerstörung der Person kommt?

Erste Antworten auf beide Fragen erschließen sich, wenn man sich Tanjas Verhältnis zu ihren wichtigsten Bezugspersonen vergegenwärtigt. Da ist das Vater-Tochter-Verhältnis. Der Vater übergibt Tanja, bevor er an die Front muß, die Mitverantwortung für die jüngeren Geschwister Shenja und Leka. Die ganze Erzählung macht deutlich, wie sehr sich Tanja mit dieser Aufgabe identifiziert. Da ist das Großmutter-Tanja-Verhältnis. Die Großmutter übernimmt viele Funktionen der Mutter, die ja ganztägig berufstätig ist. Sie tut das nicht mißmutig, sondern selbstverständlich. Sie ist es, die Tanja in ihrer Einsamkeit bei der Brandwache auf dem Dachboden besucht und die ihr damit zeigt, für wie wichtig sie die Aufgabe ansieht, die Tanja hier erfüllt. In diesen und anderen Aufgaben (etwa dem Anstehen an den sog. „Brottagen") erfährt Tanja, daß sie zu etwas nütze ist, daß sie gebraucht wird. Aus solchen Erfahrungen erwächst Kindern Selbstachtung. Und dieses Selbstwertgefühl dürfte ein wichtiger Grund dafür sein, daß es selbst in solchen Situationen, in denen „die Umstände den Menschen machen", nicht zum totalen psychischen Zusammenbruch kommt. Am Verhältnis Tanjas zu ihrem Onkel Wasja kommen drei andere Dimensionen in den Blick. Dieser Onkel Wasja steht hier für den „optimistischen Ausblick", ohne den Kinder nicht überleben können. Er pflegt weiterhin seine Rosen, redet im Angesicht zunehmender Zerstörung vom Wiederaufbau der Stadt. Dieser Onkel Wasja steht für das tiefe Verwurzeltsein auch der einfachen Bevölkerung in der russischen Literatur. Heutige Besucher Leningrads mögen auf dem Friedhof des Alexander-Newski-Klosters beobachten, wie die Menschen zum Grab Dostojewskis „pilgern". Tanja erfährt bei Onkel Wasja jene die kindliche Phantasie freisetzende Kraft der Literatur. Und schließlich steht dieser unverheiratete Onkel Wasja für das, was der amerikanische Sozialisationsforscher Urie Bronfenbrenner bei seinen vergleichenden Forschungen über die Kindheit und die Generationenbeziehungen in den USA und der UdSSR das „nationale Hobby" der sowjetischen Erwachsenen genannt hat. Während bereits Ende der 60er Jahre in den USA eine zunehmende Trennung der Generationen mit deutlichen Formen der Vernachlässigung und dem Sich-selbst-überlassen in Altersgruppen beobachtet werden konnte, hat Bronfenbrenner für die UdSSR eine ausgeprägte Sorge der Erwachsenengeneration für die nachfolgende, ein ausgeprägtes Interesse an Kindererziehung und einen – im Vergleich zu den USA – entschieden stärkeren sozialisierenden Einfluß der Familie festgestellt (vgl. dazu dessen Buch: „Erziehungssysteme. Kinder in den USA und der Sowjetunion". München 1973).

An einer Stelle jedoch sagt das Buch ausdrücklich etwas zur Entwicklung Tanjas. Und das ist eine Sequenz, über die in Familie und Schule mit Kindern gesprochen werden könnte: „Tanja hat schon viele tote Menschen gesehen. Zuerst hat sie geweint. Dann wurde ihr Herz taub und stumm. Es berührte sie nicht mehr" (S. 52). Wenn Tod und Gewalt das Alltägliche werden, können Desensibilisierungen eintreten, die als Folge des Krieges viel zu wenig betont werden.

7 Adressaten

Die Hauptperson Tanja ist 10 Jahre alt. Die Heldin ist in ihrem Reden und Tun sympatisch und glaubwürdig. Vermutlich können sich Kinder dieser Altersstufe gut mit ihr identifizieren. Sie verkörpert zwei Sehnsüchte, die alle Grundschulkinder haben: in heilen Beziehungen zu leben und von den Erwachsenen anerkannt zu werden, weil man schon Erwachsenenaufgaben übernehmen kann. Die Sprache der Erzählung ist Lesern der letzten Grundschulklasse angemessen. Allerdings fordert die Einbeziehung russischer Märchen einige Leseerfahrung. Wo diese noch nicht so entwickelt ist, dürften die ausgewählten Dokumentarfotos einen guten Anreiz geben. Daß alle „Identifikationsobjekte" letztlich scheitern (über Tanjas Tod wird der Leser allerdings erst im Nachwort informiert), bedeutet für Kinder dieses Lesealters eine hohe Anforderung. Es ist wichtig, daß für diese Trauerarbeit Erwachsene zum begleitenden Gespräch zur Verfügung stehen; dazu habe ich im Abschnitt 4 einige Erläuterungen zu geben versucht.

8 Kritische Würdigung

Ein Gesamturteil über dieses Buch fällt deshalb so schwer, weil die eigentliche Erzählung „Tanja" einerseits und das Vorwort von Pölking wie auch das Nachwort von Schulenburg andererseits deutliche Qualitätsunterschiede zeigen. Eine eindeutige Empfehlung würde mir leichter fallen, wenn der Autor auf sein Nachwort und der Verlag auf Pölkings Vorwort verzichtet hätten. Beide – Vorwort und Nachwort – drängen sich in problematischer Weise mit Belehrungen auf. Schulenburgs Nachwort führt darüber hinaus zu einer problematischen Verundeutlichung des Faschismusbegriffs. Pölkings Vorwort zeigt problematische Vereinseitigungen in der Deutung der Entstehung des Faschismus sowie Verharmlosungen der politischen Machtgeschichte der Stalin-Ära. Dazu habe ich das Notwendige in den Abschnitten 2 und 3 zu sagen versucht.

Wendelgard von Staden: Nacht über dem Tal.

Eine Jugend in Deutschland. Mit einer Einführung von Marion Gräfin Dönhoff. München (Deutscher Taschenbuch-Verlag) 4. Aufl. 1985 (28. – 33. Tsd.; 1. Aufl. 1982) (dtv Bd. 1738; 5,80 DM; auch als dtv Großdruck) Die Originalausgabe erschien unter dem gleichen Titel bei Diederichs, Düsseldorf/Köln 6. Aufl. 1981 (1. Aufl. 1979). Die Seitenangaben der Rezension beziehen sich auf die Taschenbuchausgabe.

Barbara Reitz/Ernst Cloer

1 Inhalt

Wendelgard von Staden, geborene Freiin von Neurath, erzählt ihre Jugend in Deutschland von 1933 bis 1945. Bei Kriegsende ist sie 19 Jahre alt, bei Kriegsbeginn 14.

Aufgewachsen ist Wendelgard, deren Name in der autobiographischen Erzählung nicht genannt wird, in einem kleinen Dorf bei Stuttgart. Die Eltern besitzen einen großen Hof und sind angesehene Leute im Dorf. Ein Bruder des Vaters, Freiherr Konstantin von Neurath, ist von 1932 bis 1938 Reichsaußenminister (was explizit nur im Vorwort von Gräfin Dönhoff gesagt wird); der Name Neurath bedeutet viel in dieser Zeit.

W. v. Staden beschreibt das Leben im Dorf, das bestimmt ist durch die Arbeit auf dem Feld, durch den Wechsel der Jahreszeiten und des Wetters. Sie erzählt von den Reaktionen der Menschen, insbesondere derjenigen ihrer Eltern, auf den NS und von den Hoffnungen und Ängsten in der Zeit vor, während und kurz nach dem Krieg.

Kapitel 1 bis 5 handeln von Wendelgards Leben im Dorf: sie wächst mit den Dorfkindern als Spielkameraden auf. 1933 wird sie Mitglied und später Führerin der Jungmädel im Dorf, denn sie ist fasziniert vom Exerzieren, von der Lagerfeuerromantik und den Liedern. 1937 erlebt sie Hitler in Stuttgart bei einer Kundgebung. Während Wendelgard stark beeindruckt ist von den Menschenmassen und der Person Hitlers, ist dem Vater „das ganze Getue und Gebrülle" (S. 21) unerträglich, und die Mutter distanziert sich aus politischen Gründen von den Nationalsozialisten; sie zählt sich selbst zur sozialistischen Mitte. Nach Kriegsbeginn kommen Kriegsgefangene ins Dorf, von denen einige auch auf dem elterlichen Hof zur Arbeit eingesetzt werden.

Im 6. Kapitel wird Wendelgard nach Berlin geschickt, um dort ihr Abitur abzulegen: Während dieser Schulzeit erlebt sie Opposition gegen den NS in der Schülerschaft (die Mädchen hängen ein Gedicht an den Sockel des eingeschmolzenen Schiller-Denkmals) und auch die ersten Luftangriffe auf die Stadt.

Kapitel 7 beschreibt die Zeit, die Wendelgard auf einem Lehrhof in Heilbronn verbringt, wo sie nach dem Abitur ein Praktikum macht: Zusammen mit Zwangsarbeitern und Kriegsgefangenen verrichtet sie Feldarbeit, die immer wieder wegen Luftangriffen unterbrochen werden muß. Ende Juli 1944 kehrt Wendelgard nach Hause zurück.

Die Kapitel 8 bis 13 (S. 45 – 85) behandeln vorwiegend die Bedingungen im KZ Wiesengrund und die Initiativen von Wendelgards Mutter zur Erleichterung des Lebens der Lagerinsassen: In der Nähe des Dorfes Klein-Glattbach ist in einem abgelegenen Tal ein Lager errichtet worden, wo Gefangene in einem Steinbruch eine unterirdische Fabrik bauen sollen. Zusammen mit ihrer Mutter besichtigt Wendelgard das Lager. Bald darauf wird das Tal für die gesamte Bevölkerung gesperrt. Als die Aufforderung an den Hof geht, das Lager mit Lebensmitteln und Stroh zu beliefern, verlangt die Mutter Arbeitskräfte für den Transport. Die daraufhin geschichten, halb verhungerten jüdischen Lagerinsassen sind so schwach, daß sie die Arbeit nicht bewältigen können. Nach diesem Erlebnis beschließt Wendelgards Mutter, den Häftlingen zu helfen. Sie erreicht über Verhandlungen mit dem Lagerkommandanten, daß regelmäßig eine Gruppe von Häftlingen zur Arbeit auf den Hof kommt. In der folgenden Zeit erfährt Wendelgard von den Häftlingen Genaueres über die Lebensverhältnisse im Lager. Zusammen mit ihrer Mutter versorgt sie die auf dem Hof arbeitenden Lagerinsassen mit Nahrungsmitteln und überlegt, wie vielleicht allen Häftlingen geholfen werden könnte. Als die Befreiung des Dorfes durch die westlichen Alliierten nur noch eine Frage der Zeit ist, unterbreitet die Mutter dem Lagerkommandanten einen Plan: er soll die Häftlinge retten, indem er sie in dem Stollen der verlassenen Baustelle unterbringt und sie bis zum Einmarsch der Alliierten gegen die Stammannschaft der SS verteidigt; als Gegenleistung versichert sie ihm, daß alle Leute der Umgebung bei den Besatzern für ihn aussagen werden. Scheinbar geht der Kommandant auf diesen Vorschlag ein. Bald werden jedoch, weil die Front immer näher rückt, die marschfähigen Häftlinge in Eisenbahnwaggons verladen und nur die marschunfähigen unter strenger Bewachung im Lager zurückgelassen.

Die bald darauf einmarschierenden Franzosen (vgl. Kap. 14 – 16) vermitteln der Bevölkerung keineswegs den Eindruck der Befreiung. Von Staden beschreibt auch dieses dunkle Kapitel mit aller Offenheit: Die Franzosen durchsuchen die Häuser nach Wertgegenständen, verwüsten die Einrichtungen und vergehen sich an den Frauen. – Da das versteckt liegende KZ von den Franzosen nicht entdeckt wird, informiert Wendelgards Mutter den französischen Kommandanten über das nahegelegene KZ. Daraufhin wird das Lager aufgelöst, und unzählige, fast verhungerte und kranke Häftlinge strömen ins Dorf. Obwohl diese Menschen dringend ärztliche Hilfe benötigen, wird von seiten der Besatzer zunächst nichts für sie getan. Sie werden wieder ins Lager zurückgekarrt, wo sie von den Dorfbewohnern verpflegt werden sollen; und bald darauf werden sie endlich in Krankenhäuser gebracht.

Das letzte Kapitel – es umfaßt ein Sechstel des ganzen Buches (S. 102 – 121) – ist zugleich das persönlichste. Mehrere Stränge sind hier ineinander verwoben. Da ist einmal die Ablösung der Franzosen durch die amerikanische Besatzungsmacht, die in der Anfangsphase besonders eng mit den Kommunisten/Antifaschisten kooperiert – für Wendelgards Mutter von schicksalhafter Bedeutung; denn sie, die sich als überzeugte Sozialdemokratin sowohl gegenüber den Lagerinsassen als auch den Fremdarbeitern durch große Menschlichkeit bewährt hatte, wird nun auf Drängen der „Anti-FA" in das Kreisgefängnis eingeliefert. Der von Neurath'sche Gutshof – ein zweites Moment – bleibt auch jetzt nach Kriegsende ein Sammelpunkt ehemaliger Zwangsarbeiter und KZ-Häftlinge. Unter diesen ist der polnische Jude Kuba, die erste große Liebe der 19jährigen Wendelgard. Diese Beziehung wird von den Dorfbewohnern mit der größten Verachtung begleitet: „Des hed i also net von dir denkt. ... Mit so em arg fremde Mann" (S. 116). – Dieser Kuba ist es dann, der sich durch eine Unterschriftenaktion bei ehemaligen KZ-Häftlingen für die Freilassung der Mutter einsetzt. Und mit Kuba möchte Wendelgard Deutschland verlassen: „Für mich war in den letzten Monaten vor Kriegsende mein Vaterland gestorben. ... im Täle hatten sie es dann abgewürgt. Der SS-Sturmführer Möller hatte es mit der Peitsche erschlagen" (S. 110). Von der Mutter erfährt Wendelgard, daß Kuba bereits gebunden ist: „Mit meinem Herzen war etwas passiert. Es war leer und dunkel." Und wenige Zeilen später fährt sie in jener Nüchternheit fort, die ansonsten für die Ich-Erzählerin so charakteristisch ist: „Ich wurde an der Universität angenommen und begann Landwirtschaft zu studieren" (S. 120).

2 Historischer Hintergrund

Die Erzählung umfaßt den Zeitraum von 1933 bis 1945 und beschreibt das Leben im Dorf und in der Familie von Neurath aus der Sicht der Erzählerin. Von Seite 49 an konzentriert sie sich auf die Zeit ab Mitte des Jahres 1944 und das in der Nähe des Dorfes errichtete KZ Wiesengrund.

Die Chronologie des gesamten Zeitraumes wird immer wieder unterbrochen durch kürzere oder längere Vorgriffe und Rückblicke, die nur selten genauen Daten zugeordnet sind. Die politischen Geschehnisse tauchen oft nur am Rande auf und werden kaum näher erläutert. Angesprochen werden u.a.:

- die NS(Zwangs-)Organisationen nach 1933 (HJ, NS-Frauenschaft) (S. 14 f.);
- Massenpsychosen bei Auftritten Adolf Hitlers (S. 21 f., 26);
- das Verbot von Büchern (S. 27);
- die Lebens- und Arbeitsbedingungen der Zwangsarbeiter und Kriegsgefangenen (S. 28f., 32, 40, 80);
- die Feldzüge (Rußland S. 28, 31 f., 37; Polen S. 29 f.; Frankreich S. 31, 37);
- die Deportation und Ermordung von Juden (S. 32);
- die „entartete" Kunst (S. 34 f.);

- die Luftangriffe (S. 36, 41, 42, 45 f., 49, 73 f.);
- das Attentat auf Hitler am 20. Juli 1944 (S. 44);
- die amerikanischen Streitkräfte in Frankreich (S. 44);
- das KZ Wiesengrund (S. 46 – 85, 90 – 98);
- das KZ Majdanek (S. 63);
- das KZ in Auschwitz (S. 77 f.);
- das Ghetto in Warschau (S. 78);
- der Volkssturm (S. 81);
- die französischen Besatzer (S. 87 ff.);
- die amerikanischen Besatzer (S. 105 ff.);
- die Entnazifizierung (S. 107 ff.);
- die Flüchtlinge aus dem Osten (S. 116);
- der auch nach 1945 fortbestehende Antisemitismus in Teilen der Dorfbevölkerung (S. 116).

3 Faschismusverständnis

In ihrer Erzählung gibt W. v. Staden keine detaillierte Ursachenanalyse des NS. Verschiedene mögliche Gründe für das Erstarken der NS-Bewegung sind jedoch in einigen Passagen angedeutet. So zeichnen sich Mißtrauen der Weimarer Republik gegenüber, konservativer Patriotismus, wirtschaftliche Schwierigkeiten oder Verdrossenheit über den Völkerbund und die Reparationen als Folge der Niederlage Deutschlands im Ersten Weltkrieg in folgenden Zitaten ab:

„Sie (die älteren Bauern; B. R.) dachten wie mein Vater, der sagte: ‚Im Herzen bin und bleibe ich Monarchist. Wir hätten eben den Krieg nicht verlieren dürfen, und jetzt müsse jeder sich anstrengen, damit Deutschland aus der Not herauskäme und wieder ein starkes, geachtetes Land würde'" (S. 15).

„Mit vielen teilte sie (die Mutter; B. R.) die zunehmende Verzweiflung über den völkerbund und die Reparationen. Aber im Gegensatz zu meinem Vater hielt sie das Anwachsen der NS-Bewegung für eine Katastrophe und sah die Abgründe, die den meisten verborgen blieben" (S. 26).

Neben diesen Hinweisen auf die antidemokratischen Kräfte in der Weimarer Demokratie und die Folgen des Versailler Diktatfriedens für die Weimarer Demokratie wird in von Stadens Buch der Einfluß Hitlers auf die Massen besonders hervorgehoben. Auch die 12jährige Wendelgard kann sich dieser „gekonnten" Inszenierung nicht entziehen. Über eine solche Massenkundgebung, die sie 1937 in Stuttgart miterlebt, notiert sie: „Mein Gemüt war aufgewühlt. Ich schwor in meinem Herzen, daß ich für den Führer sterben würde, wenn er es wolle" (S. 23). Gegen diese Einflüsse vermag auch die Mutter lange Zeit nichts auszurichten. Die Mutter hatte bereits im Jahre 1931 eine solche Massenkundgebung miterlebt und anschließend in „prophetischer" Sicht gesagt:

„Ich haben den Hitler gesehen, der wird es machen. Die Leute sind wie betrunken. Wenn er's macht, dann rüstet er auf. Und wenn er aufrüstet, gibt's Krieg, und wenn es Krieg gibt, dann geht unser Land kaputt" (S. 26).

Viel zentraler als die Frage nach den Ursachen der NS-Bewegung sind in der Erzählung die Auswirkungen der NS-Rassenideologie. Den Unmenschlichkeiten, die infolge dieser Rassenideologie auch gegenüber den Zwangsarbeitern – den „slawischen Untermenschen" in der offiziellen Sprachregelung – begangen werden, setzt Wendelgards Mutter ihre grundsätzliche Menschenachtung entgegen:

„Mit den Kriegsgefangenen, die nach den jeweiligen Feldzügen im Dorf und bei uns zur Arbeit eingesezt wurden, schuf sie (die Mutter; B. R.) sich eine Welt, in die der Völkerhaß nicht hineinreichen sollte. Allen . . . erklärte meine Mutter sogleich bei ihrer Ankunft, daß hier der Krieg nicht stattfände, . . .(S. 28).

Der Genocid als Spezifikum des deutschen Faschismus wird mit dem inhaltlichen Schwerpunkt der Erzählung, dem KZ Wiesengrund und den dort inhaftierten Juden, zum zentralen Thema: „ . . . es war eine andere Seite gewachsen, die berechnende Vernichtung einer ganzen Rasse, die Unmenschlichkeit" (S. 110). Die Unmenschlichkeit, die sich vor allem in den Mißhandlungen der Häftlinge durch das Lagerpersonal zeigt, wird konfrontiert mit der Hilfsbereitschaft und dem Einsatz von Wendelgard und deren Mutter für die Lagerinsassen. Widerstand durch Infragestellung der offiziellen Ideologie! Aber die Mutter weiß – das ist ihr Resümee nach dem Kriege –, daß dieser partielle Widerstand einiger Deutscher nicht dafür herhalten kann, falsche Erwartungen an die Betroffenen zu haben. In dem entscheidenden Gespräch zwischen Mutter und Tochter über den polnischen Juden Kuba, mit dem Wendelgard Deutschland verlassen will, sagt die Mutter: „Du weißt, was er hinter sich hat. Es sind Deutsche gewesen, die ihm das angetan haben, und er muß uns darum für immer hassen" (S. 119). Das Buch ist nicht nur nüchtern im Erzählstil, es ist auch wohltuend nüchtern in bezug auf die Einschätzung der Folgen des NS. Gerade auch deshalb ist diese Autobiographie eine „Geschichtslektion", wie Walther Killy in seiner Rezension zu diesem Buch gesagt hat.

4 Literarische Gestaltung

Die autobiographische Erzählung umfaßt 121 Seiten und ist in siebzehn etwa gleichlange und nicht mit Überschriften versehene Kapitel unterteilt. Vorangestellt ist ein lesenswertes Vorwort von Marion Gräfin Dönhoff.

Die Ich-Erzählung ist aus der Erzählperspektive des Mädchens und der Jugendlichen Wendelgard geschrieben. Vorgriffe und Rückblicke, die die Chronologie des Textes immer wieder unterbrechen, verweisen jedoch auf die, aus der Distanz schreibende, erwachsene Autorin.

Der Text besteht aus überwiegend kurzen, einfachen Sätzen, und die Form der direkten Rede wird nur äußerst selten benutzt. Die Emotionalität der Ich-Erzählerin, die sich beispielsweise in Kommentaren oder Reflexionen zu einem Erlebnis äußern könnte, wird weitgehend ausgeklammert. Dies erzeugt den Eindruck eines sich auf die Aneinanderreihung von Fakten beschränkenden Berichts. Diese Erzählweise wird einige Male durch das Zitieren von Lied- und Gedichtfragmenten gebrochen; diese übernehmen neben der dokumentierenden Funktion teilweise auch eine kommentierende. Der dokumentarische Charakter der Erzählung wird durch drei einkomponierte Dokumente unterstützt: eingearbeitet sind ein Artikel der französichen Soldatenzeitung „Patrie" vom 18.4.1945 (S. 91 – 93), eine Aufzeichnung der Mutter Wendelgard von Stadens (S. 97 f.) und ein Brief eines französichen Priesters und ehemaligen KZ-Häftlings an Wendelgards Familie (S. 105 f).

Die aufzählende, berichtartige und Emotionen meist aussparende Erzählweise behindert die Identifikation des Lesers sowohl mit der Hauptfigur Wendelgard als auch mit der zweiten Zentralfigur, der Mutter. Die beobachtende Haltung der Hauptfigur, die nur selten in eine aktiv handelnde Position umschlägt, sowie die aus einer Distanz geschilderten Handlungen der Mutter schränken die Identifikationsmöglichkeiten ein.

Dennoch ist die Erzählung packend geschrieben. Die Vorgriffe und Rückblicke, die in v. Stadens Erzählung benutzt werden, nehmen ihr nicht die Spannung. Vielmehr wird der Leser neugierig auf weitere Informationen, die die Zeit zwischen erzählter Gegenwart und Vorgriff bzw. Rückblick füllen helfen.

Inhaltlich sind es die Geschichte der Mutter und die des KZ Wiesengrund und seiner Häftlinge, die den Leser bis zum Ende des Buches zum Weiterlesen motivieren.

Die oft fehlenden Hilfen zur zeitlichen Lokalisierung des Geschehens und der Gebrauch nicht näher erläuterter Abkürzungen und Begriffe (z.B. HJ, BDM, SS, OT-Lager, Organisation Todt, CIC) erfordern, ebenso wie der nur angedeutete politische und sozialgeschichtliche Rahmen, historische Vorkenntnisse des Lesers.

Das Titelbild der Taschenausgabe zeigt in kräftigen Aquarellfarben (von oben nach unten gelesen) einen gewitterartig verhangenen Himmel, der direkt über den Bergen noch einen schmalen roten Sonnenstreifen durchläßt. Darunter in warmen Grüntönen eine Talidylle. Dieses Tal scheint wie von einem Andreaskreuz mit breitem Pinsel „durchgestrichen"; erst beim genaueren Zusehen zeigen sich die Konturen eines viermotorigen Bombers, der als schwarzer Schatten das ganze Tal übergreifend beherrscht. – Vom Ende des Buches her lohnt sich die Interpretation. Das Bild des Bombers wird sich leicht erschließen. Das „durchgestrichene" Tal verweist auf die Entwicklung der Hauptperson: „Für mich war in den letzten Monaten vor Kriegsende mein Vaterland gestorben. . . . Im Täle hatten sie es . . . abgewürgt" (S. 110).

5 Verknüpfung von Individual- und Gesellschaftsgeschichte

Viele der unter Punkt 2 gesammelten Stichworte zur politischen und sozialen Geschichte werden nur kurz angesprochen, ohne daß ein direkt erkennbarer Einfluß auf die Lebensgeschichte der Hauptfigur zu bemerken ist. So wirken beispielsweise die Erwähnung des Verbots von Büchern und der Abschnitt über die „entartete" Kunst wie um der Vollständigkeit willen gemachte Ergänzungen einer Aufzählung. Andere Aspekte sind dagegen sehr eng und glaubwürdig mit der Geschichte der Hauptfigur verbunden. Überzeugend wirken so z.B.:

- die Feldarbeit und das Zusammenleben mit den Zwangsarbeitern und Kriegsgefangenen auf dem Hof;
- die Beschreibung der Luftangriffe;
- die Errichtung des „Sonderlagers";
- die menschenunwürdige Behandlung und der schlechte Gesundheitszustand der KZ-Häftlinge;
- die Entnazifizierungskampagne der amerikanischen Militärregierung.

6 Entwicklung der Hauptfigur

Die Haltung der Hauptfigur Wendelgard ist hauptsächlich beobachtend, wobei Reflexion und Emotion weitgehend ausgespart bleiben (vgl. Punkt 4). Ihre Entwicklung ist deshalb schwer ablesbar und deutet sich eher in der Veränderung äußerer Lebensumstände und über die Identifizierung mit der engagierten Mutter an. Ein Indiz hierfür könnte sein, daß die Tochter die Mutter ständig auf ihren Wegen ins Lager und bei ihren Rettungsinitiativen begleitet; so z.B. beim ersten Besuch im Lager (S. 47 f.), wo Wendelgard nicht wie ihre Mutter eingelassen wird und unter dem Stacheldraht hindurchklettert. Gemeinsam besuchen sie auch den Lagerkommandanten, um im Tausch gegen Lebensmittellieferungen ins Lager ein Kommando von Häftlingen für die Arbeit auf dem Hof zu bekommen (S. 59 – 61). An Überlegungen, die die Hilfe für die Häftlinge betreffen, nimmt Wendelgard teil:

„Eines Tages war meine Mutter sehr aufgeregt: ‚Er hat mich gefragt, ob ich ihn verstecken und ihm zur Flucht verhelfen könne.' Wir überlegten fieberhaft. Wir könnten ihm . . . ein Versteck einrichten . . ." (S. 67).

Man wird zu fragen haben, wie jene volle Identifikation der 17 – 18jährigen Wendelgard mit der Mutter erklärt werden kann, nachdem die 12jährige doch noch ganz von der Ausstrahlungskraft Hitlers und von der „Ästhetik des Faschismus", wie er bei den Jungmädeln erfahrbar war (Uniform tragen, Appell u.a.), gefesselt war. Die Ich-Erzählerin reflektiert über diesen Wandel nicht. Bei genauem Zusehen erschließen sich einige Faktoren. In ihrem Abiturjahr, das sie in einem Berliner Gymnasium verbringt, kommt sie in eine Klasse mit hohem politischen Bewußtsein. Nach dem Einschmelzen des Schillerdenkmals (als kriegswichtigem Material) macht die Klasse (!) ein Gedicht und heftet es an den leeren Sockel; dieses endete so: „Ach, weh dem Volk, das die zu Führern sich erkor, Den Wurm, den Spiegelberg und den Franz Mohr" (S. 36). – Dann ist da jene Erfahrung, daß eine Reihe der nur um wenige Jahre älteren Vettern im Ostfeldzug ihr Leben verlieren. – Von besonderer Bedeutung dürfte wohl der Gegensatz zwischen der Mutter und dem Vater sein. In einer Schlüsselszene wird er besonders deutlich: Als der Nahrungsvorrat im Lager zur Neige geht, treiben die Wächter die Juden ins Dorf. Die Familie von Neurath steht am Fenster und beobachtet, wie die Juden sich um die Kartoffeln schlagen: „Meine Mutter . . . redete wie zu sich selbst: ‚Die Leute sind einfach verhungert. . . . Wir haben sie zu Tieren gemacht, zu Untermenschen. Wir!'" – „‚Halt dich da raus', sagte mein Vater fast drohend. ‚Das geht uns nichts an. Da können wir gar nichts machen', und er nahm seinen Stock und ging hinaus" (S. 54). Mit diesem Vater (und seiner kaum verhohlenen Sympathie für das NS-Regime; vgl. S. 26, 49) kann sich Wendelgard nicht mehr identifizieren, nachdem durch die Begegnung mit den Häftlingen eine tiefe Empathie mit diesen vom System verfolgten und bedrohten Menschen geweckt ist.

Im Laufe der Erzählung entwickelt sich Wendelgard von einem Kind, das selbst Schrecknisse wie den Krieg fast als Naturkatastrophe erlebt, zu einem jungen Menschen, der Initiative ergreift, wo Menschen unter Ungerechtigkeit und bestialischen Quälereien leiden.

7 Adressaten

Aufgrund der sehr einfachen, nüchternen, unliterarischen Erzählweise ist das Buch schon für das frühe Jugendalter geeignet (etwa ab 15 – 16 Jahre). Das Buch bietet vordergründig wenig Identifikationsmöglichkeiten mit der Hauptperson, weil es abgesehen vom 17. Kapitel – nur geringe Möglichkeiten für den jugendlichen Leser liefert, eigene entwicklungsbedingte Lebensprobleme in den Leseprozeß einzubringen. Es ist aber auch die Frage, ob nicht vielmehr die Mutter die eigentliche Identifikationsfigur dieses Buches ist. Und da hält das Buch wichtige Hinweise auf aktuell-soziale Lebensprobleme bereit: das ausgeprägte politische Bewußtsein dieser Frau, die nicht nur „gefühlshaft" für das Leben eintritt, sondern mit aufgeklärtem Bewußtsein, in einer humanistischen Denktradition und mit Tatkraft gegen die Unmenschlichkeit dieser Ideologie Widerstand leistet.

Grundlegende Kenntnisse über die Zusammenhänge der Geschichte der Weimarer Republik und des Nationalsozialismus werden im Buch vorausgesetzt.

8 Kritische Würdigung

Die berichtartige, emotionslose Erzählweise könnte – so wurde oben gesagt – die Identifikation erschweren. Es könnte aber auch sein, daß gerade diese Erzählweise der gegenwärtigen Jugendgeneration besonders entspricht. Die von jugendlichen Lesern abgegebenen Stellungnahmen zu den in diesem Buch analysierten Jugendbüchern geben Anlaß zu dieser Vermutung.

Probleme, über die man in anderen Jugendbüchern wenig erfährt, werden in diesem Buch besonders akzentuiert: das Leben „fremdvölkischer" Arbeiter und Kriegsgefangener in Deutschland; das Leben unter der französischen Besatzungsmacht, das anfangs so gar nicht als „Befreiung" erfahren werden konnte.

Im Mittelpunkt aber steht das Problem des Völkermords an den Juden, in dem KZ Wiesengrund, mitten in schwäbisch-ländlicher Idylle – und der heroische (aber gar nicht mit dieser Attitüde vorgetragene) Versuch einer Frau, gegen diese Unmenschlichkeiten anzukämpfen. Ein faszinierendes Buch und eine Geschichtslektion zugleich; ein literarischer Beitrag sozusagen zur Widerstandsforschung.

Jaap ter Haar: Oleg oder die belagerte Stadt

Aus dem Niederländischen von Jutta u. Theodor Kunst. Recklinghausen (Bitter) 1981 (1. – 7. Tsd.). Unter dem gleichen Titel 1986 erschienen im Deutschen Taschenbuchverlag (dtv pocket 7858; 6,80 DM)
Eine erste deutsche Ausgabe mit problematischen Auslassungen und Änderungen des Übersetzers Jürgen Hillner ist 1968 unter dem Titel „Boris" bei Westermann (Braunschweig) erschienen. Die niederländische Originalausgabe ist erschienen unter dem Titel „Boris" im Verlag Unieboek B.V., Van Holkema + Warendorf. Bussum 1966. Übersetzungen sind erschienen in: England, USA, UdSSR, Dänemark, Schweden, Norwegen, Frankreich, Italien, Spanien, Südafrika, Neuseeland. Preise in der Bundesrepublik: Katholischer Kinderbuchpreis 1983; Preis der Leseratten des ZDF. Die Seitenangaben folgen der Taschenbuchausgabe 1986.

Ernst Cloer

0 Vorbemerkung

Der Holländer Jaap ter Haar erzählt die Tragödie der Belagerung Leningrads. Der beste Kenner dieser Tragödie, der Historiker H.E. Salisbury, kommt zu dem Ergebnis, daß die Leiden dieser Stadt in der Geschichte des Zweiten Weltkrieges keine Parallele haben. Die Abriegelung durch die deutsche Armee, die eine Versorgung der 3.327.000 Eingeschlossenen allein über den zugefrorenen Ladogasee ermöglichte, dauerte vom 20. August 1941 bis zum 18. Januar 1943. An diesem Tage wurde ein Keil in die deutsche Front getrieben, so daß die Versorgung auf dem Landwege wieder möglich wurde. Die Belagerung der Stadt war jedoch erst nach 900 Tagen am 27. Januar 1944 endgültig beendet. Von den 3.327.000 Eingeschlossenen sind in diesen 900 Tagen mehr als 1.200.000 umgekommen; die meisten sind den qualvollen Hungertod gestorben. Das sind allein in der russischen Stadt Leningrad fast ein Fünftel der Tote, die das deutsche Volk im gesamten Zweiten Weltkrieg (einschließlich der Verluste bei Flucht und Vertreibung) zu beklagen hat. Weder der zwölfbändige Brockhaus des Jahres 1955 noch die Brockhaus-Enzyklopädie (1970) noch Meyers Lexikon (1975) oder das gegenwärtig in den Gymnasien vielbenutzte Geschichts-Lehrbuch „Menschen in ihrer Zeit" (Klett) würdigen die Verluste dieser Stadt mit einer Zeile.

1 Inhalt

Ein Tag im Dezember 1942 – in der Endphase der Einkesselung Leningrads: Der zwölfjährige Oleg, dessen Vater bei einer Versorgungsfahrt mit seinem Lastwagen eingebrochen und versunken ist, hat in dieser Nacht wieder den schrecklichen Alptraum vom großen Wassertier gehabt: „Langsam, quälend langsam sank nun auch der Wagen seines Vaters zwischen den Schollen ins eisige Wasser des Ladogasees. ... Das furchtbare Wassertier schwamm riesig groß an den Fenstern der Kabine vorbei, in der, Todesangst in den Augen, sein Vater saß" (S. 7). Seit dem Tod des Vaters lebt Oleg mit seiner Mutter allein; von Hunger geschwächt kann sie das Bett nicht mehr verlassen. Sie will, daß wenigstens ihr Sohn überlebt und hat deshalb beim Kinderausschuß die Evakuierung Olegs beantragt. Die Liebe zur Mutter, die er seit Wochen allein versorgt, die tiefe Freundschaft mit der zwei Jahre älteren Nadja und die Angst, daß ihn bei der Evakuierung über den tückischen Ladogasee das Schicksal des Vaters ereilen könnte, fesseln Oleg an die sterbende Stadt.

Wie an jedem Tag holt er gemeinsam mit Nadja das Essen in der öffentlichen Garküche. Nadja ist tieftraurig: der Vater und der Bruder sind in dieser Nacht gestorben. Sie ist nun – wie Oleg – die einzige, die für ihre Mutter sorgen kann. Obwohl eine hohe Strafe darauf steht, läßt sie sich heute noch einmal Portionen für die in der Nacht Verstorbenen aushändigen; die sollen an die beiden so geschwächten Mütter als Sonderrationen verteilt werden. Der Plan wird vereitelt; die Kinder verschütten fast die gesamte Suppe, als sie auf dem Rückweg bei einem plötzlichen Fliegerangriff in Deckung gehen müssen(vgl. S. 5 – 24).

Da ist für Nadja keine Zeit zur Trauerarbeit. Alle gedankliche Antrengung der Kinder richtet sich darauf, zusätzliche Nahrung für die Mütter zu bekommen. In einem zweiten großen Abschnitt (vgl. die Kap. 4 – 9; S. 24 – 63) erzählt ter Haar, wie Oleg und Nadja ins Niemandsland vor der Stadt aufbrechen. Nadjas Bruder hat am Abend vor seinem Tode der Schwester den Weg zu einer Kartoffelmiete beschrieben. Die Kinder finden die Miete nicht, sie laufen bis zur totalen Erschöpfung Nadjas und erhalten schließlich erste Hilfe durch eine deutsche Patrouille. Die deutschen Soldaten bringen die beiden zu den russischen Linien zurück; und dort ist es nun Oleg, der seine Retter vor dem Tode bewahrt (vgl. bes. S. 46 – 57). Olegs Feindbild, auch sein alter Berufswunsch, Soldat zu werden, sind durch diese Begegnung mit den deutschen Soldaten verunsichert. Er formuliert in kindlicher Sprache das Grunddilemma dieses (und eines jeden anderen Krieges) und wohl eines der kräftigsten Argumente des Pazifismus: „Wenn man Soldat war, mußte man auch auf gute Deutsche schießen. Und man wußte schließlich nie, auf wen man zielte" (S. 60).

Von dieser übergroßen Anstrengung wird sich Nadja nicht mehr erholen. Es beunruhigt Oleg, daß er Nadja nicht beim Essenholen an der Garküche trifft. Er macht sich deshalb zu ihrer Wohnung auf – nicht zuletzt deshalb, weil er ihren Rat bezüglich der Evakuierung haben möchte, zu der ihn die Mutter und Onkel Wanja immer entschiedener drängen (vgl. S. 63 – 71). Auch nach dreimaligem Läuten wird die Tür nicht geöffnet. Die hinzueilenden Wohnungsnachbarn brechen die Tür gewaltsam auf und teilen ihm die Schreckensbotschaft mit: Nadja und ihre Mutter sind in dieser Nacht an

Hunger, Kälte und Erschöpfung gestorben. Oleg kann das Tagebuch an sich nehmen, über dem Nadja „eingeschlafen" ist (S. 71 – 81). Oleg ist nicht in der Lage, seiner Mutter vom Tode Nadjas zu erzählen; er wird von Weinkrämpfen geschüttelt. Aber die Mutter „weiß", was geschehen ist. Und nun ist sie es, die trotz ihrer körperlichen Gebrechlichkeit helfen kann. Sie beginnt die Trauerarbeit, indem sie mit fester Stimme aus dem Tagebuch Nadjas vorliest (S. 81 – 88).

In diese Trauer hinein kommt ein Brief mit dem Absender „Kinderausschuß Leningrad". Dieser enthält nicht – wie Oleg erwartet – die Mitteilung über die Evakuierung, sondern die Einladung zu einer Theateraufführung am Weihnachtsfest 1942. Oleg aber hat großes Mißtrauen, daß man die dort versammelten Kinder geschlossen über den Ladogasee abtransportieren könnte. Aber sein Mißtrauen ist unbegründet. Das Schönste an diesem Nachmittag ist das große Festmahl; das ihm zugedachte Kotelett packt er für seine Mutter ein und bereitet es daheim mit großem Stolz als Weihnachtsbraten (vgl. S. 88 – 116).

In dieser Stunde faßt Oleg endlich den Mut, der Mutter den Alptraum vom großen Wassertier zu erzählen und findet nun auch Verständnis für seine Weigerung, über den Ladogasee in Sicherheit gebracht zu werden. Aber die Frage der Evakuierung verliert ohnehin ihre Aktualität. Onkel Wanja stürmt mit der Botschaft herein, daß die Eisenbahnlinie wieder fest in der Hand der russischen Truppen sei. Alle – auch die Mutter – rennen im Freudentaumel auf die Straße, über die ein nicht endender Zug deutscher Kriegsgefangener zieht: „Da gingen sie – mit ihrer Scham und Schuld" (S. 122). – Oleg, der im Zug einen schwerverwundeten jungen Soldaten sieht, der von zwei anderen getragen wird, denkt an Nadja und ihre Rettung durch die deutsche Patrouille, durchbricht die Menschenkette und reicht dem Verwundeten ein Stück Schokolade. Der Haß der Umstehenden, der so lange Gequälten, richtet sich nun gegen ihn: „Junge, bist du ein Russe?' . . . Da spürte Oleg eine Hand auf seiner Schulter und in einem Augenblick der Stille sagte eine Frauenstimme, für jeden deutlich zu hören: ‚Das hast du gut gemacht, mein Junge! . . . Was haben wir von unserer Freiheit, wenn wir im Haß leben müssen?' " (S. 124).

2 Historischer Hintergrund

Jaap ter Haars Buch ist keines, das über politische Machtinteressen als Ursache für Krieg, für diesen Krieg aufklärt. Es ist auch kein Buch, das den kindlichen oder jugendlichen Leser – etwa als Ersatz für Versäumnisse unserer Schulgeschichtsbücher (die akzentuieren Stalingrad und damit das Leid der *deutschen* Soldaten) – mit historischem Detailwissen über die Geschichte der Belagerung Leningrads konfrontieren will. Nicht zuletzt aus diesem Grunde ist die Vorbemerkung geschrieben worden. Ter Haars Buch ist vor allem ein Buch über das Ausgeliefertsein und die Leiden der Zivilbevölkerung und der „kleinen" Soldaten im Kriege. Es ist ein Buch über die Unsinnigkeit und Unmenschlichkeit jedes Krieges, letzlich ein Plädoyer für Pazifismus – in dieser Intention Hans Peter Richters „Zeit der jungen Soldaten" (vgl. die Rezension in diesem Buch) sehr verwandt. – Obgleich das Buch kein historisches Detailwissen vermittelt (es beschränkt sich auf den Hinweis, daß im Dezember 1942 die Einkesselung schon fast 500 Tage dauert), läßt es auf eine spezifische Weise die Besonderheiten der abgeriegelten Stadt Leningrad anschaulich werden – exemplarisch aufgezeigt an dem Leidensweg der Familien von Oleg und Nadja:

– Die Bedeutung des zugefrorenen, aber tückischen Ladogasees für die mehr als drei Millionen Eingeschlossenen wird dem Leser bewußt an dem immer wiederkehrenden Traum vom großen Wassertier, vom Tod des Vaters und an der Weigerung Olegs, sich über diesen verbliebenen Zugang in Sicherheit bringen zu lassen (S. 6 f., 68 – 70 u.ö.).

– Tod, Hunger, Kälte und Verlust der Kindheit sind die alles überlagernden Grunderfahrungen. Der Tod wird das Alltägliche in dieser Stadt. Dort, wo Menschen keine Zeit und Kraft mehr haben, ihre Toten in Würde zu bestatten und zu betrauern, weil sie durch die Sorgen um das eigene Überleben gebunden sind, verkümmern wichtige Grundlagen der Menschlichkeit. Dort, wo Hunger und Not so übermächtig werden, wird der Mensch des Menschen Wolf (vgl. z.B. S. 108 f.). Dort, wo alle kindlichen Aktivitäten zu Aufgaben und Verantwortlichkeiten werden, ist Kindheit verschwunden. Peter Brückner und Heinrich Böll haben im Nationalsozialismus immer noch Nischen entdecken können. In dieser durch die deutschen Truppen abgeriegelten Stadt Leningrad gibt es solche Nischen für Kindsein nicht mehr. Hier ist Kindheit schon ausschließlich durch Sorge bestimmt (vgl. durchgängig die Protagonisten Oleg und Nadja).

Richard von Weizsäcker hat in seiner Rede zum 8. Mai 1945 die Jungen freigesprochen von der Verantwortung für das, was damals geschah, aber er hat die Jungen eingebunden in die Verantwortung für das, „was in der Geschichte daraus wird". Um diese Verantwortung übernehmen zu können, muß die Erinnerung wachgehalten werden. Und dieses Wachhalten der Erinnerung ist für den Bundespräsidenten die Gewähr dafür, sich nicht „hineintreiben (zu lassen) in Feindschaft und Haß gegen andere Menschen, gegen Russen oder Amerikaner . . .". Hier hat das Buch von ter Haar eine wichtige Funktion. Es sensibilisiert für ein Volk, das unter dem NS in besonderer Weise gelitten hat. Es ist zugleich ein Buch, das sich in kindgemäßer und authentischer Weise der Alltagswirklichkeit der vom Kriege betroffenen Zivilbevölkerung zu nähern versucht.

3 Faschismusverständnis

Jaap ter Haar gibt in seinem Buch keinerlei Hinweise auf die Ursachen und Zusammenhänge des NS-Herrschaftssystems. Es ist durchgängig von „den

Deutschen" die Rede, „die seinen Vater (das ist Olegs Vater; E.C.) umgebracht hatten, . . ., die Schuld daran waren, daß in Leningrad Tausende starben, daß schöne Häuser in Schutthaufen verwandelt wurden, daß alle hungern mußten!" (S. 15) Die Schuld, die Hitler-Deutschland auf sich geladen hat, wird immer wieder deutlich benannt – besonders verdichtet in jener Szene, in der sich der Zug der deutschen Kriegsgefangenen durch die Straßen Leningrads bewegt: „Ein endloser Zug bewegte sich durch die bedrükkende Stille, . . ., durch die Leere, die sie in die Familien geschlagen hatten, vorüber an Witwern, Witwen und Waisen und an den noch nicht geborgenen Toten im Schnee" (S. 122). Angesichts des Überfalls der deutschen Armee auf die Sowjetunion und der versuchten Aushungerung dieser Weltstadt bedurfte es keiner propagandistischen Anstrengungen des „Großen vaterländischen Krieges" mehr, um im russischen Volk ein Wir-Gefühl, aber zugleich auch abgrundtiefen Haß zu mobilisieren (vgl. S. 117, 122 f.).

Aber ter Haar läßt diese undifferenzierte Rede von „den Deutschen" so nicht stehen. Er zeigt an der Rettung Nadjas und Olegs durch die deutsche Patrouille, daß es unter den Soldaten „auch gute Deutsche" gab (S. 117, 123). Ter Haar kann auf diese Weise zeigen, daß es dem NS-System in seiner geschlossensten Nazifizierungs-Institution, der Armee, keineswegs bei allen (und total) gelungen ist, die autoritäre Persönlichkeit „herzustellen". Nicht alle unterstellten sich einem blinden absoluten Gehorsam. Die eigenständige und widerständige moralische Entscheidung und Handlung von Individuen und kleinen Gruppen blieben möglich. Und sie waren es zugleich – auch dies wird vielfältig deutlich gemacht in diesem Buch –, die das Voruteil und den Haß aufzubrechen in der Lage waren. Weil ter Haar die Verantwortung des einzelnen für das Ausmessen von Entscheidungsspielräumen (selbst unter den Bedingungen des Krieges) so ernst nimmt, deshalb kann er auch von Schuld sprechen: „Da gingen sie – mit ihrer Scham und ihrer Schuld" (S. 122). In diese Rede von der Schuld mischt sich aber gleichzeitig ein tiefes Mitleiden mit den einfachen Soldaten, mit den „geschundenen Schindern", wie Günter Gaus sie jüngst genannt hat: „Zu Tode erschöpft, verwirrt", „in gebrochemem Stolz, niedergeschlagen und in dumpfer Resignation" ziehen sie durch die Straßen Leningrads (S. 122). So erscheinen die schuldig Gewordenen zugleich auch als Opfer und mißbrauchtes Werkzeug einer „national-imperialen Sendungsideologie" (Bracher). Daß es bei ter Haar ein Kind ist – der zwölfjährige Oleg –, das diesen Haß über die endlich besiegten Belagerer in Sprache und Tun als erster überwindet, ist – pädagogisch gewendet – die Hoffnungsbotschaft des Buches: das Kind, einerseits der Propaganda und Indoktrination in besonderer Weise ausgeliefert, ist doch andererseits – mit Rousseau gesprochen – der pitié, dem ursprünglichen Mitgefühl näher als der Erwachsene. Ter Haars Buch ist mit Blick auf eine authentische Annäherung an die Leiden der Zivilbevölkerung in der eingekesselten Stadt Leningrad sehr gelungen. Darin liegt ein großes Verdienst. Der Schluß jedoch ist in seiner harmonisierenden Tendenz problematisch verkürzend. Wenn es nach der verzeihenden Geste Olegs in den beiden letzten Sätzen heißt: „Da nickten die meisten Menschen. Denn wer viel gelitten hat, kann auch viel verzeihen" (S. 124), dann ist das einerseits unrealistisch nach solchen Leiderfahrungen und macht andererseits diesen Krieg zu einer machtpolitischen Auseinandersetzung wie jede andere. Das war sie eben nicht. Von Anfang an war der Ostfeldzug ein „Kreuzzug gegen den Bolschewismus", und dieser Bolschewismus war in einer Grundsatzrede Himmlers aus dem Jahre 1935 der „vom Juden organisierte und geführte Kampf des Untermenschen" (vgl. dazu H.J. Gamm: Führung und Verführung. Frankfurt 1984, S. 386, 459). Die Aufklärung über diese Hintergründe bleibt ausgeblendet, die Erinnerung unvollständig. Andererseits – so wird man entgegenhalten können – zeigt der Autor gerade in der Geste des „übermenschlichen" Verzeihens die Absurdität der Ideologie vom „slawischen Untermenschen" mit besonderer Eindringlichkeit auf.

4 Literarische Gestaltung

Das Buch von ter Haar ist das einzige mir bekannte eines ausländischen Autors, von dem zwei deutsche Übersetzungen vorliegen: eine erste, die unter dem Titel „Boris" im Jahre 1968 in einer Auflage von 6.000 im Westermann-Verlag vorgelegt, und eine zweite, die unter dem Titel „Oleg" 1981 im Bitter-Verlag verlegt worden ist. Sie ist auch die Vorlage für die dtv-Ausgabe. Da in vielen öffentlichen Bibliotheken nur die Westermann-Ausgabe entleihbar ist, scheint es mir dringend geboten, auf deren substantielle Verfälschungen einzugehen. Diese Verfälschungen haben Bezüge zu den vorangehenden Aspekten „Historischer Hintergrund" und „Faschismusverständnis".

Folgende schwerwiegenden Änderungen und Auslassungen fallen in der Übersetzung aus dem Jahre 1968 ins Auge:

1. Überall, wo ter Haar das Wort „die Deutschen" verwendet, neutralisiert der Übersetzer Hillner in der Westermann-Ausgabe in „die Feinde" (dort S. 19, 140).
2. Überall, wo ter Haar das Adjektiv deutsch zur präzisen Kennzeichnung der Belagerer einsetzt, ist es in der Westermann-Ausgabe fortgelassen (anstelle „deutsche Flugzeuge, deutsche Bomben", steht dort einfach „Flugzeuge, Bomben"; vgl. z.B. S. 21 – 27).
3. Dort, wo ter Haar davon spricht, daß die Bevölkerung Leningrads um ihre „Freiheit" kämpft (vgl. in der neuen Übersetzung S. 10, 15, 132), sind die entsprechenden Passagen in der Westermann-Ausgabe gestrichen. Dies sei beispielhaft am 18. Kapitel verdeutlicht; bei ter Haar heißt es: „Draußen dröhnten die Geschütze. Draußen lag die verwundete Stadt. Draußen kämpfte Leningrad verbissen und unerschütterlich um die Freiheit – ein Kampf, der bereits 500 Tage dauerte" (S. 132). Diese Passage wird in der Westermann-Ausgabe auf den einen Satz verkürzt: „In der Ferne donnerten die Kanonen."

Richard von Weizsäcker hat in seiner Rede zum 8. Mai 1945 gesagt: „Erinnern heißt, eines Geschehens so ehrlich und rein zu gedenken, daß es zu einem Teil des eigenen Innern wird. Das stellt große Anforderungen an unsere Wahrhaftigkeit." Eben diese Bedingungen der Aufrichtigkeit der Älteren gegenüber den Jüngeren erfüllt die alte Übersetzung nicht. Eine didaktische Anmerkung sei angefügt: Im Unterricht einer 9./10. Klasse könnte der Vergleich dieser Übersetzungen Einsicht gewinnen lassen in die Möglichkeiten von Übersetzern, Lektoren und Verlagen, wichtiger noch in die Tatsache, daß in unterschiedlichen Perioden der Geschichte der Bundesrepublik Deutschland unterschiedlich aufrichtig mit der eigenen Geschichte umgegangen worden ist. In 13. Klassen könnte dieser Übersetzungsvergleich zusammen mit der Weizsäcker-Rede, Gaus' Buch über „Die Welt der Westdeutschen" und der Habermas-Nolte-Kontroverse Einsicht gewinnen lassen in die immer wieder erneute Gefährdung der Aufrichtigkeit und Wahrhaftigkeit.

Die 20 Kapitel des Buches „Oleg oder die belagerte Stadt" sind durchgängig angelegt aus der Erzählperspektive des zwölfjährigen Protagonisten Oleg. Das Buch ist dialogreich, die Sprache sehr anschaulich. Der Wechsel von Aktion und Ruhepausen ist gut gelungen. Die Reflexionssequenzen bedeuten selbst für Schüler einer 4. Klasse keine Überforderung, sind aber so substantiell, daß sie auch für Jugendliche und Erwachsene Tiefendimensionen bereithalten. Ter Haar erzählt dominant chronologisch über die Endphase der Einkesselung in den Monaten Dezember 1942 und Januar 1943. Die wenigen Rückblenden (Olegs Vater in der Revolution von 1917; der Tod des Vaters im Ladogasee; die Gründe für die psychosomatische Erkrankung von Nadjas Vater, der keine Nahrung mehr zu sich nehmen kann, nachdem er die Teilnahme an den Versorgungstransporten verweigert hat) sind so anschaulich erzählt, daß es keine Verständigungsschwierigkeiten geben kann. Das Buch hat eine aufklärende Funktion: es „vermittelt" Erfahrungen, die die gegenwärtige Generation nicht hat machen müssen, stellt Informationen über Leningrad bereit, die selbst neuesten großen Enzyklopädien vorenthalten werden (vgl. die Vorbemerkung). Das Buch stellt vielfältige Identifikationsmöglichkeiten bereit (Freundschaft; Trennungsängste; die Sehnsucht nach dem Vater; die Sehnsucht des Kindes, „gebraucht" zu werden, für die Erwachsenen wichtig zu sein u.a.). Das Buch eröffnet dem Leser viele Möglichkeiten zur Erweiterung seiner sozialen Phantasie, zeigt Kinder und Heranwachsende (Oleg, Nadja), die in ihrem sozialen Nahraum initiativ werden und Zivilcourage beweisen (vgl. z.B. S. 123).

5 Verknüpfung von Individual- und Gesellschaftsgeschichte

Obwohl konsequent aus der Perspektive Olegs erzählt wird und sich der „Scheinwerfer" auf die Familie Olegs und diejenige seiner Freundin Nadja konzentriert, gewinnt der sensible Leser den Eindruck, daß er mitten in dieser Stadt mit ihren mehr als drei Millionen Einwohnern eingeschlossen ist.

Der Blick auf diese beiden Familien, an denen die Grunderfahrungen Tod, Hunger und Kälte exemplarisch verdeutlicht werden, ist immer zugleich der Blick auf diese große Stadtgesellschaft, z.T. darüber hinaus auf die Sowjetgesellschaft, wenn immer wieder darauf hingewiesen wird, daß auch andere große Städte (Moskau, Stalingrad) das Schicksal Leningrads teilen.

6 Entwicklung der Hauptpersonen

Am Anfang der Erzählung steht jener Oleg, der nach den Entbehrungen einer fast 500 Tage dauernden Einkesselung der Heimatstadt Leningrad und nach dem Verlust des so geliebten Vaters keinen sehnlicheren Wunsch hat, als Soldat zu werden, um endlich gegen die Deutschen kämpfen zu können (S. 15). Wie alle Einwohner Leningrads ist er von tiefem Haß gegen die Deutschen erfüllt: „In Leningrad behauptete jeder, alle Deutschen benähmen sich viehisch, sie würden unschuldige Frauen und Kinder erschießen und alle Dörfer niederbrennen" (S. 49). – Am Ende der Erzählung begegnet man einem Oleg, der erfahren und eingesehen hat, daß alle für den Krieg, aber niemand für den Frieden arbeitet (S. 111), daß man mit Haß die Trümmer nicht wieder aufbauen kann (S. 117), daß ein Feind sich auch als Freund erweisen kann (S. 118) und daß der Beruf des Soldaten nicht erstrebenswert sein kann, weil man im Krieg notwendig schuldig werden muß (S. 60). „Wenn nun alle Russen und alle Deutschen", so ein innerer Monolog Olegs im vorletzten Kapitel, „zugleich die Waffen wegwürfen und Freundschaft schlössen . . . ob das nicht viel einfacher wäre als Krieg zu führen? ‚Ich bin verändert', dachte Oleg abermals, denn er fühlte keinen Haß mehr und konnte deshalb an Frieden denken" (S. 117). Oleg bleibt nicht bei diesem Fühlen und Denken stehen. Er setzt das richtig Erfühlte und Gedachte in Handeln um, durchbricht den Haß der die Straßen säumenden Leningrader durch seine verzeihende Geste: „Für das, was Oleg tat, war sehr viel Mut nötig" (S. 123).

Ter Haar hat in seine Erzählung ein Bündel von Bedingungen einkomponiert, um diesen Einstellungswandel Olegs erklärbar und nachvollziehbar zu machen:

1. Besonders wichtig – auch durch den Umfang in der Erzählung so gewichtet (vgl. die Kap. 5 – 9) – war jene Erfahrung für Nadja und Oleg, daß es unter den Soldaten „auch gute Deutsche" gab. Dieser Aspekt ist als Entlastung gerade auch für die sensiblen kindlichen Leser von großer Bedeutung (vgl. Punkt 9), da ihnen von ihrer kognitiven Entwicklung her in ihrer tiefen emotionalen Betroffenheit noch keine Mittel zur nachträglichen verstandesmäßigen „Rechtfertigung" zur Verfügung stehen (vgl. etwa das im neokonservativen Umfeld sich zunehmend ausbreitende Sprachmuster, „dies alles sei *im deutschen Namen* geschehen" als eine spitzfindige moderne Variante der alten „Führertheorie" und des „Hitlerismus").

2. Oleg konnte bei aller äußeren Gefährdung die Erfahrung tiefer Geborgenheit machen. Da ist einmal die Mutter, die trotz ihres Hungersiechtums einen großen Halt bietet (vgl. z.B. S. 81 – 83, 96 – 98) – nicht zuletzt dadurch, daß sie in dieser engen Mutter-Kind–Dynade die Erinnerung an den Vater wachhält und Oleg glaubwürdig vorlebt, daß ihre Liebe keine besitzergreifende ist. Dies zeigt sich vor allem darin, daß es ihr nicht um das eigene, sondern um Olegs Überleben geht. Das zeigt sich auch darin, daß sie Oleg frei läßt in die Freundschaft zu Nadja. Und diese Freundschaft ist die andere Quelle der Geborgenheit für Oleg (vg. bes. die Kap. 2, 5 – 9, 12).

3. Oleg konnte die Erfahrung machen, gebraucht zu werden. Einerseits war – darauf wurde schon hingewiesen – durch die vielfältigen Erwachsenenaufgaben, die Kinder zu übernehmen hatten, die „Kindheit verschwunden". Andererseits wuchs den Kindern in der Erfüllung dieser Aufgaben ein hohes Selbstwertgefühl zu. Olegs Erfahrungen, für die schwerkranke Mutter sorgen zu können, für sie unentbehrlich zu sein, liefert für die gezeigte Zivilcourage des Zwölfjährigen einen glaubwürdigen Hintergrund.

4. Oleg konnte seine männliche Rolle finden, weil er sich mit seinem Vater identifizieren konnte. Daß er dies konnte, obwohl der Vater tot war, war das Verdienst der Mutter. Sie erzählte ihm immer wieder vom Vater. Sein Vater hatte bei der Revolution in Leningrad die Demonstration angeführt: „Zuversichtlich und voller Vertrauen darauf, daß eine neue Welt geboren war, in der alle Menschen glücklich werden sollten" (S. 75). Sein Vater hatte sich – im Unterschied zu Nadjas Vater – für die gefährlichen Versorgungstransporte über den Ladogasee zur Verfügung gestellt. In den Erzählungen der Mutter konnte Oleg erfahren, daß das Handeln des Vaters stets auf das Wohl der Gesellschaft ausgerichtet gewesen ist. Der sowjetische Pädagoge Makarenko hat dies die weite Perspektive genannt. Und er hat hinzugefügt, daß die Entwicklung des Menschen letztlich von der Herausbildung solcher nahen und weiten Perspektiven abhängig sei. Auf Oleg gewendet könnten wir sagen: Der Alltag in der eingeschlossenen Stadt war „gesättigt" mit solchen nahen (das ist die Freude auf den morgigen Tag: Nadja wiederzusehen und mit ihr gemeinsam Nahrung zu beschaffen, um die Mutter am Leben zu erhalten) und weiten Perspektiven.

Mir scheint, daß die in diesem Buch entfaltete Sichtweise von Krieg und Versöhnung dem Entwicklungsalter des „Helden" Oleg (12 Jahre) und auch der Leser in der Zeit vor der Pubertät sehr ganau entspricht. Der Frieden wird in der Vorstellung dieses Alters aufgebaut und gesichert durch die richtige Einstellung des einzelnen und durch friedenstiftende Gesten in Familie und Nachbarschaft und in den überschaubaren sozialen Gruppen. Daß mit dieser Eingrenzung auf die Mikroebene die Probleme von Frieden und Krieg, schon gar nicht diejenigen des Angriffs der deutschen Armee auf die Sowjetunion in ihrer Komplexität gegriffen sind, versteht sich von selbst. Die Komplexität darf für dieses Alter vermindert werden. Sie ist in diesem Buch vermindert auf die Aspekte: Der Aufbau von Vorurteilen und Haß gegen andere Völker macht die Menschen zu Werkzeugen der Herrschenden und zerstört damit den Frieden; Soldat sein und Krieg lassen den einzelnen notwendig schuldig werden. Zu fragen ist allerdings, ob Komplexität so weit vermindert werden darf. Über die eigentliche Stoßrichtung einer rassistischen imperialen Sendungsideologie als Grundlage der deutschen Vorurteile gegenüber dem „slawischen Untermenschen" schweigt sich das Buch vollkommen aus.

7 Adressatenkreis

Obwohl die Hauptpersonen des Buches 12 und 14 Jahre alt sind, können auch schon zehnjährige Kinder einen guten Zugang zu ihm finden. Ich habe das Buch u.a. auch in einer 4. Klasse lesen lassen. Die unter Punkt 9 abgedruckten Stellungnahmen zeigen auf, unter welchen Aspekten das Buch diesem Alter vor allem wichtig werden kann. Auf der anderen Seite präsentiert der Autor so viele und schwierige moralische Konflikte (schuldig werden im Kriege; Pazifismus; Bedeutung von Haß und Vorurteil für die Sicherung des Feindbildes u.a.), daß auch Jugendliche dieses Buch mit Gewinn lesen und diskutieren können. Beim Lesen mit Jugendlichen müßten die in den Abschnitten 3 und 6 herausgearbeiteten kritischen Einlassungen besonders akzentuiert werden (vgl. auch die didaktischen Hinweise in Abschnitt 4).

8 Kritische Würdigung

Ter Haars Buch ist spannend von der ersten bis zur letzten Seite. Sein großes Verdienst liegt darin, daß es eines der düstersten, in unseren Schulgeschichtsbüchern weithin vergessenen Kapitel des deutschen Angriffs auf die Sowjetunion lebendig werden läßt. Dem kindlichen und jugendlichen Leser wird es durch die Erzählweise ter Haars leicht gemacht, sich in die Hauptperson Nadja und Oleg hineinzuversetzen und auf diese Weise das Schicksal dieser sterbenden Stadt mitleidend nachzuvollziehen. Insofern hilft dieses Buch dazu mit, die Erinnerung wachzuhalten.

Aber die Erinnerung, wie ter Haar sie gibt, ist unvollständig, das Gedenken nicht „so ehrlich und rein" (R. v. Weizsäcker), wie es sein müßte (und könnte). Dazu ist in den Abschnitten 3 und 6 aus der Sicht des Rezensenten das Notwendige gesagt worden.

Über das Schicksal der Stadt Leningrad liegt inzwischen ein weiteres Kinderbuch vor. Bodo Schulenberg hat anhand eines wiederaufgefundenen Tagebuches die Geschichte von „Tanja" erzählt (vgl. die Rezension in diesem Band). Das Buch liefert mit seinen 20 Fotografien und seinen sechs ganzseitigen Faksimiles aus dem Tagebuch Tanjas authentisches Material zum Alltag der belagerten Stadt und wird dadurch eine wichtige Ergänzung zu ter Haars Buch.

9 Das Buch im Urteil des Lesers

a) „Das Buch hat mir gut gefallen, weil:
1. es spannend geschrieben ist;
2. Oleg nach meiner Meinung gut gehandelt hat, als er vor den Kommandanten der deutschen Patrouille gesprungen ist, in der Situation, als der Feldwebel der Roten Armee den Kommandanten erschießen wollte;
3. es zeigt, daß im Krieg nicht alle Deutschen schlecht waren.
4. An dem Buch habe ich nichts zu kritisieren. Ich fand es traurig, daß Nadja gestorben ist."
Junge, 10 Jahre

b) „Warum ich das Buch Oleg oder Die belagerte Stadt gut finde:
1. weil es auch erklärt, daß nicht alle Menschen (Soldaten) im Krieg schlecht waren (Menschlichkeit).
2. Es erklärt die Not, die in russischen Städten geherrscht hat.
3. Das Buch ist spannend und sehr gut geschrieben. Warum ich es nicht so gut finde: Das Buch ist zu kurz. Ich würde gern wissen, wie es weitergeht."
Mädchen, 10 Jahre

Eva Zeller: Solange ich denken kann

Roman einer Jugend. Stuttgart (Deutsche Verlagsanstalt) 1981 (39,80 DM) Als Taschenbuchausgabe bei Ullstein; Frankfurt/Berlin/Wien 1984 (Ullstein-Taschenbuch 26100; 12,80 DM). Die Seitenangaben beziehen sich auf die Taschenbuchausgabe.

Verena Wilken

1 Inhalt

„Solange ich denken kann" – der Titel dieses autobiographischen Romans von Eva Zeller ist wörtlich zu nehmen. Das sehr umfangreiche Buch (416 Seiten) beschreibt die Kindheit und Jugend der Romanautorin, die 1923 geboren wurde, bis 1941, bis zu einem Zeitpunkt, an dem, wie sie sagt, ihr Leben aufhört, „ein beschreibbarer Weg zu sein". Der Leser erfährt, wie eine Jugend in nationalsozialistisch „vorgedachten" Bahnen verlaufen konnte, wie sich ein Kind, ein junger, schwärmerischer „Backfisch" mit der „Bewegung" identifizieren konnte.

Die wichtigsten Personen des Romans sind neben der Hauptfigur die Mutter, die sich ihren Lebensunterhalt mit Klavierstunden verdient, der geschiedene Vater, ein anerkannter Wissenschaftler, und die Großmutter, die neben der Mutter stets die wichtigste Bezugsperson bleiben wird.

Eva lebt in Görzke, einem kleinen Ort bei Magdeburg, der Heimat der Großmutter mütterlicherseits. Dorthin ist Evas Mutter nach der Scheidung – ein Jahr hatte die katastrophale Ehe gedauert – zurückgekehrt. In dieser ländlich-behüteten und überschaubaren Welt erlebt Eva ihre Kindheit. In den Ferien muß Eva – aus scheidungsrechtlichen Gründen – die gefürchteten Pflichtbesuche in Berlin bei ihrem Vater und dessen Familie absolvieren (ab S. 60). Der Vater wird dem Kind in Görzke – schon solange es denken kann – als Mann, der die Mutter ins Unglück stürzte, hingestellt (S. 60). Diese herabsetzenden Schilderungen verfehlen nicht ihre Wirkuung: „Meine Reisen nach Berlin konnten, präpariert wie ich war, nur noch Torturen werden" (S. 60). Der einzige Lichtblick in Berlin ist für das Kind oftmals das Dienstmädchen Rieke, in dessen Wirkungsbereich, der Küche, es sich am liebsten aufhält (S. 67 ff.). – Zuhause, in Görzke, darf Eva schon 1933 die Uniform der Jungmädel tragen (S. 94) – die Mutter ist eine begeisterte Anhängerin der „Bewegung". In Berlin denkt man in diesem Punkt anders: Man nimmt dem Kind die geliebte Uniform weg und steckt es in neue Kleider. In Görzke wird Eva sogar Mädelschaftsführerin (S. 116). In Berlin muß sie sich Umschreibungen einfallen lassen (aus den Jungmädeln wird die „Spielschar"), um ihren Freundinnen wenigsten von ihren Erlebnissen in der HJ – Sonnwendfeuer, Geländespiele, Zeltlager – erzählen zu können. Am liebsten möchte Eva ihren Vater, der sich über die nationalsozialistische Bewegung mit ironischen Bemerkungen lustig macht, als „Vaterlandsverräter" anzeigen (vgl. S. 174).

Die Internatsschule Droyssig, eine staatliche Erziehungs- und Bildungsanstalt, ist eine wichtige Station auf Evas Weg zu einem Mitglied der „großen deutschen Volksgemeinschaft" (S. 216 ff.). Eva erhält eine Freistelle, die vor allem finanzielle Unabhängigkeit von ihrem Vater bedeutet. Die Internatsschülerinnen in Droyssig lernen viel – selbstständiges Denken verlangt man von ihnen allerdings nicht. Vielmehr werden sie dazu erzogen, für alle Fragen die passende, systemkonforme Antwort parat zu haben. – Die Mitschülerin Gerda, das personifizierte Ideal-BDM-Mädel, ist Evas beste Freundin (S. 291). Den Kriegsausbruch erlebt Eva in Droyssig; ihre Umgebung befindet sich in einem begeisterten Taumel (S. 301). Luftschutzübungen werden als eine willkommene und interessante Abwechslung im Schulalltag empfunden. Das Angebot ihres Vater, angesichts der unsicheren Lage zu ihm nach Oberstdorf zu kommen, schlägt Eva aus; lieber „folgt sie dem Führer" und nimmt entschlossen und tatkräftig an der Erntehilfe teil. Zum Kriegsalltag der Droyssigerinnen gehört es, Kräuter für Lazarette zu sammeln und mit unbekannten Soldaten zu korrespondieren.

Eva wird erst aus ihrem Vaterlandstaumel aufgeweckt, als sie den elfenbeinernen Turm Internat, in dem es sich so „frisch und frei" vom Tod fürs Vaterland singen läßt, mit einem Reichsarbeitsdienstlager, in das sie einberufen wird, vertauschen muß (S. 369). Die Schikanen der Arbeitsdienstführerin, die sie vor ihrer versammelten Kolonne wegen ihrer Nichtmitgliedschaft in der Partei zusammenstaucht, bilden das erste auslösende Moment ihrer Skepsis. Ihre Zweifel verstärken sich, als sie zufällig erfährt, daß Rieke, ihre Ersatzmutter in Berlin, wegen ihrer Sektenzugehörigkeit in ein Konzentrationslager deportiert wurde. Allmählich begreift sie, daß ihr Vater „vielleicht doch recht haben (könnte), auch wenn das bisher unausdenkbar war" (S. 389). Eva verweigert sich zum ersten Mal, indem sie beim morgendlichen Antreten in Gegenwart der Führerin einen Sinnspruch trotz mehrmaliger Aufforderung nur unvollständig vorliest (S. 384). Zusammen mit Maria, einer Lagerkameradin, der sie nachts bei der Geburt eines toten Kindes geholfen hat, flieht sie ausgerechnet an „Führers Geburtstag" aus dem Lager. Sie wendet sich in Gera an ihren Onkel, der ihr seine ablehnende Einstellung gegenüber dem NS zu erkennen gibt. Er schickt sie wegen ihrer Bauchschmerzen, die sie bereits von Kindheit an immer wieder geplagt hatten, in eine Klinik. Dort stellt sich heraus, daß sie schwer erkrankt ist.

Das Buch, ein Bericht einer Jugend, schließt mit Kriegsende, nachdem Eva ihre lebensbedrohende Krankheit endgültig überwunden haben wird.

2 Historischer Hintergrund

Der autobiographische Roman Eva Zellers umfaßt einen Zeitraum von ca. fünfzehn Jahren; Institutionen und geschichtliche Hintergründe der Nazi-Zeit werden – von der Machtübergreifung 1933 bis zum Zusammenbruch 1945 – aus dem Blickwinkel des Kindes und der heranwachsenden Jugendlichen und gleichzeitig mit der kritischen Distanz der erwachsenen Romanautorin beschrieben.

Aus dieser Zeitspanne ergibt sich beinahe zwangsläufig eine große Detailfülle der im Roman angesprochenen Faktoren im Hinblick auf den gesellschaftspolitischen Hintergrund ihrer persönlichen NS-Sozialisation. Vieles wird dabei nur kurz und beiläufig erwähnt und nicht weiter erklärt. Andere Aspekte, die mit Evas Mitgliedschaft bei den Jungmädeln und beim BDM zusammenhängen, werden umfassender dargestellt. Allgemein kann gesagt werden, daß nur solche Inhalte zum Tragen kommen, die in irgendeinem Bezug zur Biographie der Autorin stehen. Die Judenverfolgung beispielsweise wird nur im Zusammenhang mit dem Wegzug einer jüdischen Familie vom Heimatort (S. 379) und in weiteren Andeutungen (S. 26, 89, 359) erwähnt.

Folgende politische Begebenheiten und Ereignisse werden in den Erzählzusammenhang eingebracht:

- Ermordung Röhms (S. 107);
- Verbot kirchlicher Organisationen und des Religionsunterrichts im Jahre 1938 (im Buch werden allerdings nur die auftretenden Veränderungen im Droyssiger Schulalltag und nicht deren Hintergründe erwähnt) (S. 236);
- Volksabstimmung im Saarland (S. 174);
- Annexion Österreichs und des Sudetenlandes (S. 174);
- der „Kirchenkampf" (S. 186);
- die Rolle der „Deutschen Christen" und der Bekennenden Kirche (Bekenntnissynode) (S. 188);
- Kriegsausbruch (S. 301);
- Bau der Reichsautobahn Salzburg-Wien (S. 282);
- Mobilmachung (S. 298);
- Attentat auf Hitler in München am 9.11.1939 (S. 309);
- Bombardierung deutscher Städte (S. 412).

Nachstehende nationalsozialistische Einrichtungen werden entweder kurz erwähnt oder ausführlicher dargestellt:

- Jungmädelbund und BDM (hier werden Inhalte ausführlicher erläutert und erzählt, wie z.B. paramilitärische Übungen (S. 174), Zeltlager (S. 119), Sportfeste (S. 219) (u.ä.);
- Erntehilfe (S. 303);
- Einquartierung von Soldaten (S. 326);
- Umwandlung von kirchlichen Schulen (hier Ev. Schülerinnenheim Droyssig) in Stabilas (Staatliche Erziehungs- und Bildungsanstalt) (S. 217);
- Reichsjugendtage (S. 174);
- WHV (Winterhilfswerk), NSV (Nationalsolzialistische Volkswohlfahrt e.V.), KLV (Kinderlandverschickung), VDA (Volksbund für das Deutschtum im Ausland) (Im Text bleiben diese Abkürzungen ohne Erläuterung; vgl. S. 176);
- Erntekindergarten (S. 280);

- NS-Frauenschaft (S. 278);
- NAPOLA (Nationalpolitische Erziehungsanstalt) (S. 283);
- Kriegsdienstverpflichtung (S. 402);
- Arbeitsdienst (nimmt als wichtiges Moment innerhalb der Biographie größeren Raum ein; ab S. 369);
- KZ Buchenwald (S. 284);
- Sammeltätigkeiten für Lazarette etc. (S. 307).

Der Krieg mit seinen Folgen wird anhand folgender Aspekte dargestellt:

- Tod von Verwandten und Schulkameradinnen durch Bombenangriffe (S. 21, 149, 343);
- der „Heldentod" vieler Görzker Jungen und des gesamten Jahrganges 1922/23 der NAPOLA Pforta (S. 209, 305);
- Luftschutzübungen (S. 255);
- Wehrmacht, Wehrmachtsberichte (S. 303, 305);
- Lebensmittelrationierung (S. 306);
- Übergriffe der russischen Besatzer nach der Kapitulation (S. 154).

Weitere Aspekte sind — aus in den nächsten Kapiteln noch zu erwähnenden Gründen — ebenfalls bedeutsam:

- Reden Baldur von Schirachs (S. 118);
- Reden Goebbels' (S. 287);
- Politische Witze (z.B. S. 321);
- Presseorgane wie „Der völkische Beobachter", „Der Stürmer" (S. 143, 181);
- Volksempfänger, Hitlerbild, Hakenkreuzfahne (S. 52, 40, 310);
- Fremdwörtereliminierung, „artfremdes Schrifttum" (S. 245, 249);
- nationalsozialistisches Liedgut und Schrifttum (z.B. S. 159, 256, 301, 383).

Resistentes Verhalten gegenüber dem NS (Widerstand im eigentlichen Sinne erlangt durch die besonderen Umstände der familialen Sozialisation der Romanautorin keine größere Bedeutung) wird hauptsächlich angesprochen

- im Lehrer Bruhns, der den obligatorischen Hitlergruß vermeidet (S. 244);
- im skeptisch-zurückhaltenden Verhalten der Großmutter;
- im ironisch-witzelnden Vater;
- in Onkel Louis' ablehnender Einstellung zum Nationalsozialismus (S. 412);
- im Pastor Krolow, der mit seinen Predigten gegen die nazitreuen „Deutschen Christen" ankämpft (S. 189);
- in der Person von Rieke, die wegen ihrer Sektenzugehörigkeit (im Text nicht konkret benannt) in ein KZ deportiert wird.

3 Faschismusverständnis

Eines der beiden dem Buch vorangestellten Zitate verdeutlicht, was Eva Zeller mit der Beschreibung ihrer Jugend vor allem zum Ausdruck bringen wollte: „In der Herrschaft durch Sprache ist ein Herrschaftsgrad von Menschen über Menschen erreicht, demgegenüber physische Gewalt geradezu harmlos und veraltet ist" (Helmut Schelsky).

Die Verführung gerade der wehrlosen, weil besonders begeisterungsfähigen Jugend bildet das Hauptthema Eva Zellers persönlicher Faschismusdeutung. Ihr Hauptanliegen ist es, den NS als Verführung durch Sprache, insbesondere durch vertonte Sprache — „narkotisierende Lieder" — ins Blickfeld zu rücken. Daher nehmen teilweise zitierte Reden von Schirachs, Goebbels' und die Einfügung nationalsozialistischen Liedgutes und Schrifttums (z.B. Gedichte) einen nicht unerheblichen Raum innerhalb der Autobiographie ein. Während die Jugendgeneration bei Eva Zeller dem Verderben unschuldig ausgeliefert ist, nimmt sich die Rolle der Erwachsenengeneration demgegenüber etwas differenzierter aus. Die Einstellung zum Regime variiert von „begriffloser Begeisterung" der Mutter für den Führer (S. 227; die Mutter interessiert sich im übrigen nicht für Politik) bis zur ironisierend-intellektuellen Distanz des Vaters. Die jeweilige Anfälligkeit für das nationalsozialistische Gedankengut erklärt sich bei Eva Zeller aus der psychischen Disposition des Einzelnen – ein Hinweis auf einen (sozial-)psychologisch orientierten Erklärungsansatz. So wird die Hitlerbegeisterung der Mutter durch deren Hang zu autoritären Männerpersönlichkeiten (ihr geschiedener Mann und ihr Freund Adolf entsprechen beide dem traditionellen Männerbild) erklärbar; eine Deutung, die Eva Zeller allerdings dem Leser überläßt. Überzeugte Anhänger des Nationalsozialismus werden entweder als fanatische Parteimitglieder, die ihre Bestätigung nur in der übergeordneten Ideologie finden können (Führerin beim RAD) oder als Naiv-Unverbesserliche beschrieben – wie Frau Magerkort, die sich freiwillig kriegsdienstverpflichtet, obwohl ihr Mann im Krieg gefallen war.

Da sind aber auch noch diejenigen, „die dagegen sind" (S. 378), die sich als immun gegenüber der Massenhysterie erweisen: Hier ist an erster Stelle die Großmutter zu nennen. Sie bezeichnet die nationalsozialistische Selbstdarstellung als „Brimborium" und „Getue", ändert jedoch mit dem Beginn des Krieges, als es um das „Vaterland" geht, zunächst ihre Haltung. Der Lehrer Bruhns, Pastor Krolow sind integre Persönlichkeiten, die sich aufgrund ihrer Überzeugung – beide gehören der Bekennenden Kirche an – den allgemeinen Gleichschaltungsbestrebungen nicht anschließen können.

In Eva Zellers Autobiographie wird besonders deutlich, daß der größte Teil der Bevölkerung damals mitgemacht hat, sich begeistern ließ (alle Gäste eines Café klatschen bei einer Rundfunkrede von Goebbels Beifall, außer Evas Vater), daß z.B wirtschaftliche Gründe für die Stabilisierung des NS ausschlaggebend waren (das Geld hatte wieder Wert). Beides ist eher ein Hinweis auf die sog. Mittelstandstheorie, die eine Erklärung für die Massenbasis des Faschismus bereithält. Echtes Mitläufertum wird am Beispiel der Tante, die in die Partei eintritt, weil ihr Sohn eine höhere Position in der SS innehat, thematisiert. Wie wichtig die familiären Beziehungen für die Einstellung und Wertorientierung eines Jugendlichen im Hinblick auf den NS sein konnten, zeigt die besondere Situation, in der die Hauptperson sich befindet; die ausschließliche, emotionale Fixierung auf die Mutter läßt eine kritische Auseinandersetzung mit dem NS, die durch den Vater in Gang gesetzt werden könnte, nicht zu, blockiert sie geradezu.

Die Frage nach der Verantwortung des einzelnen oder nach den tieferen Ursachen und Hintergründen des deutschen Faschismus wird allerdings nicht ausdrücklich gestellt. Die Autorin erwähnt zwar auf Seite 16 Inflation und Agrar- und Weltwirtschaftskrise, stellt aber keinen Zusammenhang mit dem Aufkommen und der Konsolidierung des NS her.

Daß die Person Hitlers des öfteren zitiert wird, rechtfertigt meiner Ansicht nach nicht zwingend die Annahme eines zugrundeliegenden totlitaristischen Faschismusverständnisses, sondern belegt hier – das wird durch den Erzählzusammenhang deutlich – eher die Bereitschaft des einzelnen, unter Aufgabe des eigenen Selbst einer Führerfigur und Ideologie zu folgen.

Zellers autobiographischer Roman ist bezüglich seiner impliziten Faschismusdeutung durchaus differenziert. Momente der Führertheorie/Verführungstheorie, der Mittelstandsthese, der Langzeitwirkungen des Versailler Diktatfriedens und nicht zuletzt des sozialpsychologischen Deutungsansatzes fügen sich hier zu einem relativ geschlossenen Bild, wenn der Leser in der Lage ist, diese Andeutungen zu entschlüsseln.

4 Literarische Gestaltung

Eva Zeller hat sich die Aufgabe des Erzählens ihrer Kindheit und Jugend nicht leicht gemacht – das Buch stellt daher auch nicht geringe Anforderungen an den Leser.

Der „Roman einer Jugend" beginnt mit einem angstbesetzten Erlebnis der Ich-Erzählerin, das im Kontext des Ganzen zugleich Gleichnis-Funktion hat: „Meine grellfarbigste Erinnerung ist ein Puter, der sich aufführt in der Sonne, . . . Im Rückblick setzt sich ein fabelhaftes Monstrum zusammen, an dem Einzelheiten erst bei vielen Auftritten wahrgenommen werden; . . .: Alles Aufplusterbare plustert sich, alles Aufpumpbare pumpt unter drohendem Kollern sich auf, alles Schwellbare schwillt, alles Ausstülpbare stülpt sich aus, . . ." (S. 7).

Während das Thema des Nationalsozialismus also gleichsam schon eingeführt ist, vorangestellt wird, lassen konkrete Hinweise noch lange auf sich warten. Da das Ziel der Autorin die möglichst lückenlose, ehrliche Darstellung ihrer ersten zwei Lebensjahrzehnte ist, macht die Behandlung dieses Teils der deutschen Geschichte zwangsläufig nur einen Teil ihrer Autobiographie aus. Erst auf den Seiten 40 und 52 werden beiläufig Anzeichen der NS-Herrschaft im privaten Bereich – das Hitlerbild und der Volksempfänger – erwähnt. Spezifische Erfahrungen einer Erziehung im Nationalsozialismus begegnen erstmals auf Seite 89. Durch dieses Hinauszögern entsteht ein großes Spannungsmoment, das sich gegen Ende des Buches nochmals fortsetzt und steigert, weil der Leser auf den Zeitpunkt des Umdenkens der Protagonistin hinsichtlich ihres Weltverständnisses gespannt ist.

Rein formal ist das Buch in meist kurze, themenzentrierte Erzähleinheiten aufgeteilt. Aus dieser Anordnung ergibt sich auch das Stilmittel der Vor- und Rückblende, das oft sehr geschickt eingesetzt ist, wenn es z.B. darum geht, spätere Ereignisse (z.B. den „Heldentod" des gesamten Jahrganges 1922/23 einer NAPOLA, der zum Tanzstundenball nach Droyssig geladen wurde) im Erzählgeschehen vorwegzunehmen – eine Methode, die große Betroffenheit beim Leser auslöst und von Zeller oft verwendet wird. Eine besondere Bedeutung kommt den kursiv gedruckten Textstellen zu, die für quasi verbürgte Redensarten und Aussprüche von Personen stehen, also sprachliche Erinnerungsfragmente darstellen. Sie sind daher auch anstelle von Dialogen eingesetzt; kursiv gedruckt sind des weiteren Zitate, z.B. aus ihrem Tagebuch und aus Reden von Goebbels, von Schirach etc.

Ein Anliegen der Autorin ist grundsätzlich Ehrlichkeit; sie vermeidet es, ihren Kindheitsdarstellungen das Ansehen einer Idylle zu geben und scheut sich nicht, schonungslos ihre Begeisterung für die „Bewegung" und ihre „vertrackte" Beziehung zu ihrem Vater offenzulegen. Nichts wird dazugedichtet, relativiert, es werden keine Erinnerungslücken „zugepinselt". Durch die erwähnten Stilmittel erreicht die Autorin einen hohen Grad an Authentizität (z.B. durch den Abdruck der gesamten Abiturrede aus dem Jahr 1939, S. 365 – 369) und Anschaulichkeit.

5 Verknüpfung von Individual- und Gesellschaftsgeschichte

Der Zusammenhang von Individual- und Gesellschaftsgeschichte läßt sich anhand einiger bereits im Kapitel „Historischer Hintergrund" angeführter Gesichtspunkte bestimmen. Die von der NS-Herrschaft neu geschaffene Sozialisationsinstanz HJ (hier im engeren Sinne Jungmädel und BDM) erlangt für die Protagonistin große Bedeutung als Sozialisationsfaktor. Die erzwungene Teilnahme am Reichsarbeitsdienst verweist auf eine enge Beziehung zwischen Individual- und Gesellschaftsgeschichte; z.B. wird der Zwangscharakter dieser Institution (und damit der Zwangscharakter des gesamten faschistischen Staatswesens) eben erst durch die Einberufung zum RAD offensichtlich und für die Hauptperson erfahrbar. Auch der Konflikt hinsichtlich einer Mitgliedschaft in der Partei wird im Erzählgeschehen des öfteren thematisiert (S. 225, 227).

In diesem größeren Zusammenhang des Miterlebens von neu geschaffenen NS-Einrichtungen und der Folgen und Begleiterscheinungen des Krieges gelingt der Autorin die Verknüpfung ihrer persönlichen mit der politischen und Gesellschafts-Geschichte in überzeugender Weise.

Die Autorin beschreibt sehr eindringlich, welch tiefgreifende Wirkung die NS-Propaganda (besonders das NS-Liedgut) auf sie gehabt hat. Sie stellt sich im Droyssig-Kapitel als Opfer der NS-Schulreform und deren Intention der Ideologieverbreitung dar. Eine gesellschaftspolitische Veränderung, die im Schulalltag von Droyssig mehr oder weniger zum Tragen kommt, nämlich das Verbot des Religionsunterrichts und religiöser Betätigung im Schulalltag (Gebet etc.), wird von der Schülerin konkret erfahren. Ob dies aber damals tatsächlich als eine einschneidende Änderung des alltäglichen Lebens durch Eingriffe des Staates verstanden wurde, ist für die Autorin eine Frage. Sie beantwortet sie für sich so: „Vieles muß nahtlos ineinander übergegangen sein, die alten Lieder, in die neuen, die Gebete in die Parolen, die fettgedruckten Bibelstellen in die Kernsprüche. Der Kontrast, falls er uns überhaupt durchschnitten hat, war normal" (S. 236).

6 Entwicklung der Hauptperson

Eva Zeller äußert sich gleich eingangs ihres Romans über den Sinn ihres Schreibens: „Wir müssen unbedingt wissen, wer wir gewesen sind, um zu begreifen, daß wir so haben werden können, wie wir uns zur Zeit der Erinnerung zu unserem Erstaunen vorfinden: so wunderlich geworden, so spinnefeind allem Aufgeplusterten, so in sich gekehrt, so versessen auf Stille" (S. 9). Zur autobiographischen Erzähltradition gehört es, daß sich die Autorin des Sinns ihres Lebenslaufes, ihres individuellen Anteils an der Erziehung und Lebensgestaltung und damit ihrer Suche nach Freiheit vergewissern. Zellers autobiographischer Roman ist (ähnlich wie die Autobiographie Peter Brückners) Exemplum für jenen interessanten (und letztlich zuversichtlich stimmenden) pädagogischen Sachverhalt, daß Erziehung selten als eine lineare Einwirkung gelingt, daß vielmehr die Zu-Erziehenden sich vor allem im Jugendalter häufig von jener Erziehung zu distanzieren beginnen, die man ihnen zuteil werden läßt. Das soll und darf die Prägekraft der „gesellschaftlichen Außenseite" und propagandistischer Übermächtigung (vor allem im Kindesalter) nicht verharmlosen. Denn wie wirksam diese sein können, läßt sich gleicherweise an Zellers Buch ablesen.

Um zu einem Verständnis der Entwicklung der Hauptperson zu gelangen, bedarf es einer eingehenden Beschäftigung mit den familialen Strukturen. Wie bereits in der Inhaltsangabe angedeutet, gibt die Beziehung Evas zu ihren Eltern und ihrer Großmutter Aufschluß über ihre Entwicklung zu einer Anhängerin der herrschenden Ideologie und letztlich auch zu ihrem Umdenken.

Der rote Faden, der sich durch das gesamte Buch zieht, mit dem das Buch anfängt und aufhört, ist die komplexe Vater-Tochter-Beziehung. Evas Kindheit wäre anders verlaufen, wenn nicht die Pflichtbesuche beim geschiedenen Vater gewesen wären. Auf diese Weise erlebt das Kind zwei völlig verschiedene Lebenswelten – gewissermaßen diametral entgegengesetzte Orte der Sozialisation. Dies legt möglicherweise den Grundstein für die hohe Sensibilität der Ich-Erzählerin. Die emotionale Fixierung auf die Mutter läßt erst einmal gar keinen anderen als den eingeschlagenen Weg zu. Die kritische Distanz des Vaters zur NS-Ideologie kann in dieser frühen Phase der Entwicklung noch keine Früchte tragen, weil Eva den Vater emotional ablehnt. Ja man kann sogar sagen, daß die Kritik des Vaters für die Elf-/Zwölfjährige eher als verstärkendes Moment für die Identifikation mit der mütterlichen Position wirkt. Und dennoch dürfte es für die spätere Distanzierung Evas von der NS-Ideologie nicht unwichtig sein, daß sie durch die regelmäßigen Besuche beim Vater mit diesem kritischen Gedankengut kontinuierlich in Berührung bleibt. Die außerordentliche sprachliche Sensibilität der Protagonistin müßte eigentlich zu einem Erkennen des Verlogenen der Nazi-Ideologie und der faschistischen „Sprache" führen. Dieses Spannungsmoment verlangt geradezu nach einer Auflösung, die durch die Barriere der Vaterbeziehung gewissermaßen verspätet eintritt. Die Autorin stellt sich selbst die Frage, was geschehen wäre, wenn nicht ausgerechnet ihr Vater ein Gegner des Nationalsozialismus und ihre Mutter eine begeisterte Anhängerin desselben gewesen wären.

Von großer Bedeutung für Evas Entwicklung ist auch die Großmutter; sie trägt mit dazu bei, daß Eva andere als die vorgegebenen Interpretationsmöglichkeiten kennenlernt (z.B. durch die Kirchenbesuche, die einen unauslöschlichen Eindruck bei dem Kind hinterlassen). Daß Eva nicht gänzlich in der NS-Ideologie aufgeht, zeigt sich auch darin, daß sie ihren Vater, obwohl sie oft die Möglichkeit dazu hat, niemals denunziert. Zur absoluten Linientreue ihrer Freundin Gerda bringt sie es nie. Ihr Verhalten gegenüber dem Lehrer Bruhns, den sie eher intuitiv bei seiner Vermeidung des Hitlergrußes unterstützt, ist ein Anzeichen für ihre zwiespältige Einstellung. In Droyssig erfährt Eva eine „Höhere-Töchter-Ausbildung" nationalsozialistischer Prägung, ihre „wehrlose Innerlichkeit" läßt sie zu einem „Komplizen der Zeit" (S. 342) werden.

Einen Wendepunkt in ihrer Entwicklung bezeichnet der Aufenthalt bei ihrem nach Kassel verzogenen Vater. Zum ersten Mal fühlt sie sich von ihrem Vater als Tochter akzeptiert. Dies führt sogar so weit, daß sie ohne Gewissensbisse über einen seiner Flüsterwitze mitlacht. Nachfolgende – authentische – Droyssiger Tagebucheintragung zeigt ihre immer noch bestehende innere Unsicherheit; sie versucht, sich der Kasseler Infiltrierung zu widersetzen: „Ich sehe die fürchterliche Gefahr, in der ich in Kassel stehe: Zersetzender Intellektualismus, nur negative Kritik, egoistische Einstellung, die keine Volkswerte anerkennt. Und das in dieser Zeit! Ich werde mich in Zukunft noch viel mehr davor hüten müssen. Kassel wirkt wie Gift" (S. 363).

Einen weiteren Anstoß für den Wandel ihres bisherigen Denkens und ihrer Entwicklung stellt die Einberufung zum Reichsarbeitsdienst dar. Dort wird sie gefordert und von der Arbeitsdienstführerin regelrecht schikaniert. Ihre Weigerung, den Morgenspruch vollständig vorzulesen, ist zunächst ein reines Kräftemessen mit der Führerin, sie läßt sich nicht zu deren „Papagei" degradieren. Allmählich findet sie – so lautet eine Tagebucheintragung aus dem 18. Lebensjahr – zu der Erkenntnis: „Immer anders sein sollen, als man ist. Weil man aber noch nicht weiß, wie man sein soll, kann man so leicht anders gemacht werden" (S. 390). Sie empfindet Überdruß am militärischen Drill und dem ständigen Sprücheaufsagen im Lager; die Worte haben keine Anziehungskraft mehr, zeigen ihr wahres Gesicht. „Zerbrecht, was schlecht und fremder Art" – so beginnt der Spruch, den Eva beim Morgenappell vorlesen soll. „Fremder Art" – das waren eben auch Rieke und die vielen anderen, die nicht in die „Volksgemeinschaft" passen, nicht zuletzt sie selbst in den Augen der Führerin. Die Einsichten, die zu ihrem Umdenken führen, sind zwar nicht rationaler Art – die Autorin spricht von „Gefühlserkenntnissen" (S. 391) –, aber bereits diese genügen, um der nationalsozialistischen Ideologie den Rücken zu kehren.

Wenn man zurückblickt , so hat es den Anschein, als sei der Prozeß der allmählichen Distanzierung allein durch ein Geschubstwerden von außen in Gang gekommen (der Vater, die Schikanen der Arbeitsdienstführerin u.a.). Aber bei genauerem Zusehen entdeckt man eine wichtige Disposition bei der Hauptperson: ihre frühentwickelte Neigung zum Sich-Absondern (vgl. die „Abstecher" vom Schützenfest, bei denen sie als Kind im menschenleeren Dorf umherwandert). Leitmotivisch klingt hier das an, was Brückners Autobiographie den Titel gegeben hat: „Das Abseits als sicherer Ort". Es hat den Anschein, daß die Autorin in dieser Fähigkeit die Grundlage dafür sieht, daß sie gegen den Kernsatz der NS-Ideologie „Du bist nichts, dein Volk ist alles" gefeit war. Adorno hat es bereits in seinem Vortrag „Erziehung nach Auschwitz" „für das Allerwichtigste gegenüber der Gefahr einer Wiederholung" gehalten, „der blinden Vormacht aller Kollektive entgegenzuarbeiten". Vielleicht ist gerade dieser rote Faden des Buches von Eva Zeller, ihr Plädoyer für die Ausprägung auch der Fähigkeiten zum Abseits in Einsamkeit und Stille, eine besondere Herausforderung für eine Jugendgeneration, die fast den gesamten Freizeitraum in Altersgruppen-Konstellationen verbringt.

7 Adressaten

Das Buch richtet sich an geübte Leser, die die meist sarkastische Darstellung des nationalsozialistischen Alltags richtig zu deuten wissen und mit anspruchsvollen literarischen Mitteln vertraut sind. Es setzt beim Leser beinahe den Abstand zu Kindheit und Jugend voraus; durch die Plastizität und Detailfülle der Kindheitserinnerungen wird er zu eigener persönlicher Erinnerung angeregt. Daher ist das Buch wohl vorrangig an erwachsene Leser gerichtet, ist aber ohne weiteres für Leser/innen ab ca. 16 Jahren zu empfehlen. Je älter der Adressatenkreis, desto weniger dürften sich geschlechtsspezifische Einschränkungen ergeben. Identifikationsmöglichkeiten bietet es im jugendlichen Leserkreis wohl eher für Mädchen.

8 Kritische Würdigung

Die sprachliche Darstellungskraft der Autorin läßt dieses Buch zu einem Gewinn für jeden Leser werden. Kritisch zu bemerken ist allerdings, daß Abkürzungen und etliche Begriffe der NS-Terminologie sowie geschichtliche Zusammenhänge oft im Erzählzusammenhang unerklärt bleiben. Sie werden beim Leser vorausgesetzt. – Auf der anderen Seite erreicht die Autorin durch Dokumente, Liedtexte, Redeauszüge der Machtelite und nicht zuletzt durch die Einbeziehung von Tagebucheintragungen einen hohen Grad von Authentizität und eine – für den heutigen Leser besonders wichtige – Annäherung an die Sprache und Gedankenwelt von Jugendlichen und Erwachsenen in der Zeit des NS.

Die Mischung aus einfühlsamer Beobachtung, präziser Beschreibung und Offenlegung und ehrlicher Reflexion, die nichts beschönigt, gibt diesem Buch eine ganz eigene, besondere Prägung.

9 Das Buch im Urteil des Lesers

Ich meine, die Autorin ist sich durch das Schreiben dieses Buches vieler Dinge bewußt geworden, hat sich näher kennengelernt und gibt dem Leser/der Leserin die Möglichkeit, etwas für sich aus dem Buch herauszuziehen. Mehr ist von einer Autobiographie nicht zu verlangen, oder? Ich persönlich habe einiges gelernt. Dieses Buch beinhaltet sehr viele philosophische Gedanken, die ich sehr faszinierend finde. Sätze wie: „. . ., daß gerade unsere wehrlose Innerlichkeit uns zu Komplizen der Zeit macht" oder: „Wir wollten unsere Seelen in die Lieder legen. Unser Hingabebedürfnis verlangt nach einem Gegenstand" sind durchaus auf unsere Zeit übertragbar.

In diesem Buch finden sich wesentlich mehr psychologische Thesen als gewöhnlich in Biographien, aber gerade das macht es für mich wertvoll. Einerseits sind mir einige Dinge bewußt geworden und andererseits habe ich festgestellt, daß ich diesen oder jenen Gedanken auch schon hatte. Eine Identifikation mit der Schriftstellerin fiel mir wahrlich nicht schwer.

Dieses Buch ist ein großes „Eingeständnis". Es ist sehr aufrichtig.

Schülerin, 18 Jahre

ANHANG

3.1 Kurzinformation zu den besprochenen Jugendbüchern in tabellarischer Form

		Asscher-Pinkhof	Biewend 1	Biewend 2	Böll	Brückner	Czeszko	Diekmann/Hilarova	Fuchs	König	Loewenthal	Maschmann	Oberski	Richter	Schmidt	Schollack	Schulenburg	von Staden	ter Haar	Zeller
Kritische Würdigung	nicht empfohlen														●					
	mit Einschränk. empfohlen	●	●	●				●	●		●	●		●		●	●		●	
	besonders empfohlen				●	●	●			●			●					●		●
Erzählort	Israel											●								
	Schweiz																			
	Niederlande/ Frankreich/ Spanien	●											●							
	Polen/Tschechoslowakei			●			●	●				●								
	Sowjetunion																●		●	
	Österreich				●		●													
	Deutschland	●	●	●	●	●			●	●	●	●	●	●	●	●		●		●
Erzählzeitraum	1949 u. später										●									
	1945 – 1949				●							●			●					
	1939 – 1945	●		●		●	●	●	●	●	●	●	●	●		●	●	●	●	●
	1933 – 1939		●		●	●				●	●	●								●
	1919 – 1933		●							●	●									
Inhaltliche Schwerpunkte	Flucht u. erste Nachkriegszeit			●					●						●					
	Krieg					●	●		●			●		●	●	●	●		●	
	Antisemitismus/ Judenvernichtung	●		●		●	●	●		●	●	●	●			●		●		
	Widerstand			●	●	●	●											●		
	Emigration und Exil										●									
	HJ/BDM		●			●						●			●					●
	Alltag im 3. Reich		●	●	●	●												●		
	Vorgeschichte des NS		●							●							●			
Altersstufe	16 und älter	●	●	●	●	●	●	●		●	●	●		●			●		●	
	15 – 16	●					●	●			●			●				●		
	12 – 14								●			●		●					●	
	11 und jünger															●	●		●	

3.2 Übersicht über die in Band 1 besprochenen Jugendbücher (Inhaltsverzeichnis von Band 1)

3.3 Übersicht

über (nicht vergriffene) Titel, die in den beiden Rezensionsbänden noch nicht berücksichtigt worden sind

Akavia, Mirjam: Herbsttage. Das Schicksal eines jüdischen Jungen 1942. Gütersloh (Mohn) 1983 (Siebenstern-Taschenbuch 1081)

Andreas-Friedrich, Ruth: Der Schattenmann. Tagebuchaufzeichnungen 1938 – 1945. Mit einem Nachwort von Jörg Drews. Frankfurt 1986 (suhrkamp taschenbuch 1267)

Apitz, Bruno: Nackt unter Wölfen. Roman. Frankfurt a.M. (Röderberg-Verlag) 1977

Bakels, Floris B.: Nacht und Nebel. Der Bericht eines holländischen Christen aus deutschen Gefängnissen und Konzentrationslagern. Aus dem Niederländischen von Suzanne Koranyi. Frankfurt a.M. (S. Fischer) 1979.

Baumann, Janina: Als Mädchen im Warschauer Ghetto. Ein Überlebensbericht. Aus dem Englischen von Reinhard Wagner. München (Hueber) 1986.

Bayer, Ingeborg: Ehe alles Legende wird. Das Dritte Reich in Erzählungen, Berichten, Dokumenten. Baden-Baden (Signal) 3. Aufl. 1982.

Bernhard, Thomas: Ein Kind. Salzburg/Wien (Residenz-Verlag) 1982.

Bosch, Martha-Maria: Judith. Stuttgart (Spectrum) 1980.

Boveri, Margret: Tage des Überlebens. Berlin 1945. München (Piper) 4. Aufl. (23. Tsd.) 1985 (Serie Piper 336).

Bredow, Ilse Gräfin von: Deine Keile kriegste doch. Mädchenerinnerungen aus der verlorenen Heimat. Bern/München 1981.

Brodmann, Aliana: . . . damit die Welt nicht stumm bleibt. Dortmund (Schaffstein) 1980.

Däs, Nelly: Der Zug in die Freiheit. Hamburg (Friedrich Oetinger) 1976.

Degenhardt, Franz-Josef: Zündschnüre. Roman. Reinbek (Rowohlt Taschenbuch Verlag) 1975.

D'Eramo, Luce: Der Umweg. Roman. Deutsch von Sarah Michel. Reinbek (Rowohlt Taschenbuch Verlag) 1984.

Drewitz, Ingeborg: Gestern war heute. Düsseldorf (Classen) 1978.

Edvardson, Cordelia: Gebranntes Kind sucht das Feuer. Roman. München (Carl Hanser-Verlag) 1986.

Eggebrecht, Axel: Volk ans Gewehr. Chronik eines Berliner Hauses 1930 – 34. Berlin (Dietz) 1985.

Engelmann, Bernt: Im Gleichschritt marsch. Wie wir die Nazizeit erlebten 1933 – 1939. Köln (Kiepenheuer & Witsch) 1982.

Engelmann, Bernt: Bis alles in Scherben fällt. Wie wir die Nazizeit erlebten 1939 – 1945. Köln (Kiepenheuer & Witsch) 1983.

Fährmann, Willi: Das Jahr der Wölfe. Würzburg (Arena) 9. Aufl. 1983.

Frick, Hans: Die blaue Stunde. Roman. Frankfurt a.M. (Fischer Taschenbuch Verlag) 1981.

Fuhrmann, Marliese: Zeit der Brennessel. Geschichte einer Kindheit. Frankfurt a.M. (Fischer Taschenbuch Verlag; Reihe: Die Frau in der Gesellschaft) 1986.

Haag, Lina: Eine Handvoll Staub. Frankfurt a.M. (Röderberg-Verlag) 7. Aufl. 1985 (1. Aufl. 1977).

Hannam, Charles: . . . und dann mußte ich gehen. Die Geschichte eines jüdischen Jungen von 1933 bis 1940. Aus dem Englischen übertragen von Charles Hannam und Eva-Maria Spaeth. Würzburg (Arena) 2. Aufl. 1980.

Herzog, Ruth: Shalom Naomi? Brief an ein Kind. Frankfurt a.M. (Fischer Taschenbuch Verlag, Originalausgabe) 1982.

Hillesum, Etty: Das denkende Herz der Baracke. Die Tagebücher von Etty Hillesum 1941 – 1943. Hrsg. u. eingeleitet v. J.G. Gaarlandt. Aus dem Niederländischen von Maria Cxollány. Freiburg/Heidelberg (Kerle) 1983.

Hofer, Elisabeth: Trostgasse 7. Eine Kindheit in Wien. Heidelberg (Überreuther) 1982.

Johannimloh, Norbert: Appelbaumchassee. Geschichten vom Großundstarkwerden. Zürich (Haffmanns Verlag) 1. Aufl. 1983; 2. Aufl. 1984.

Karelin, Victor: Damals in Budapest. Ein Mann namens Raoul Wallenberg. München (Deutscher Taschenbuch Verlag, dtv pocket) 1985.

Kempowski, Walter: Die schöne Aussicht (Weimarer Zeit). München (Knaus) 1981 (Goldmann Taschenbuch 1983).

Kempowski, Walter: Tadellöser und Wolff (3. Reich), Müchen 1984 (Goldmann Taschenbuch).

Kirchner, Wolfgang: Wir durften nichts davon wissen. Ein Jugendroman. Reinbek (rororo rotfuchs 140) 1981.

Kolbenhoff, Walter: Von unserem Fleisch und Blut. Roman. Mit einem Nachwort von Gerhard Hay. Frankfurt a.M. (Fischer Taschenbuch Verlag) 1981.

Langhoff, Wolfgang: Die Moorsoldaten. 13 Monate Konzentrationslager. Mit einem Vorwort von Willi Dickhut. Stuttgart (Verlag Neuer Weg) 4. Aufl. 1978.

Laqueur, Renate: Bergen-Belsen-Tagebuch 1944/1945. Aus dem Niederländischen von Peter Wiebke. Hannover (Fackelträger Verlag) 1983.

Levi, Primo: Ist das ein Mensch? Erinnerungen an Auschwitz. Aus dem Italienischen von Heinz Riedt. Frankfurt a.M. (Fischer Taschenbuch Verlag) 1961.

Levy-Hass, Hanna: Vielleicht war das alles erst der Anfang. Tagebuch aus dem KZ Bergen-Belsen 1944 – 1945. Hrsg. von Eike Geisel. Berlin (rotbuch Verlag) 1979.

Limpert, Richard: Über Erich. 1933 – 1959. Bericht. Mühlheim (Anrich) 1972.

Loest, Erich: Jungen, die übrig blieben. Roman. Frankfurt a.M. (Fischer Taschenbuch Verlag) 1985.

Orlev, Uri: Die Insel in der Vogelstraße. Aus dem Hebräischen übersetzt von Ester von Schwarze. Berlin (Elefanten Press) 1986.

Pausewang, Gudrun: Auf einem langen Weg. Ravensburg 1982.

Pelgrom, Els: Die Kinder vom Achten Wald. Aus dem Niederländischen übertragen von Jutta und Theodor Knust. Recklinghausen (Bitter) 1982.

Petersen, Jan: Unsere Straße. München (Damnitz) 1978.

Phillips, Janine: Polen. Mai 1939. Ein Tagebuch. Aus dem Englischen übertragen von Margarete Längsfeld. Ravensburg (Otto Maier) 1983 (Ravensburger junge Reihe).

Pisar, Samuel: Das Blut der Hoffnung. Reinbek (rororo 5080) 1983.

Rechlin, Eva: Wollweberstraße 2. Bayreuth (Loewes) 1981.

Reding, Paul: Federn fallen leise. Geschichte einer Jugend 1942 – 1954. Freiburg/Basel/Wien (Herder) 1979.

Richter, Horst Eberhard: Die Chance des Gewissens. Erinnerungen und Assoziationen. Hamburg (Hoffmann u. Campe) 1986.

Scheuer, Lisa: Vom Tode, der nicht stattfand. Theresienstadt, Auschwitz, Freiberg, Mauthausen. Eine Frau überlebt. Reinbek (rororo aktuell 5239) 1983.

Schnurre, Wolfdietrich: Als Vaters Bart noch rot war. Ein Roman in Geschichten. Frankfurt a.M. (Ullstein-Tb. 26008) 1985.

Schubert, Dieter: O Donna Clara. Erzählung. Modautal-Neukirchen (Anrich Verlag) 1982.

Schupack, Joseph: Tote Jahre. Eine jüdische Leidensgeschichte. Mit 17 Fotos. Tübingen (Katzmann) 1984.

Senger, Valentin: Kaiserhofstraße 12. Neuwied (Luchterhand) 3. Aufl. 1984.

Sherman, Hilde: Zwischen Tag und Dunkel. Mädchenjahre im Ghetto. Frankfurt/Berlin/Wien (Ullstein 20386) 1984.

Siebenschön, Leona: Niemandskind. Frankfurt a.M. (extrabuch Verlag in der pädex Verlags GmbH) 1984.

Siegal, Aranka: Weißt du nicht, daß du Jüdin bist. Eine Kindheit in Ungarn von 1939 bis 1944. Aus dem Amerikanischen von Heide Brandt. Ravensburg (Otto Maier) 1985.

Sommerfeld, Aimée: Miriam. Aus dem Norwegischen von Ehrhardt Neumann. Donauwörth (Ludwig Auer Verlag) 1981.

Stern, Carola: In den Netzen der Erinnerung – Lebensgeschichte zweier Menschen. Hamburg (Rowohlt) 1986.

Stolze, Stephan: Innenansicht – Eine bürgerliche Kindheit. Mit einem Vorwort von Sebastian Haffner. Frankfurt a.M. (Suhrkamp) 1981 (st 721).

Toporski, Werner: Mädchen mit Stern. Reutlingen (Ensslin & Laiblin) 1980.

Vegh, Claudine: Ich habe ihnen nicht auf Wiedersehen gesagt. Gespräche mit Kindern von Deportierten. Mit einem Nachwort von Bruno Bettelheim. München (dtv 10140) 1983.

Vermehren, Isa: Reise durch den letzten Akt. Ravensbrück, Buchenwald, Dachau: eine Frau berichtet. Reinbek (Rowohlt Taschenbuch Verlag) 1979.

Wolf, Christa: Kindheitsmuster. Neuwied (Sammlung Luchterhand Bd. 277) 12. Aufl. 1984.

Ziem, Jochen: Der Junge. Eine Entwicklung in sieben Bildern. München (Verlag Autoren Edition) 1980.

Zywulska, Krystyna: Wo vorher Birken waren. Überlebensbericht einer jungen Frau aus Auschwitz–Birkenau. München (Kindler) 1979.

Inzwischen vergriffene Titel,

die in den beiden Rezensionsbänden nicht berücksichtigt worden sind:

Bredel, Willy: Peters Lehrjahre. Berlin (Ost?) 1976.

Dubbelboer, Beene: Die Angst wirft lange Schatten. München (Schneider) 1982.

Hart, Kitty: Aber ich lebe. Hamburg (Claassen) 1961.

Kantor, Alfred: Das Buch des Alfred Kantor. Münschen 1972.

Levitin, Sonja: Flucht über den Ozean. Aus dem Amerikanischen von Hannelore Placzek. Olten/Freiburg (Walter-Verlag) 1973.

Michalewsky, Nikolai von: Fackeln in der Nacht. Roman. Bielefeld (Erich Schmidt Verlag) 1963.

Michalewsky, Nikolai von: . . . und alle gingen vorüber. Roman für die junge Generation. Bielefeld (Erich Schmidt Verlag) 1961 (3. erg. Aufl. 1962).

Novac, Ana: Die schönen Tage meiner Jugend. Reinbek 1967.

Perk, Willy: Hölle im Moor. Zur Geschichte der Emslandlager 1933 – 1945. Frankfurt a.M. 1979.

Rubinowicz, David: Das Tagebuch. Berlin (Ost?) 1961.

Selber, Martin: Hanna und Elisabeth. Berlin (Ost) 1. Aufl. 1981.

Senger und Etterlein, Ebba von: Mach's gut, du – Von lichten und auch dunklen Tagen. München (Piper) 1981.

Sjomin, Vitalij: Zum Unterschied ein Zeichen. München 1978.